民族技艺融入职业教育的传承研究

基金项目
国家社会科学基金教育学一般课题
《民族技艺融入职业教育的传承研究》
（项目编号 BJA190105）

朱辉球 吴旭东 ◎ 主编

北京理工大学出版社
BEIJING INSTITUTE OF TECHNOLOGY PRESS

版权专有　侵权必究

图书在版编目（CIP）数据

民族技艺融入职业教育的传承研究 / 朱辉球，吴旭东主编． -- 北京：北京理工大学出版社，2024.5.

ISBN 978-7-5763-4150-8

Ⅰ．K280.67；G719.2

中国国家版本馆 CIP 数据核字第 2024GV7331 号

责任编辑：李慧智　　　**文案编辑：**李慧智
责任校对：王雅静　　　**责任印制：**施胜娟

出版发行 /	北京理工大学出版社有限责任公司
社　　址 /	北京市丰台区四合庄路 6 号
邮　　编 /	100070
电　　话 /	（010）68914026（教材售后服务热线）
	（010）63726648（课件资源服务热线）
网　　址 /	http：//www.bitpress.com.cn

版 印 次 /	2024 年 5 月第 1 版第 1 次印刷
印　　刷 /	三河市华骏印务包装有限公司
开　　本 /	787 mm×1092 mm　1/16
印　　张 /	24.5
字　　数 /	451 千字
定　　价 /	386.00 元

图书出现印装质量问题，请拨打售后服务热线，负责调换

序　言

我国是一个统一的多民族国家，各民族、各地域人民在赓续千年的生活实践中总结了丰富的技艺经验，形成了特色鲜明、璀璨纷呈的民族技艺文化。习近平总书记强调："要坚定文化自信，推动中华优秀传统文化创造性转化、创新性发展，继承革命文化，发展社会主义先进文化，不断铸就中华文化新辉煌，建设社会主义文化强国。"民族技艺作为中华优秀传统文化的重要组成部分，其背后承载着深厚的社会生产价值、历史文化价值和艺术审美价值。正确看待民族技艺在新时代情境下的价值属性是提高文化自信，建设社会主义文化强国，增强国家文化竞争软实力的重要手段。

近年来，国家从战略层面推出了一系列关于建设社会主义文化强国，弘扬中华优秀传统文化的新政策、新思想和新观点。2013年5月15日，教育部、文化部（今文化和旅游部）、国家民委联合印发的《关于推进职业院校民族文化传承与创新工作的意见》明确提出了将民族技艺纳入职业教育发展之中，各地市积极响应国家文化发展战略，结合地域特色开办民族技艺专业。为进一步提升民族技艺的传承教育和创新能力，2016年，党的十八届五中全会强调要"构建中华优秀传统文化传承体系，加强文化遗产保护，振兴传统工艺"。2017年文化部、工业和信息化部、财政部共同制定印发了《中国传统工艺振兴计划》。2019年《国家职业教育改革实施方案》中提出，把发展高等职业教育作为优化高等教育结构和培养大国工匠、能工巧匠的重要方式。民族技艺融入职业教育经过十余年的发展取得了丰硕的教学成果，涌现出众多优秀的实践案例，但众多地域民族技艺的传承与创新发展仍存在短板，急需能够运用数字化、现代化技术进行传承创新的高技术、技能应用型人才的助力。

本书基于相关文件精神，积极探索民族技艺与现代职业教育协同发展的实施路径，通过梳理国内外民族技艺与职业教育融合发展的优秀案例、产教融合项目及实施管理策略，进行经验和问题总结。在分析目前各民族技艺发展情况和特点的基础上，对现代职业教育发展中如何结合地域民族文化开办民族技艺特色专业及如何通过"三教"改革、校企合作逐步深化产教融合，建立具有地域化、民族化的典型代表性新民族技艺产业文化品牌，进而对实现民族技艺的活态传承与保护给出建设性意见。本书编写大纲以笔者申报的全国教育科学规划课题"民族技艺融入职业教育的传承研究"项目为依托，在多年从事职业教育研究和民族技艺传承实践工作基础上进行研究总结，相关教改成果、产教项目和实践经验为本书的顺利编写提供了支撑。其中笔者牵头的"立足产业特色，匠师协同、五业联动传承陶瓷文化育人实践新范式"陶瓷技艺传承创新教学改革项目，获得了2022年职业教育国家级教学成果一等奖。

本书的主要内容分为三部分，以产、教、研、用四个维度为研究路径，从民族技艺专业产业化要求角度，进行高素质、高技术技能型传承人的培养，为培养更多大国工匠和能工巧匠储备人才力量。第一部分（第一章至第三章）为民族技艺的基础性概括研究，包括民族技艺的形成与发展、价值研究、民族技艺分类及民族技艺融入职业教育传承发展的背景和意义。第二部分（第四章至第九章）为民族技艺融入职业教育发展的可行性研究，包括民族技艺融入职业教育的国际化比较、地域差异性比较，民族技艺专业深化产教融合、实施"三教"改革的研究，以及民族技艺开展社会服务的策略研究。第三部分（第十章至第十一章）为民族技艺融入"岗课赛证"综合育人模式探究和优秀实施案例分享研究。

民族技艺是几千年来民间匠人赖以生存的手艺，面对现代化、科技化、智能化产业的发展，传统的民族技艺传承方式和产品已不能满足当下的新需求。本书的编写正是深入贯彻落实职业教育在新时代担负着民族技艺现代传承人培养的重要职责，为各地域民族技艺专业发展和人才培养给予一定的建设性意见和学术参考，具有一定的学术研究价值和社会推广价值。

由于民族技艺的范围十分广泛，内容非常深厚，限于编写团队的学识及时间关系，书中难免有不足之处，敬请各位专家、学者及广大读者给予指导与建议。

2023年12月

目录

第一章 民族技艺的形成与发展研究……001
 第一节 民族技艺的概念……002
 第二节 民族技艺的融合创新研究……024
 第三节 民族技艺传承的现实意义……028

第二章 职业教育传承民族技艺分类研究……033
 第一节 传统美术……035
 第二节 传统技艺……048
 第三节 民俗文化……055
 第四节 传统戏剧与曲艺……071
 第五节 传统体育、游艺与杂技……078
 第六节 民间文学……089
 第七节 传统音乐与舞蹈……096
 第八节 传统医学……104
 第九节 国外传统手工艺的传承与发展……110

第三章 民族技艺融入职业教育传承研究背景及意义……121
 第一节 研究背景……122
 第二节 国内学术史梳理及研究动态……124
 第三节 国外学术史梳理及研究动态……126
 第四节 本研究的学术价值和应用价值……128
 第五节 本研究的意义……130
 第六节 本研究的创新点……134

第四章 职业教育与民族技艺之间关联性研究……137
 第一节 民族技艺融入职业教育的可行性分析……139
 第二节 民族技艺融入职业教育的成效研究……142
 第三节 职业教育有利于系统培养民族技艺传承者……145
 第四节 职业教育为民族技艺传承提供技能人才支撑……149

第五章 民族技艺融入职业教育国际化比较……153
 第一节 国内外民族技艺制作工艺类型比较分析……155
 第二节 国内外民族技艺融入职业教育的比较分析……174
 第三节 国内外民族技艺融入职业教育的实施路径分析……188

第六章 民族技艺融入职业教育地域差异性比较……195
 第一节 不同地域材料方面的差异性比较……197

目录

第二节 不同地域技艺传承差异性比较……………………………………204
第三节 民族地区民族技艺融入职业教育的比较分析……………………213

第七章 民族技艺专业产教融合传承模式研究……………………………223
第一节 新时代产教融合的发展背景………………………………………224
第二节 民族技艺专业产教融合发展现状…………………………………227
第三节 民族技艺产教融合发展的主要模式………………………………230
第四节 民族技艺产教融合发展存在的问题………………………………236
第五节 产教融合推动民族技艺发展的建设路径…………………………239
第六节 数字经济时代民族技艺产教融合的新需求………………………242

第八章 民族技艺的"三教"改革实施路径研究……………………………249
第一节 民族技艺专业人才培养目标和面临的问题………………………251
第二节 民族技艺专业"三教"改革实践策略……………………………254
第三节 数字化赋能职业教育"活态"传承民族技艺……………………262
第四节 "三教"改革助力民族技艺区域品牌的建立……………………266

第九章 民族技艺进校园、进社区、进地区的策略研究…………………271
第一节 民族技艺进校园……………………………………………………273
第二节 民族技艺进社区……………………………………………………303
第三节 民族技艺进地区研学旅行…………………………………………314

第十章 民族技艺融入"岗课赛证"综合育人模式探究…………………325
第一节 民族技艺专业岗位技能的标准……………………………………327
第二节 民族技艺融入"岗课赛证"课程体系建设的路径………………329
第三节 职业技能竞赛助力民族技艺传承与创新…………………………332
第四节 职业技能等级证书与民族技艺专业融合发展……………………337
第五节 高职院校民族技艺"岗课赛证"融合策略分析…………………340

第十一章 民族技艺融入职业教育传承的案例研究………………………345
第一节 现代学徒制案例……………………………………………………346
第二节 大师工作室案例……………………………………………………352
第三节 产教融合案例………………………………………………………360
第四节 非遗进校园案例……………………………………………………362
第五节 产学研一体化案例…………………………………………………369
第六节 "岗课赛证"综合育人案例………………………………………374

结语………………………………………………………………………………381

参考文献…………………………………………………………………………382

第一章 民族技艺的形成与发展研究

第一节 民族技艺的概念
第二节 民族技艺的融合创新研究
第三节 民族技艺传承的现实意义

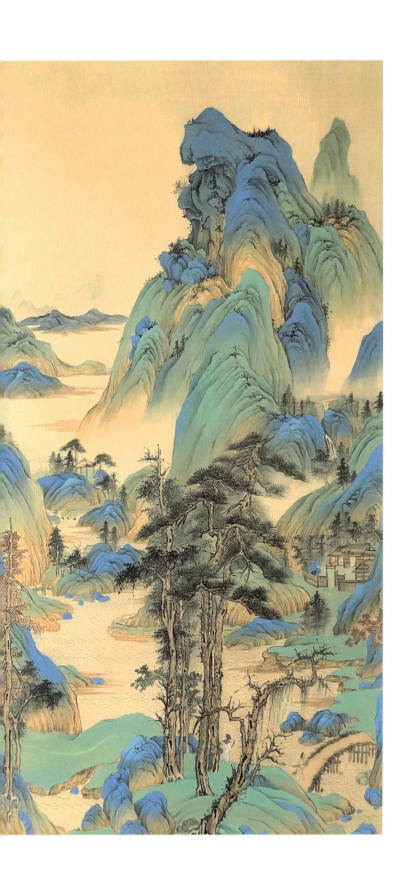

第一节 民族技艺的概念

"技艺"一词最初源自《毛诗序》:"《猗嗟》,刺鲁庄公也。齐人伤鲁庄公有威仪技艺。"孔颖达疏:"言其善舞善射,是有技艺也。"《诗经·齐风·猗嗟》描述了鲁庄公在技巧性舞蹈表演和射箭方面的娴熟技艺。随后,技艺一词逐渐演变,在《现代汉语词典》中"技艺"主要指富于技巧性的表演艺术或手艺。本书重点关注民族技艺,即民族独有的技艺或手艺。例如,陶瓷制作作为中国传统民族技艺的代表,展现出了它独特的创造力和审美情趣。

民族技艺既具备技术性,又具备艺术性。它是民族手工艺者或民间艺人通过长期的实践、经验积累形成的一种独特技术或艺术。就像陶瓷制作一样,从选材到造型、烧制再到装饰,每个环节都需要熟练的手法和精湛的技艺。民族技艺不仅能够创造出精美的艺术品,也承载着民族的历史记忆和文化传承。民族技艺作为一种文化表现形式,展示了各民族在漫长的历史发展中形成的独特思想观念、民族特性和情感态度。它具有教育民族成员、维系民族团结及促进民族心理沟通的作用。例如,在刺绣制作过程中,人们借助各种纹饰和图案,传递着民族的价值观、信仰和故事,增进了彼此之间的理解和交流。

一、民族技艺的历史与传统

民族技艺承载着一个民族群体的历史和传统,反映了民族在经济、社会和文化发展过程中的变革和演进。研究民族技艺的历史背景和传统传承,有助于深入了解一个民族的文化根源和演化轨迹,揭示民族技艺形成的社会和历史背景。

手工制瓷技艺

传统刺绣技艺

1. 技艺的起源和发展

每个民族的技艺都有其独特的历史渊源和发展轨迹。从技艺的起源来看，它可以追溯到古代，是人类文明发展的产物之一。技艺最初源于人们对生存和生活的需求而形成的技能，如狩猎、捕鱼、农耕等，并逐渐演化为更加复杂和多样化的形式。随着时间的推移，技艺在不同历史时期经历了变革和演进。政治、经济、社会等因素对技艺的发展起着重要作用。在政治层面上，统治者的喜好和政策对技艺的兴盛与衰落产生影响。在经济层面上，贸易、商业的发展和手工业工艺的改进促进了技艺的繁荣。在社会层面上，社会分工、阶级制度和生活方式的变化也影响着技艺的发展方向和形式。

研究技艺的起源和发展可以揭示其渊源和演化过程。考察技艺的历史背景和发展轨迹，可以了解技艺的起源、传播和影响范围。同时，还可以理解技艺与社会历史之间的相互关系，如技艺在不同历史时期的社会功能和地位。此外，技艺的起源和发展也涉及技术的创新和传承。随着科技的进步和文明的演进，技艺也面临着新的挑战和机遇。在保持传统技艺纯粹性和朴素性的同时，技艺需要通过创新和发展来适应时代变化，以满足人们的需求。

2. 传统的承载和传承方式

民族技艺承载着一个民族群体的传统文化和智慧。民族技艺的传承是通过口传、师徒制或家族传统等方式进行，这种传承方式代代相传，确保了技艺的延续性并使其得到保护。

口传是一种主要的传承方式，即通过口头教授和口述历史的方式，将技艺的技巧、知识和经验传达给后代。在口传的过程中，师傅会亲自指导学徒，传授技艺的核心秘诀，并通过实践、观察和讨论来帮助学徒理解和掌握技艺的精髓。这种传承方式注重直接人际交流和亲身实践，有助于学徒技能培养和经验的积累。

师徒制是另一种常见的传承方式，广泛应用在工艺品和特定手工业领域中。在师徒制下，学徒成为师傅的助手，通过观摩、辅助和模仿师傅的工作来学习技艺。师傅会根据学徒的表现和发展，逐渐传授更高级和更复杂的技艺，直到学徒达到独立运用技艺的水平。师徒制强调实践和传统的连贯性，通过亲身实践和师傅的指导，学徒能够全面地了解和掌握技艺[1]。

家族传统也是许多民族技艺传承的重要方式。在家族传统中，技艺通常代代相传，由家族内的长辈教授给年轻一代。这种传承方式强调家族纽带和认同感，通过家族的传统和价值观念来传承技艺。家族传统的传承方式可以确保技艺在家族中得到持续的传承，并融入家族的文化和情感。

传统的承载和传承方式在民族技艺的传承中起着重要作用。口传、师徒制和家族传统等方式保证了技艺代代相传，使技艺的精髓和知识得以传播和保存。

3. 技艺与社会生活的融合

民族技艺是生活实践的产物，与社会各个领域密切相关。它不仅是一门技术，还承载着民族社会的生产、生活和价值观念。通过研究技艺在传统社会中的应用，如农耕、工艺品制作、服饰装饰、陶瓷等方面的应用，可以了解技艺与社会经济结构、劳动分工和社会习俗之间的联系。

技艺在社会经济结构方面发挥了重要作用。在农耕社会中，农具的制作和修复技艺对农民的生产活动至关重要。技艺帮助农民提高生产效率，改进工具的质量，从而促进了农业的发展和社会经济的繁荣。此外，在手工业和工商业发展的历史时期，技艺成为商品生产的重要环节，技艺人才的培养和传承对经济的可持续发展起到了关键作用。

技艺与社会生活的融合还表现在劳动分工和社会习俗方面。在传统社会中，根据需要的技艺不同将人们分为不同的职业群体，如铁匠、陶工、纺织工等，形成了各具特色、相互依存的劳动分工体系。技艺的传承也常常与师徒制相结合，由师傅传授给徒弟，代代相传。此外，技艺还以礼仪和习俗的形式融入社会生活，如婚嫁、祭祀等各种场合中的服饰制作、装饰艺术等。

技艺对于民众的生活质量和文化认同也产生了深远的影响。通过技艺制作的物品，如传统工艺品、服饰和建筑等，不仅满足了人们的实际需求，还承载着民族群体的审美观、人生观和价值观。技艺的传承和发展，有助于弘扬民族文化，增强人们对传统文化的认同感和自豪感。

技艺与社会生活的融合体现了技艺在社会经济结构、劳动分工和社会习俗方面的重要作用。技艺的应用领域多种多样，并与社会生活密切相连，对个人和社会的发展都具有积极意义。

4. 技艺的象征意义和文化内涵

技艺的象征意义和文化内涵是指技艺所承载的深层次意义和文化价值，它们超越了其实用功能，代表着一种精神、思想和审美的追求。技艺作为一种文化表达形式，具有丰富多样的象征意义和文化内涵。

技艺的象征意义在于它代表着民族的独特性和身份认同。各个民族都有自己独特的传统和风格，由不同的技艺制作的物品和进行的装饰可以展现不同民族的审美观念、价值观和文化传统。技艺的文化内涵体现了人们对美好生活的追求、对情感和心灵世界的表达。技艺作为一种创造性的活动，可以通过形式、材料和技巧来表达人们的情感、思想和意境。

技艺的象征意义还包括对历史、传统和智慧的传承与继承。许多技艺具有悠久的历史和文化内涵，记录了民族的发展历程和智慧成果。通过学习和传承技艺，人们可以借鉴过去的经验和智慧，弘扬传统文化，保护文化遗产，并为当代社会创造新的价值和可能性。

总之，技艺的象征意义和文化内涵丰富多样，代表了民族的身份认同、审美情趣和文化智慧。技艺不仅是一种技术或艺术，更是民族的文化瑰宝和精神财富。通过深入理解技艺的象征意义和文化内涵，我们能够更好地了解和弘扬民族文化，推动技艺的创新发展，为社会进步和人类幸福做出贡献。

二、民族技艺的价值观与精神追求

民族技艺是一种文化符号和代表，承载着民族的价值观念和精神追求。研究民族技艺的内在意义和象征意涵，可以揭示民族文化中的道德观、审美观、世界观等核心价值观，并理解其在艺术创作和文化传承中的作用。

1. 美学追求

民族技艺在创作和表达中，体现了民族对美的独特追求和审美观念。不同民族的技艺风格和形式各异，但都蕴含着对美的理解和追求。通过民族技艺的创作，人们表达对美的感受和理解，同时塑造和传承着民族独特的审美观。民族技艺通过艺术表达形式，诸如绘画、雕塑、陶瓷等，展现创作者对形式、色彩等美学元素的精妙运用。通过细腻的笔触、精湛的技巧和独特的构思，民族技艺呈现出独具特色的艺术风格和美感。不同的民族技艺在美学追求上侧重点不同，例如，中国传统绘画注重意境与笔墨的融合，希腊雕塑注重人体比例和神态的表达。在美学追求的范畴中，景德镇瓷器以其卓越的工艺和独特的美学风格而闻名于世。它通过精湛的陶瓷技术和细腻的装饰，展现了中国文化对形式和色彩的独到理解。在景德镇瓷器的设计中，审美追求主要体现在两个方面。首先是形式美的追求，景德镇瓷器注重整体造型的线条流畅与和谐感，追求简洁、优雅的外观。其次是色彩美的追求，景德镇瓷器采用了丰富多彩的釉料和彩绘技法，以精细的色彩呈现出各种花鸟、山水、人物等图案，营造出艳丽和谐的视觉效果。

美学追求使民族技艺不仅是一种艺术表达方式,更是一种情感交流和心灵寄托的载体,呈现出丰富多彩的视觉和听觉享受,同时也深度反映了民族的审美观念、文化认同和艺术创造力。通过美学追求的探索与表达,民族技艺不断滋养和丰富着人们的审美情趣,是激发文化创造力和艺术创新的源泉。

景德镇陶瓷工艺、瓷胎、釉色、画工之美

2. 人文关怀

民族技艺与人的生活和情感息息相关,反映了人类对生活的关怀和关注。通过技艺的创作和传承,人们表达出对生活、家庭、友情、爱情等人际关系的思考和关注,体现了人本主义的价值观。民族技艺也常常以人物形象、故事情节等方式呈现,传递出人们对人性和情感的思考与探索。

在美学追求中,人文关怀体现了对人性、人情和人生的关怀与尊重。在民族技艺中,人文关怀通过艺术形式传递出温暖、关爱和关怀的情感。例如，在绘画艺术中，艺术家通过精湛的技巧和细腻的表现，描绘出人物的丰富情感和内心世界，让观者与作品产生共鸣。他们关注人的情感体验，表达人的内心世界，从而引起观者的思考和情感共鸣。音乐和舞蹈通过优美的旋律和动人的舞蹈动作，表达出人类对生活的热爱、对人情世故的理解及对人际关系的思考。中国传统花鸟画在景德镇瓷器上的应用，展示了对自然界的热爱与崇敬之意；而山水画则传递出对山河壮丽景色的向往和追求之情。这些图案和意象既反映了中国人民的审美观念，也传承和弘扬着中国传统文化价值与精神中的人文关怀。

此外，人文关怀还体现在民族技艺对人类历史、传统和文化的重视上。通过传承和发扬民族技艺，民族文化得以延续并丰富。在技艺创作过程中，艺术家对历史的尊重与借鉴、关注传统文化的传承与创新，使其作品不仅具有美学价值，更能体现出对民族文化的保护、传承和弘扬。

总而言之，人文关怀是民族技艺中的重要组成部分，它体现了创作者对人性、情感和文化的关怀与尊重。通过艺术表达形式的选择和创作过程中的用心，民族技艺呈现出独具特色的艺术风格和美感，同

唐永谦《老顽童》

明代·唐寅《暮春林壑图》

清代·乾隆"瓷母"釉彩大瓶

瓷母纹饰细节

时也传递出人类对生活和情感的思考、理解及对文化传承的重视。

3. 传统与文化认同

民族技艺是传统文化的重要载体，通过技艺的创作和传承，表达人们对历史、祖先和传统文化的尊重，体现了对传统价值的坚守和传统文化认同的重要性。通过民族技艺的创作与传承，人们不断强化民族的文化认同感，保护和传承民族独有的文化遗产。

在民族技艺中，传统与文化认同体现了对历史积淀、民族传统和文化特色的保护、传承和弘扬。通过民族技艺的创作和表现，人们能够将传统价值观和文化特征融入艺术作品中，因此这些作品成为文化认同的象征。例如，在绘画艺术中，艺术家可以运用中国传统的绘画技法和题材，通过描绘民间故事、神话传说、历史事件等来展现对传统文化的认同和表达。再如，艺术家们在景德镇瓷器上常常绘制传统的山水画、花鸟图案、故事性的人物形象，通过精心的绘制和雕刻，将传统价值观和文化特征巧妙地融入瓷器作品之中。这些作品不仅展示了景德镇瓷器的制作技艺，更让人们感受到中国传统文化的博大精深，加强了人们对自身文化根源的认同感。

此外，传统与文化认同还体现在传统工艺和技艺的传承与发展上。通过世代相传的技艺传承，人们不仅延续了先辈们的智慧和经验，也传承了民族的艺术精神和文化记忆。在技艺的发展过程中，艺术家们注重保留传统工艺的核心技术和特色元素，并结合现代创意与审美观念进行创新，使传统工艺焕发出新的生命力。这种传统与现代的融合不仅让观者感受到传统文化的魅力，也展现了艺术家对文化传统的认同与珍视。

总之，将传统价值观和文化特征融入艺术作品，能够强化人们对自身文化的认同感，并传承和弘扬民族的艺术精神和文化记忆。同时，传统与现代的融合也体现了对传统工艺的保护和传承，为文化的多样性和独特性提供了坚实的支撑。

4. 创造力与创新精神

民族技艺创作中的创造力和创新精神，反映了民族对未来的展望和追求。通过技艺的创作，人们展示出对未来发展的探索和思考，表达出对新事物、新理念的接纳和创新。创造力和创新精神，使民族技艺在传承中焕发出新的活力和魅力，同时也推动着民族技艺的发展和进步。

通过创造力，艺术家们能够以独特的方式表达自己对传统文化的理解和感受，创造出富有个人风格和创新元素的艺术作品。创新精神则鼓励艺术家们勇于突破传统束缚，尝试新的材料、技术和表现形式，使传统技艺保持活力并迈向新的方向。在创造力的驱动下，艺术家们通过改变材料的用途、结合不同的技法和风格，创作出独具个性和创新性的作品。例如，在陶瓷制作中，艺术家们运用现代设计理念和科技手段，创造出具有创新性的瓷器作品，突破传统的形式和装饰方式，展示出与众不同的审美观念和风格。创新精神则要求艺术家们不断突破传统的限制，勇于尝试新领域、新思路和新实践。通过引入新的元素和概念，艺术家们为传统技艺注入新的意义和表达方式。例如，在传统的绘画技法中加入现代的图像处理技术，或是运用非传统材料进行雕塑创作等。这种创造力的发挥让艺术作品更丰富多样，既能传承传统，又能与时俱进，使传统技艺焕发新的生命力。

创造力和创新精神的发挥，既能传承和弘扬传统文化，又能使民族技艺与时俱进，与当代社会和文化相融合，更好地适应现代人的审美需求和文化表达方式。因此，创造力和创新精神在民族技艺中具有重要意义，推动着传统文化的传承与发展。在创新精神的感召下，一批才华横溢的艺术家脱颖而出，为社会大众带来了丰富多彩的艺术作品，让人们对传统文化有更新、更深刻的认知和体验。

综上所述，民族技艺是一种重要的文化符号和代表，承载着民族的价值观念和精神追求。通过研究民族技艺的内在意义和象征意涵，可以揭示民族文化中的核心价值观，并理解其在艺术创作和文化传承中的作用。民族技艺通过美学追求、人文关怀、传统与文化认同及创造力与创新精神等方面展现出丰富多样的价值和意义，不仅丰富了民族艺术的内涵，更展现了民族文化的独特魅力。它不仅是一种艺术表达方式，也是对美、对人性与情感的思考，更是对传统与未来的探索和表达。通过民族技艺的传承与创新，加深了人们对自身文化的认同感，也为社会大众带来了丰富多样的艺术享受。

三、民族技艺的地域特色与民族标识

民族技艺常常与特定的地域紧密相连,呈现出地域特色,具有民族标识。研究不同地域的民族技艺,可以了解不同地域的自然环境、社会习俗和历史文化对技艺形成和发展的影响,探索地域与民族之间的关系及技艺在地域文化中的地位和作用。

1. 自然环境

自然环境对民族技艺的形成和发展有着深远的影响。不同地域的气候、地貌、植被等自然环境因素决定了民族技艺所选取的材料及加工方式,从而塑造出具有地域特色的技艺形态。例如,位于寒带或高海拔地区的民族常常利用寒带或高山的特殊木材进行雕刻或制作乐器,利用严寒地区的皮毛资源进行刺绣或制作皮革制品,以适应极端环境下的生活需求;而沿海地区的民族则更倾向于以贝壳、珊瑚等海洋资源为基础,发展出贝雕、珊瑚雕等特色技艺。自然环境不仅限制材料选择,还影响着民族技艺的加工工艺和表达方式。例如,某些山区民族会利用山间的溪流水力,采用水磨工艺进行石雕刻制,使技艺呈现出独特的质感与形态;而居住在草原地区的民族,则可能利用大型牲畜的皮毛进行毡绒制作,并借助草原广阔的视觉效果和丰富多样的颜色来增强艺术感染力。总之,自然环境作为地域特色与民族标识的影响因素之一,与民族技艺的材料选择、加工

鄂伦春族桦树皮手工艺品制作

乌鲁木齐国际大巴扎少数民族乐器工艺

螺钿制作工艺

方式及艺术表达方式密不可分，从而形成了独具魅力的民族艺术形态，也展示了人与自然和谐共生的生活智慧。

2. 社会习俗

社会习俗对民族技艺的形成和发展具有很高的辨识度。每个地域都有其独特的传统节日、庆典活动和宗教仪式，这些社会习俗与民族技艺密切相关。民族技艺通过艺术表达来展示和传承社会习俗，使其成为社会共同记忆和文化认同的重要载体。例如，在中国的西南地区，彝族的火把舞和苗族的花灯就是与农耕文化和祭祀活动紧密相连的技艺表达方式。彝族的火把舞以其独特的形式和动作，寓意着传统农业丰收并为今后的美好生活祈福，成为彝族社会习俗中不可或缺的一部分。苗族的花灯则是在传统节日庆典时制作和使用的艺术品，象征着幸福和吉祥。这些社会习俗不仅给予了民族技艺创作的灵感和主题，还促进了技艺的传承与发展。

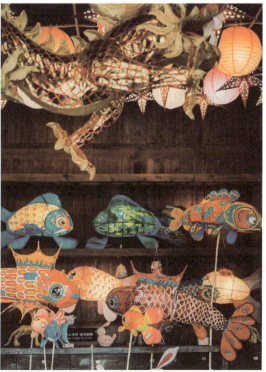

社会习俗（火把舞）　　　　　　　　社会习俗（花灯）

3. 历史文化

每个地域都有其独特的历史背景和文化传统，这些历史文化因素成为民族技艺的创作源泉和灵感之源。通过对历史事件、传说故事、民间传统等的挖掘和解读，民族技艺得以延续和发扬，成为历史文化传承的重要载体。例如，在中国的陶瓷艺术中，不同地域和民族的陶器往往融合了当地的历史文化元素，如龙纹、凤纹、山水图案等，寓意着对吉祥如意的美好生活的追求。而在传统木雕中，艺人们通过雕刻出美好的情境，展示和传承当地的文化历史。历史文化不仅赋予了民族技艺以独特的表现形式和意义，更为技艺的发展提供了丰富的创作素材和价值内涵。对于传承和保护历史文化的民族技艺来说，研究和理解其背后的历史文化意义至关重要。通过传承、创新和推广历史文化的民族技艺，我们能够更好地弘扬民族精神、强化文化认同，并促进历史文化传统与创新的融合发展[2]。

4. 地域特色

每个地域都有其特产资源，这些资源往往成为民族技艺中重要的材料或工艺元素。地域特色不仅体现了地方的独特风情和文化特色，还具有经济价值和文化认同。地域特产常常与民族技艺密切相关，传统的制作工艺和技术往往可以展示出该地区的独特风貌和历史传承。例如，扬州的刺绣、蜀地的蜡染、苏州的园林建筑、景德镇的陶瓷等都是中华民族技艺中的瑰宝，它们以精湛的手工技艺和独特的艺术风格而享有盛誉。同样，西安的剪纸、北京的雕刻、云南的木雕等传统工艺也展示了中华民族技艺的多样性和卓越水平。这些具有地域特色的工艺品以其精湛的制作工艺、独特的材料和富有创意的设计，成为中华文化遗产中的瑰宝。通过传承和弘扬这些地域特色，我们不仅能够保护和传承民族技艺的宝贵遗产，也可以推动当地经济的发展和文化的繁荣。因此，地域特色在中华民族技艺中占据着重要的地位，并向世人展示了中华民族智慧和创造力。研究地域与技艺之间的关系，揭示技艺背后蕴含的文化符号和民族认同，有助于提高人们对民族技艺的欣赏和理解水平，推动技艺的传承与保护工作。

综上所述，地域特色与民族标识在民族技艺中起着重要的作用。自然环境决定了民族技艺所选取的材料和加工方式，形成了具有地域特色的艺术形态。社会习俗是民族技艺的创作源泉和灵感之源，通过艺术表达展示和传承社会习俗，成为文化认同的重要载体。历史文化赋予了民族技艺独特的表现形式和意义，同时为技艺的发展提供了丰富的创作素材和价值内涵。地域特产成为民族技艺中重要的材料和工艺元素，展示了地方风情和文化特色。研究地域与技艺之间的关系，可以更好地理解和欣赏民族

第一章　民族技艺的形成与发展研究　017

木雕工艺

技艺，促进技艺的传承与保护，同时推动地域经济和文化的发展。

四、民族技艺的创新与传承

民族技艺的传承是一个动态的过程，既需要保持传统技艺的纯粹性和朴素性，又需要进行创新和发展。通过研究民族技艺的创新机制和创作实践，可以了解创新对于技艺传承的重要性，探索如何在传承中注入新的元素和思想，使技艺融合现代与传统，展现出更加丰富多样的艺术表达。

1. 保护与传承传统技艺

传统技艺的保护与传承是民族技艺发展的基石。应通过以下四点对传统技艺进行保护和传承。第一，收集和整理传承相关知识。保护传统技艺需要对技艺的历史背景、传承人的经验传承和技法秘籍等知识进行全面的收集与整理，以确保相关信息不会因时间的流逝而消失。第二，加大选拔与培养传承人力度。通过引导年轻一代对传统技艺的兴趣和热爱，使其能够接触到更多的学习资源和机会，通过师徒制和口耳相传等方式进行教授，使其掌握技艺的精髓。第三，提高传承的效果。通过开展技艺比赛、展览和培训等活动，吸引更多人参与到传统技艺的学习和传承中。第四，加大支持和引导力度。政府、社会组织和相关行业应该加强对传统技艺的支持与引导，通过制定相关政策和法规，提供经济、场地和宣传等方面的支持，营造良好的环境，使传统技艺得以在当代社会中传承发展，焕发出新的生机和活力。只有通过这种全方位的保护与传承，才能确保传统技艺得以世代相传，不断发展和创新，为我们的文化遗产贡献力量。

2. 培养开放的思维方式和创新意识

传承人需要具备积极的创新意识和开放的思维方式，以适应时代的变化和需求。第一，培养开放的思维方式。培养传承人敢于突破传统的束缚、勇于接受新事物和挑战的精神。开放的思维方式鼓励传承人跳出传统框架，思考传统技艺在现代生活中的应用和可能性。第二，培养创新意识。传承人需要具备敏锐的洞察力和前瞻性的思维。他们能够认识到社会和市场的变化，了解现代生活的需求和趋势，从而将传统技艺与当代社会的需求相结合，提供创新的解决方案。第三，培养抗挫能力。创新意识需要传承人拥有勇于尝试和接受失败的决心和勇气。创新不是一帆风顺的过程，传承人需要面对各种风险和困难，以及可能的失败和挫折。只有具备积极的创新意识并保持持续探索和实践，才能推动技艺的创新和发展。最后，创新意识和思维方式的培养还需要传承人与其他领域的专业人士和创意人才进行合作和交流。

通过与设计师、艺术家、科技专家等的合作，传承人可以得到不同领域的启发和借鉴，拓宽思路，为技艺的创新注入新的元素和灵感。因此，创新意识和思维方式的培养是传承人必备的素质，通过培养创新意识和思维方式，可以激发传统技艺的创新潜能，推动技艺在现代生活中的持续发展。

3. 传统技艺与现代生活的结合

传统技艺与现代生活的结合是一种对传统技艺进行创新和应用的方式，旨在使其适应现代社会的需求和变革。这种结合具有一定的挑战与机遇。第一，从挑战的角度分析。传统技艺需要不断演化和改进，以符合现代生活的要求。这涉及材料、工艺、设计及功能等方面的调整和创新。技艺与现代生活的结合还需要充分理解和把握现代社会对产品的快速消费和多样化需求，以确保传统技艺的应用能够满足当下市场的竞争和追求。技艺与现代生活的结合也面临着文化认同和传承问题。传统技艺所承载的独特文化价值需要得到妥善保护和传承，同时与现代社会的多元文化相融合，以实现文化的传播和交流。第二，从机遇的角度来分析。技艺与现代生活的结合可以为传统技艺注入新的活力和发展动力。通过创新的应用和设计，传统技艺可以与现代生活相契合，创造出更具吸引力和市场竞争力的产品。技艺与现代生活的结合也为传统技艺的传承提供了更广泛的平台和受众。将传统技艺融入当代文化创意产业中，可以吸引更多年轻人和国际观众的兴趣和参与，从而推动传统技艺的传承和发展。因此，技艺与现代生活的结合不仅对传统技艺的发展有着重要意义，也为现代社会注入了独特的文化魅力和创新元素。

4. 跨界合作与创新

在传承和创新过程中，跨界合作是一种有效的方式。通过与其他领域的专家合作，如设计师、艺术家、科学家等，可以引入新的视角和创新元素，激发出技艺的新活力。跨界合作也有助于传统技艺走向国际舞台，提升其影响力和竞争力。

跨界合作可以带来不同领域专业知识和经验的交流与融合。第一，跨界合作促进不同领域合作共赢。不同行业之间的碰撞和交流将激发出新的创意和灵感。例如，与设计师合作将传统工艺与现代设计元素相结合，为产品注入新的时尚和艺术感；与科技企业合作将传统技艺与数字化、智能化等技术相结合，创造出具有新颖功能和体验的产品。如敦煌丝巾案例，每个主题通过用户的DIY设计产生无数种变化的图案。第二，跨界合作拓宽技艺的应用领域和市场。通过与其他行业进行合作，传统技艺进入更广泛的市场和受众群体中。例如，将传统手工艺品与时尚产业相结合，将传统烹饪技艺

敦煌诗巾 DIY 设计界面

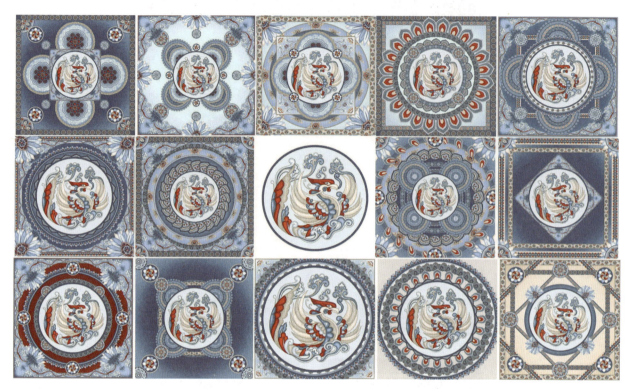

敦煌诗巾 DIY 设计图案

应用于餐饮业的创新菜品开发等,都能为传统技艺开拓新的市场和商机。第三,跨界合作促进技艺的转型和升级。通过与高科技产业的合作,传统技艺可以更好地适应现代生活的需求和趋势,实现技艺的转型升级。例如,利用 3D 打印技术保留传统工艺的细节和精髓,或利用虚拟现实技术打造身临其境的传统文化体验等,为传统技艺注入新的变革与创新点。总之,跨界合作与创新对于技艺与现代生活的结合具有重要的推动作用,它不仅可以为传统技艺带来新的创意和灵感,拓宽传统技艺的应用领域和市场,还能促进传统技艺的转型升级,推动传统技艺在现代生活中的持续发展。

综上所述,创新与传承是民族技艺的发展过程中不可或缺的两个方面。在传统技艺的保护与传承中,需要进行全面的知识收集与整理,选拔和培养传承人,开展相关活动,并加强政府和社会组织的支持。创新意识与思维方式的培养对于传承人来说很重要,传承人需要具备开放的思维方式、敏锐的洞察力和勇于尝试的决心。技艺与现代生活的结合既有挑战也有机遇,需要考虑材料、设计、功能等方面的调整,并注重文化认同和传承。跨界合作与创新为技艺带来新的视角和创意点,拓宽传统技艺应用领域和市场,促进传统技艺的转型升级。通过创新与传承,民族技艺可以融合现代与传统,展现出多样丰富的艺术表达,为文化遗产传承做出贡献。

第二节　民族技艺的融合创新研究

民族技艺的融合特色是指不同民族之间在技艺方面相互交流、借鉴和融合的过程中所形成的独特创作风格和表现形式。这种融合特色体现了民族技艺的多样性和创造力，丰富了民族技艺的内涵和表达方式。通过文化和艺术、材料和工艺等方面的交流与融合，不同民族的技艺相互影响，产生出新的艺术风格，拓展了民族技艺的边界，使其具有更广泛的应用领域。这种融合特色使民族技艺得以传承和发展，同时也促进了不同民族之间的相互理解和交流。

一、文化融合提升艺术表达

民族技艺的融合特色体现了不同民族之间的文化交流与艺术表达。在融合的过程中，不同民族的技艺相互借鉴、交流，将各自的文化元素融合于技艺创作中。具体表现在以下几个方面：

第一，文化融合促进民族之间的交流与借鉴。在民族技艺的传承与发展中，各个民族的技艺相互影响，通过交流、学习和借鉴，使民族技艺融合了多种文化元素。例如，在传统绘画领域，各地民族互相学习和借鉴，将本土特色与风格相互融合，创造出独特而多样的绘画形式，充分展现了不同文化之间的融合和交流。再如，古丝绸之路是古代中外贸易往来的重要通道，各国商人通过陆上或海上丝绸之路，把中国的丝绸、纺织品、陶瓷等商品运往西亚和欧洲，同时也将他们的奇珍异宝带到中国，这些奇珍异宝影响着中国工艺美术的装饰。这种交流架起了一座桥梁，连接着各国民族之间的文化。景德镇自古以来就是"一带一路"重要货源地之一，清代的珐琅彩瓷就是将西方铜胎画珐琅技法与中国传统制瓷技艺结合，从而形成的一种具有东西方文化交流和技艺融合的釉上彩

第一章 民族技艺的形成与发展研究 025

中国外销珐琅彩瓷（约 1739—1743 年）

装饰彩瓷新品种，这种文化融合创造了新的绘画风格和图案主题，丰富了景德镇瓷器的艺术表达[3]。

第二，文化融合为艺术表达提供了广阔空间。不同民族的文化背景和艺术观念具有其独特的艺术表达方式。通过不同民族的技艺融合，艺术家们在创作中融入多种文化元素，从而拓宽艺术表达的边界。例如，在音乐领域，不同民族的音乐元素相互融合，创造出新的音乐风格，丰富了音乐的形式和内涵。再如，在明清时期，景德镇瓷器的图案题材内容开始丰富起来，除了传统的山水、人物图案，还出现了具有宗教和神话题材的作品，这些作品不仅展示了不同文化之间的交流与融合，也反映了当时社会的宗教信仰与审美观念。这种融合的艺术表达既保留了不同技艺各自的文化特色，又展示了多元文化的包容性和创造力。

第三，文化融合与艺术表达促进了民族技艺的传承与发展。通过不同民族之间的交流与借鉴，民族技艺融合了多种文化元素，创造出丰富多样的艺术形式。这种融合不仅促进了民族技艺的传承与发展，也为艺术表达提供了更广阔的空间和可能性，充分展示了多元文化的魅力和创造力。

二、材料工艺融合提升民族技艺价值

不同民族的技艺往往使用不同的材料和工艺方法，在交流与融合的过程中，它们相互借鉴、融合，形成了新的材料和工艺，这种融合促进了民族技艺的创新与发展。具体表现在以下几个方面：

第一，材料的选择和工艺的运用为民族技艺注入活力。通过使用新型材料，并结合先进的工艺技术，传统的民族技艺可以得到更好的发展和传承。例如，在织锦技艺中，传统的丝绸材料与现代纺织技术相结合，可以创造出更具有时代感和新颖性的织锦作品。这样的融合不仅能够保持传统的艺术风格，还可以满足现代人们对美观和实用性的需求。

电脑刺绣

第二，材料与工艺的融合提升了民族技艺产品的质量和功能。通过选择更优质的原材料，并运用精细的工艺处理，民族技艺制品可以具备更好的耐久性、舒适性和实用性。例如，在木雕工艺中，选用坚硬耐用的木材，并采取精细的雕刻工艺，可以增加木雕作品的保存时间和观赏价值。在染织技艺中，选用天然植物染料和高级染色工艺，可以使染织产品具有更好的颜色稳定性和环保性能。

精雕机木刻

第三，材料与工艺的融合为民族技艺产品赋予生命力。通过选择不同的材料和运用特殊的工艺处理，民族技艺作品可以呈现出丰富多彩的图案、纹理和色彩。例如，在剪纸技艺中，选用不同颜色和质地的纸张，并进行精细的剪刻工艺，可以制作出精美绝伦的剪纸作品。这种融合不仅增加了作品的艺术价值，还提升了观赏者的视觉体验。

总之，材料和工艺的融合为传统的民族技艺注入新的活力，并提升了民族技艺产品的质量、功能和装饰效果。这种融合促进了民族技艺的传承和发展，同时也满足了人们对于美学价值和实用性的需求。通过不断探索和创新，民族技艺的材料与工艺融合将为我们带来更多的惊喜和精彩。

第三节　民族技艺传承的现实意义

民族技艺传承的现实意义在于保护、传承和发展独特的民族文化遗产，弘扬民族文化，增强民族自信，促进社会多元与和谐发展。传承民族技艺有助于激励年轻一代的文化认同感，培养民族自豪感，提升社会凝聚力。此外，民族技艺的传承还能够带动相关产业的发展，创造就业机会，促进地方经济发展。通过文化交流与互动，传承民族技艺也能够促进不同民族之间的相互尊重、理解和合作，推动社会和谐与多元发展。

一、保护和传承文化遗产

作为民族独特的文化遗产，民族技艺承载着丰富的民族历史、智慧和价值观。通过保护和传承这些技艺，把文化遗产保存下来，并传递给后代，这有助于维护民族的文化特色，保留民族文化的丰富性和多样性。每个民族都有独特的技艺和工艺，这些技艺代表了民族的身份和传统，通过传承民族技艺，不仅能够保留民族的独特符号和标志，还能够让年轻一代了解和熟悉自己民族的历史、传统和智慧，增强对民族文化的认同感，这种认同感可以加深个体的归属感，提升社会凝聚力。

二、增强民族凝聚力和身份认同

民族技艺是一个民族的独特符号和标志，代表了民族的身份和传统。通过传承和发展民族技艺，人们能够深入了解自己民族的独特文化，从而培养对民族的归属感和自豪感，这种身份认同不仅是个体对自身文化的认同，也是对整个民族文化的认同。

民族技艺传承提供了一个平台，通过学习、练习和展示技艺，互相交流和分享经验，人们建立起紧密的联系和友谊。这种交流和互动不仅增强了个体与个体之间的凝聚力，也增强了整个民族的凝聚力。此外，传承民族技艺还能够培养年轻一代对民族文化的兴趣和认同感，年轻人接触和了解自己民族独特的技艺和工艺时，会更加珍惜和传承这些宝贵的文化遗产，并激发出对自身身份的认同。这种身份认同和凝聚力不仅有助于个体的成长和发展，也为整个民族的发展注入了活力和动力。

三、丰富文化创意和创新能力

民族技艺的传承与发展有助于培养人们的创造力和创新能力。通过学习和掌握传统的民族技艺，人们可以深入理解其背后蕴含的传统智慧、审美观念和工艺技巧。这种传统知识的积累为人们提供了丰富的创作素材和灵感源泉。在这个基础上，人们可以运用想象力和创造力，结合现代的审美需求和设计理念，将传统技艺进行再创作和再设计，开发出具有时代特色的新型工艺品。在民族技艺传承过程中，常需要与其他领域的专家和从业者进行交流与合作，不同领域专业技能的碰撞和交流，激发了更多的创意和创新点。这种跨界合作，不仅拓宽了传统技艺的应用领域，也推动了相关产业和创意经济的发展。此外，通过学习传统技艺，并结合个人的经验和想法，可以尝试进行新的工艺技术、材料应用、艺术风格等方面的创新。这种创新实践不仅丰富了原有的技艺内容，还为传统技艺注入了新的活力和时代气息。同时，在创新实践中也可以培养自主思考和解决问题的能力，提升创新能力。

四、促进经济发展和拓宽就业渠道

传承民族技艺可以为相关产业提供支持，促进经济发展。民族技艺通常与手工艺品、工艺制品、艺术品等相关产业相结合，形成一个多元化的产业链。传承民族技艺可以提高产品的附加值，增加产品的创新性和独特性，进而提升相关产业的竞争力。这样的产业链不仅提供了制造和销售等环节的就业机会，还带动了原材料供应、物流运输、市场推广等相关服务业的发展，为更多人创造就业机会。许多地区都有独特的民族技艺传统，这些技艺融入了当地的文化和特色，具有地域性和文化内涵。可以通过传承和发展民族技艺，将这些特色转化为经济增长的动力。在传承民族技艺的过程中，需要有专业的设计师、工艺美术师、雕刻师、织造师等各类从业人员，他们的参与既保护了民族技艺的传统与精湛的工艺，又为相关从业者提供了就业机会。特别是在农村地区或传统手工业

镇宁布依族苗族自治县绣娘

基地,民族技艺的传承可有效缓解就业压力,提高居民收入水平。

五、促进文化交流与互动

民族技艺的传承与发展不仅有益于一个民族的文化繁荣,也为不同民族之间的文化交流与互动提供了契机。通过学习民族的技艺,可以深入了解并欣赏不同民族的文化传统和艺术形式,从而打破偏见和误解,增进不同民族之间的相互尊重和理解。在学习和传承过程中,各民族分享技艺经验、交流创作灵感,从而推动民族文化的融合与共进。这种跨文化的互动有助于培养文化的包容性和开放性,促进多元文化的共存与发展。此外,民族技艺的传承也为文化旅游提供了宝贵的资源,这种文化旅游式的互动为不同民族之间的交流与合作提供了平台,促进了全球范围内的文化繁荣与交流。因此,民族技艺的传承与发展为促进文化交流与互动提供了重要契机,推动着不同民族文化的共同发展与繁荣。

综上所述,民族技艺传承的现实意义在于保护、传承和发展独特的民族文化遗产,

第 11 届中国国际民间艺术节

弘扬民族文化,增强民族自信,促进社会的多元与和谐发展,同时也增强了民族凝聚力与身份认同,培养了创新能力,促进了经济发展,增加了就业机会,促进了文化交流与互动。

第二章 职业教育传承民族技艺分类研究

第一节 传统美术
第二节 传统技艺
第三节 民俗文化
第四节 传统戏剧与曲艺
第五节 传统体育、游艺与杂技
第六节 民间文学
第七节 传统音乐与舞蹈
第八节 传统医药
第九节 国外传统手工艺的传承与发展

在构建现代化经济体系的过程中,职业教育作为人力资源培养的重要手段,发挥着至关重要的作用。传承民族技艺是职业教育的核心内容之一,更是实现中华民族伟大复兴的重要途径。职业教育的主要目标是培养具备实用型技能的复合人才,同时也承担着传承民族文化的责任。职业学校应该积极开展民族技艺的教育,让学生不仅能有一技之长,还能深入了解民族文化的内涵和价值,激发对民族文化的热爱,从而积极参与到民族技艺的保护和传承中。

2005年,国务院办公厅发布了《关于加强我国非物质文化遗产保护工作的意见》,明确提出教育部门和各类学校应将优秀的非物质文化遗产(简称"非遗")内容纳入教材,开展教学活动的要求。这进一步强调了学校在非物质文化遗产传承保护中的重要角色。非物质文化遗产的传承和人才培养应与职业教育相结合,有针对性地培养人才,以确保非物质文化遗产的传承、研究和管理工作具备充足的人力资源。职业教育作为优秀文化传承的重要载体,在民族传统手工艺类非物质文化遗产的传承中发挥着关键作用。

进入21世纪,我国面临着一系列新的机遇和挑战,包括转变经济发展方式、调整产业结构及人口结构的变化。在此背景下,我国产业结构调整的任务十分繁重,职业教育将承担更大的责任和使命。将民族技艺融入职业教育不仅可以拓展职业教育的领域和空间,还能促进学历教育和社会发展的有效衔接,实现职业教育的效益最大化。这种方式能够为各类用人单位培养出色的技能型人才,进一步提升职业院校的社会服务能力。2013年,教育部、文化部、国家民族事务委员会联合下发《关于推进职业院校民族文化传承与创新工作的意见》,对职业院校民族文化传承与创新工作进行了部署,要求职业院校把"授业"与"育人"有效结合起来,推动民族技艺文化融入学校教育的全过程。

第一节 传统美术

传统美术是民族文化精神和审美意识的表现，包括年画、雕塑、剪纸等形式，形成了独特的艺术体系。传统的审美意象和精致细腻的造型、色彩和构图体现了传统美术的魅力与价值。职业教育在传统美术保护与传承中发挥了重要作用，可提高传承者的技艺水平和素养，促进传统美术的传播和发展。

一、传统美术的概述

1. 传统美术的起源

中国传统民间美术是丰富多样的艺术形式，是各民族传统美术中的重要组成部分。中华民族拥有悠久的历史，我们的祖先在这片土地上辛勤劳作，繁衍生息，多民族文化相互融合，构筑了广袤而统一的中华文化体系。中国传统民间美术展现出丰富多彩的面貌，人们借助丰富的想象力和创造力追求美的理想。在原始社会的形态中，创造了独特的中国文化。

中国传统民间美术的历史可以追溯至新石器时代，当时人们开始使用化学方法制作器皿，并逐渐发展出陶器艺术。商周时期青铜工艺蓬勃发展，秦汉时期民间生活用具和陶瓷制作技艺不断成熟。魏晋至隋唐时期多民族文化相互交流，推动了民间服饰染色、织造工艺的繁荣。宋元时期市井繁荣催生了民间艺术走向城市和印刷术的流行。明清时期知识分子的阶层分化也衍生出许多新的民间艺术形式，如剪纸、版刻印刷、雕塑、绘画、织绣和陶瓷等。但是近代以来，在西方文化和工业文明的冲击下，传统手工业生产方式受到挑战，传统民间美术也面临新的考验。

在漫长的历史进程中，中华民族在不断适应自然环境和社会变迁中发展出了种类繁多、各具特色的传统美术形式，这些美术形式不仅具有极高的审美价值，同时也蕴含了深厚的历史和文化内涵。传统美术强调的是技艺和传承，其制作过程需要经过反复实践和摸索，以及对材料、技艺和形式的深入理解和掌握。它强调主观感受和艺术个性的发挥，注重表现作者的情感和思想，具有鲜明的民族特色和独特的艺术风格。同时，传统美术也是中华文化和人民智慧的结晶，具有重要的历史、文化和艺术价值。

在现代社会中，传统美术不仅被广泛传承和发扬，也受到了人们越来越多的关注和保护。许多传统美术形式已经被列入国家级非物质文化遗产名录，成为国家重点保护的文化遗产。同时，越来越多的年轻人开始学习和传承传统美术技艺，使这些宝贵的文化遗产得以在新时代焕发出新的生机和活力。

2. 传统美术的特征

第一，民族性和区域性。传统美术受到地域和民族文化的影响，呈现出独特的地域性和民族性。不同地区的传统美术形式具有不同的特点和文化内涵，反映了当地人民的生活习惯、工艺技术水平、宗教信仰、历史传承和审美观念，这种根植于地域和民族土壤的美术形式，不仅给人们带来视觉享受，更是每个民族和地区文化的表达和传承。

第二，历史性和传承性。传统美术是历史传承的产物，具有深厚的历史底蕴。中国传统美术源远流长，经历了数千年的演变和发展，承载了丰富的历史文化信息和价值观念。传统美术的传承方式多种多样，其中包括家族传承、师徒传承、社会传承等。通过这些传承方式，传统美术得以代代相传，保留和延续下来。

第三，民间性和群众性。传统美术起源于民间，与广大群众的生活密切相关。许多传统美术形式都是为了满足人们的生活需要和精神需求而产生的，如剪纸、年画、窗花等。传统美术通常采用简单易懂的图案、鲜明生动的色彩，使人们能够轻松理解和欣赏。此外，传统美术在社会上也具有广泛的影响力和地位，如年画、春联等在中国人民生活中占据着重要的位

传统美术（剪纸）

传统美术(年画)

置,成为春节期间不可或缺的文化元素。

第四,多样性和包容性。传统美术具有多样性和包容性,不同地区、民族、历史时期的传统美术形式各具特色,同时又互相借鉴、互相融合。在中国广袤的土地上,各个地区都孕育了独特的传统美术风格和表现形式。中国传统绘画就是一个很好的例子,包括山水画、花鸟画、人物画等,不同地区的绘画风格各具特色。同样,中国传

绘画作品(吴冠中)

传统美术（雕塑）

统建筑也呈现出丰富的多样性，在不同地区形成了各具特色的建筑风格。同时，传统美术形式之间互相借鉴、互相融合，进一步丰富了传统美术的内涵。另外，中国传统民间艺术如皮影戏、木偶戏等是多个艺术门类的综合体现，是将绘画、雕塑、戏剧等元素融合。这种多样性与包容性为人们提供了广泛的选择和欣赏空间，同时也促进了不同地域、民族之间的文化交流和艺术交融。

  第五，符号性和象征性。传统美术作品常具有独特的符号和象征意义，反映了人们对自然、历史、宗教和神话的认知和理解。这些符号和象征意义可以为人们提供精神寄托和文化认同，也是传统美术作品中不可或缺的元素。在中国传统绘画中，各种动植物图案、节令、神话故事等都具有深刻的符号和象征意义。在祭祀、婚礼、葬礼等仪式和民间活动中，人们也常使用具有符号和象征意义的物品或艺术品。因此，传统美术作品不仅实现了对自然、历史、宗教和神话的表现，也承载了民族文化、历史和精神的传承。

  传统美术是以汉民族传统美术为主体，具有深厚的历史底蕴和文化内涵。它强调技艺和传承，注重主观感受和艺术个性的发挥，具有鲜明的民族特色和独特的艺术风格。传统美术具有民族性、地域性、历史性、传承性、民间性、群众性、多样性、包容性、符号性和象征性等特征。在现代社会中，传统美术得到广泛的传承和发扬，并被列入国家级非物质文化遗产名录，成为国家重点保护的文化遗产。

二、传统美术的传承方式

1. 言传身教传承

中国民间艺术通过口头传授的方式将技艺传给后代，这种传承方式使得技艺能够直接呈现并对接受者产生直观的影响，保持了技艺的传统特色和创新力量。中国民间美术技艺的传承方式包含言传、物传和心传。言传是指通过口头传授的方式将技艺传承下来。物传则是指通过实物的传递来进行技艺的传承。心传是一种综合了言传身教、物象及文字信息传播的传授形式。这些传播形式不仅为我们提供了民间美术技艺的传承形式，还揭示了民间美术技艺形态和艺术风格形成的内在因素[4]。

2. 谱子、文字等媒介传承

民间美术主要通过艺术作品自身形象来传播和发展，视觉感受占了人类外界信息的70%。民间美术的传播方式之一是以物相传，通过谱子来传播直观信息。谱子的形式包括画谱、剪花样谱、影戏谱、年画版样等，它们是集体创作总结、名艺人绘制或程式化模式。这些谱子经过一代代完善和再创作，成为宝贵的遗产。以物相传的传播形式有利于民间美术的普及和传承，也促进了民间艺人之间的交流。例如，剪纸通过谱子传承，谱子包含了剪纸的技巧和步骤，供剪纸爱好者学习和借鉴。通过学习谱子，民间艺人不断提高自己的技艺水平，创作出更加精美的作品。同时，谱子的传承也有助于民间艺术文化的普及和传承。

3. 技艺口诀传承

技艺口诀是民间文化传承的重要形式之一，具有独特的优势和价值。它简练、概括，并为创作者和接受者提供清晰的指引，有利于传播。口诀的形式明确和大量复制原则保护并保存了民间美术，避免了不必要的损耗。技艺口诀的流传促进了民间美术艺人的扩展和技艺的传播，为再创造提供了捷径。口诀直观易懂，有助于激发兴趣，能快速提高接受者的技艺水平。技艺口诀的传承和发扬应该得到重视，成为民间美术传承发展的重要支撑和资源。

三、传统美术类主要内容与形式

1. 惟妙惟肖的民间年画

民间年画是一种中国传统的绘画形式,以其生动、惟妙惟肖的风格而闻名。它是中国农村地区在传统节日庆祝和新春到来时常见的一种装饰品,也承载了人们对美好祝愿和吉祥如意的期望。

民间年画的历史可以追溯到明代,起初它主要用于城市的庙会和市集上,后来逐渐流传到农村地区,成为农民百姓喜欢的年俗之一。在清代和民国时期,民间年画出现了较大的发展,并形成了苏州、扬州、杭州、天津、北京等地的不同风格和地域特色。民间年画通常以彩绘的方式呈现,结合图案、色彩和文字,用以表达对美好生活、丰收农田、家庭安康等方面的祝福。它的表现手法多样,有的细致入微,栩栩如生;有的则简洁明快,寓意深远。画中的人物形象充满活力,往往展现出质朴、喜庆和亲切的氛围。民间年画的内容丰富多样,常见的主题包括神仙、美女、孩童、动物、花鸟、山水等。每幅画都有其独特的故事和寓意,寄托着人们对吉祥、美好生活的向往和追求。同时,年画也成为人们交流祝福和展示传统文化的媒介,

民间年画(门神)

民间年画（孩童）

亲和力和观赏性极高。

近年来，民间年画在文化保护和创新中得到了重视和发展。许多年轻的艺术家开始尝试运用现代元素和技法，创作出更具时代特色和审美价值的年画作品。此外，民间年画还广泛应用于手工艺品、文化衍生品、装饰品等领域，成为中国传统文化的重要组成部分。民间年画以其惟妙惟肖的绘画风格和寓意深远的内容，成为中国传统文化中不可或缺的一部分。它以其独特的艺术表达方式，展现了人们对美好生活的追求和对传统文化的传承。通过民间年画，人们可以感受到中国传统文化的魅力和活力。

2. 活灵活现的民间剪纸

民间剪纸是中国传统文化的重要组成部分，种类繁多。常见的种类包括美化环境剪纸、人生礼仪剪纸和刺绣花样剪纸。美化环境剪纸以装饰家居、庙宇、祠堂等环境为目的，常见的图案有花鸟、山水、人物等，具有装饰性和象征意义。人生礼仪剪纸用于表现人生重要时刻和仪式，记录出生、婚嫁、寿辰等重要事件，以及传统节日和祭祀活动。这类剪纸有着深刻的文化内涵和历史渊源。刺绣花样剪纸是用于刺绣的底样或图案，常用于制作刺绣艺术品。这类剪纸制作精细、造型优美，常以花卉、蝴蝶等形象为题材。

民间剪纸（吉庆活动）

民间剪纸（年年有余）

民间剪纸的题材丰富多彩。常见的题材包括吉祥图案、人物形象、自然风光、民间传说和故事等。吉祥图案通过动物、植物、器物等元素表达人们对美好生活的向往；人物形象常取自四大名著中的角色或民间传说英雄；自然风光展现了山水、花鸟等自然景象的美感；民间传说和故事剪纸传递了爱情、友情和正义等美好情感。通过民间剪纸的种类和题材，可以更好地了解和认识中国传统文化的价值观和思想。

3. 古朴典雅的民间雕塑

民间雕塑作为中国传统的民间艺术形式之一，历史悠久，源远流长。民间雕塑的艺术风格古朴典雅，艺术特点鲜明，往往不拘泥于形式，具有浓厚的地方特色和时代气息。它以中国传统文化为基础，融合了全国各地的民间艺术特色，形成了独具民族风格的雕塑艺术形态。同时，民间雕塑也体现了中国传统文化的审美观念和价值观念，具有深刻的哲学内涵和文化意义。

在中国传统文化中，民间雕塑的应用范畴很广，它既可以用来装饰寺庙、宫殿、城墙等建筑物，也可以用来祭祀、祈福、庆祝节日、迎接客人等。而在艺术上，民间雕塑的内容主要包括佛教、道教、儒家思想、历史文化和民俗风情等。这些题材在民

民间雕塑（庆丰收）

间雕塑中得到了深刻的表现，通过艺术形式传达出中国传统文化的精髓。民间雕塑的制作材料主要有木头、泥土、石头、黏土等。其中，木雕是各地乃至全国民间雕塑种类最多、技法最精深的一种。民间木雕以"做工精细、线条流畅、形象逼真、富有生动感、富有特色"等特点而著名。而且，民间木雕从选材、切削、切割、开料、整形、打磨到装饰等均需经过严格的工序。不论是片材拼接还是整体雕刻，都需要高度的技巧和艺术表现力。

民间雕塑以古朴典雅的艺术风格和独特的艺术表现形式，传承了中国传统文化的精髓和灵魂。它不仅是中国传统文化和民间美术的重要组成部分，更是反映中国传统文化精神的重要载体。随着时代的变迁和社会的发展，民间雕塑的发展也在不断地推陈出新，逐步形成了当代中国民间艺术的新特色。

4. 影影绰绰的民间皮影

民间皮影是以剪纸为原型，用羊皮或牛皮制成影子，在灯光下投射出各种形态的人物和动物等影像，给人们带来视觉上的享受和艺术上的体验。民间皮影以其独特的艺术表现方式，吸引着广大民众的关注和喜爱。

民间皮影

民间皮影的起源可以追溯到唐代，宋代才开始在民间流传。自此，民间皮影逐渐成为中国传统文化中不可或缺的一部分。它最初是一种宗教仪式，后来逐渐演变成为民间娱乐活动。在唐宋以后，民间皮影已经发展成了一门完整的艺术门类，加入了诸多的艺术元素，如音乐、小说、戏曲等，形成了鲜明的地方特色和时代气息。民间皮影的制作材料主要有羊皮、牛皮、马皮等，其中以羊皮最为常用。制作过程相对复杂，需要先将选好的羊皮浸泡在水中，使其变得柔软，然后用刀削成各种形状。接着，在制作出来的羊皮上绘制人物、动物等形象，最后按照特定的技巧挖空或穿孔，形成各种形态的镂空影子。民间皮影不仅具有独特的艺术表现形式，也反映了中国传统文化的精髓和灵魂。它给人们带来视觉上的享受和艺术上的体验，同时也展示了中国传统文化中对于人物造型、色彩运用、典故传说等方面的丰富内涵。因此，民间皮影不仅是一种极具视觉和艺术感染力的娱乐活动，更是中国传统文化的重要组成部分。

随着社会的发展和人们审美需求的不断变化，民间皮影的艺术形式也在不断地推陈出新，尝试融合现代元素，如新的制作工艺、新的表现手法等，来满足新时代人们的需求。继承和发展民间皮影，使其在新时代背景下焕发出更加独特的艺术魅力，成为中国传统文化的重要遗产之一。

四、传统美术的保护与传承

1. 传统美术在学校教育领域的基本现状

中央工艺美术学院（清华大学美术学院）等高校培养了大批的工艺美术人才。然而，在20世纪60—80年代的快速发展之后，随着社会的开放和西方艺术的影响，高校美术专业逐渐被更加紧密结合工业化生产的现代艺术设计所取代，传统美术也逐渐淡出了人们的视野。特别是1998年教育部取消了中国高等教育界近半个世纪以来延续使用的"工艺美术"专业，改为"艺术设计"专业，这标志着传统美术教育面临重大危机。虽然在2012年教育部重新设置了工艺美术本科专业，但许多高等工艺美术学院更加偏向开设"现代设计"类专业，对传统美术持冷淡态度，甚至停止对传统美术学生的招生，导致传统美术教育被边缘化。

传统美术应该是传承手工技艺的核心内容，这与职业教育强调培养动手能力强、具有一技之长的应用型人才的目标相一致，很明显传统美术教育带有职业技术教育的特点。对传统美术，在很大程度上的关注点是它精湛的手工技艺，其蕴含的高超手工技艺是机械化的批量生产无法相比的，这些技艺甚至超越了作品内容本身的艺术造诣，留给人们无尽的艺术遐想。相反，模具生产、电脑制作、化工产品的替代与滥用，正使得原本原汁原味的传统美术失去最具魅力的固有本色。传统美术的美在于"传统"，只有恪守传统才能把握其精髓。传统美术离不开实践活动，纯粹的理论学习培养不出合格的美术专业人才，这是不争的事实，这也正是职业教育所强调的。其次创新不是空中楼阁，而是建立在扎实的实践之中，对于传统美术尤其如此。

2. 传统美术在职业教育领域的优势

首先，职业教育的学生年龄相对较小，特别是中职学生，大多是初中生，年龄在15~16岁之间。根据脑科学理论，这个年龄段是动作技能学习的关键时期，学生能够迅速掌握传统美术的手工技艺。同时，年少时学习传统美术易于成为终身职业。这是其他学习群体无法比拟的年龄优势。其次，虽然职业教育学生的文化课基础相对薄弱，但他们在其他方面具备潜力。根据加德纳的多元智能理论，每个人都有自己的智能强项。许多中职生在动手操作方面非常出色，这与学习传统工艺美术非常契合。教师应该认识到学生所拥有的内在潜能，提高对学生的期待，帮助他们发现自己的智能特长，并帮助他们获得成功。

在地域文化优势方面，中国是一个地域广阔、统一的多民族国家，传统美术有着丰富多样的地方特色和民族风格。不同地区有不同特色的传统工艺美术，不同民族也有各自独特的传统美术。职业教育以服务区域文化与经济建设为宗旨，在发展传统工艺美术方面具有明显的地域文化优势。职业学校的学生大部分来自本地区，对当地的历史、文化有一定了解，这为传承和发扬传统工艺美术提供了基础。与高等教育相比，职业教育更注重实践操作，培养出的人才更适应工艺美术产业的需求。

第二节 传统技艺

传统技艺是一种高度技术性和艺术性的文化形态,它不仅涉及主体的各种知识技能和经验,还需要成员之间的默契和心智模式的运用。在现代社会,随着机械化生产的普及,传统技艺逐渐失去了其重要性。然而,这并不意味着传统技艺已经消失。事实上,传统技艺仍然存在于我们的社会中,并且仍然是文化的重要组成部分。尽管现代技术的应用已经改变了我们的生活方式,但是传统技艺仍然有着不可替代的价值。

一、传统技艺的概述

传统技艺是一种沿袭了几百年甚至上千年的手工艺术和工艺技术。它是一个国家、地区或民族特有的文化遗产,代表了历史上的传统和智慧。传统技艺通常包括各种技术与工艺,涵盖了不同领域,如陶瓷、漆器、木工、织锦、银器、金属工艺、雕塑等,每种技艺都有其独有的特点和技术要求。

传统技艺以手工操作为主,注重细致精湛的工艺,强调工匠精神和创造力。通过世代相传的技法和经验,艺人能够将原材料转化为精美的艺术品或实用品,同时运用各种工具和材料,精心雕琢、绘画、编织或塑造,展现出独特的艺术风格和形态。从设计到制作,每个环节都需要工匠们倾注大量时间和精力。他们通过细致入微的创作,不断改进和创新,使传统技艺得以传承和发展。工匠们通常对自己的作品满怀热情和自豪,将每一件作品视为一种艺术创作。同时,传统技艺也承载了丰富的文化内涵和历史意义,反映了当地的风土人情、民俗传统和审美观念。传统技艺不仅可以提供物质价值,更是文化传承的重要组成部分。通过传统技艺,人们可以了解到一个民族或地区的历史、宗教、价值观和生活方式[5]。

然而,随着现代化的发展和新技术的出现,传统技艺面临着许多挑战。很多技艺面临失传的危机,需要更多的人关注和支持。因此,保护和传承传统技艺成为当代社会的重要任务之一。只有不断培养新一代的传统工艺匠人,不断推广传统技艺,传统技艺才能得以延续并焕发新的生机。

二、传统技艺的主要内容与形式

传统技艺是指手工业的技术和工艺。手工技艺是人类的基本活动之一,它和社会生产、日常生活有着紧密的联系。传统技艺是一种独特的文化遗产,它们通常由历史上的工匠们通过口传心授的方式传承下来,这些技艺通常是高度熟练和精细的,需要长时间的实践和经验积累才能掌握。传统技艺的主要内容包括各种手工艺技能、生产技术、建筑技巧、医疗方法、舞蹈音乐和表演艺术等。

传统技艺的形式多种多样,不同的文化背景下有着不同的表现形式。以下是传统技艺的一些常见形式。

手工技艺:传统手工技艺包括制茶、酿酒、编织、陶瓷制作、铜器制作、木雕、玉雕、漆器制作等。这些技艺需要精湛的手工技术和丰富的经验,是许多文化中最具代表性的传统技艺之一。

手工技艺(制茶)

手工技艺(陶瓷制作)

农业技艺（耕种）

农业技艺：农业技艺是指在农业生产中积累的技术和经验，包括耕种、灌溉、施肥、除草、收割等。在古代，农业技艺是人们生存的基础，也是社会发展的重要支撑。

建筑技艺：传统建筑技艺包括砖瓦制作、木结构施工、石雕、壁画、彩绘等。这些技艺体现了人们对材料和结构的认识和掌握程度，也是最具代表性的建筑文化遗产之一。

医疗技艺：传统医疗技艺包括中医、藏医、蒙医等。这些技艺采用天然药物和独特的诊断方法，对疾病进行辨证施治，是最具代表性的医疗文化遗产之一。

表演艺术：表演艺术包括舞蹈、音乐、戏曲等。这些技艺通过表演者的身体动作、声音和表情来传达情感和文化内涵，也是最具代表性的艺术形式之一。

传统技艺作为文化遗产的重要组成部分，具有不可替代的历史和文化价值。它们不仅是人类文明发展的重要支撑，也是生活中不可或缺的重要组成部分。我们应该加强对传统技艺的保护和传承工作，使其在新时代继续发扬光大。

建筑技艺（木结构）

建筑技艺（砖木结构）

建筑技艺（石木结构）

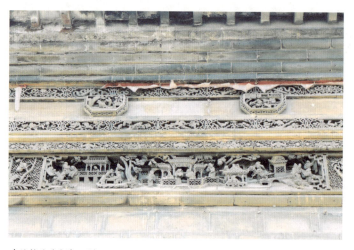

建筑技艺（砖雕工艺）

表演艺术（舞蹈艺术）

三、传统技艺的保护与传承

我国拥有丰富多彩的非物质文化遗产，这些遗产是中华优秀传统文化的重要组成部分。随着现代化进程的快速推进和全球化的冲击，许多传统技艺面临着传承危机。因此，职业教育成为保护和传承传统技艺的重要途径之一。

当前，许多职业院校已经意识到传统技艺传承的重要性，开始采取各种措施将传统技艺融入人才培养过程中。例如，部分学校开设了非遗技艺课程，将非遗技艺与现有专业相结合，以培养更多具备传统技艺的人才。同时，一些学校还成立了传统技艺研究机构，开展传统技艺的抢救、传承和保护工作。尽管一些职业院校已经采取了积极的措施来保护和传承传统技艺，但在实际操作中还存在一些问题。例如，部分学校缺乏专业的传统技艺教师，导致教学质量不高。另外，一些学校缺乏与传统技艺相关的教材和教学资源，导致教学内容不够丰富。此外，部分学校缺乏与传统技艺相关的实训基地，使得学生难以真正掌握传统技艺。

传统技艺传承面临着许多挑战，但也有着广阔的前景。未来，随着人们对传统文化重视程度的提高和对传统技艺保护意识的增强，将有更多的职业院校参与到传统技艺传承事业中来。同时，通过加强与企业和行业的合作，加强对外交流与合作等多种途径，更多的年轻人将能够接触到传统技艺并将其传承下去。

四、传统技艺在职业教育中的价值体现

1. 促进职业院校特色办学

职业院校需要对传统文化、区域非物质文化遗产、区域传统技艺等方面进行传承，这对职业院校高素质人才的培养具有重要作用。传统技艺具有深厚的历史渊源和文化底蕴，通过将传统技艺纳入职业教育的课程设置中，学校可以形成独特的专业方向和教育特色。这不仅能够吸引更多的学生报考，并且可以吸引行业资深专家和教师加盟，提高教学水平和学科影响力。因此，传统技艺在职业教育中的价值之一就是促进职业院校形成自己的办学特色。

2. 培养优秀人才满足社会需求

传统技艺在很多领域中都有广泛的应用和就业机会，如建筑工艺、工艺品制作、传统医药等领域。通过职业教育培养传统技艺相关的专业人才，能够满足社会对于这些领域优秀人才的需求。传统技艺需要学生掌握独特的技能和知识体系，这就需要系统的培训和实践。通过职业教育的传授和培养，学生可以全面掌握传统技艺所需的专业知识和技能，提高就业竞争力，并且能够胜任相应的工作岗位。

3. 推动文化传承与创新发展

职业教育在传统技艺领域的教学和研究，既要重视传统技艺的继承和保护，又要注重创新和发展。传统技艺的继承需要通过职业教育的方式将专业知识和技能传承给下一代，使新一代年轻人能够真正理解并熟练运用传统技艺。同时，职业教育还应该鼓励学生在传统技艺的基础上进行创新，结合现代设计理念和先进的工艺技术，推动传统技艺的创新和发展，以此为传统技艺注入新的活力，推动传统技艺向现代社会的融合与发展。

第三节 民俗文化

民俗文化是一个国家或地区独特的文化现象，它涵盖了人们的日常生活、节庆习俗、宗教信仰、传统习惯等方面，是人们在长期生活中形成的非物质文化遗产。民俗文化承载着一个民族的历史记忆、价值观念和精神追求，是人们与土地、自然环境及社会相互交融的结果。民俗文化的研究不仅可以揭示一个国家或地区的历史演变和文化传承，也能够深入了解人类社会的多样性并产生群体认同。通过对民俗文化的观察和分析，我们可以探索人类的思维方式、生活方式及社会关系的演变。

一、民俗文化的概述

民俗文化是民间民众的风俗生活文化的统称，也泛指一个民族、地区中集居的民众所创造、共享、传承的风俗生活习惯，是在普通人民群众（相对于官方）的生产生活过程中所形成的一系列非物质的东西。民俗文化是人们在长期的历史发展和社会演变过程中，所形成并代代相传的各种习俗、风俗、仪式、节日、民间艺术等文化现象的总称。它既是一个地区或一个民族独特的文化表达方式，也是人们生活方式、价值观念和传统信仰的重要体现。民俗文化反映了人们的生活方式、价值观念、传统信仰和社会组织形态，是人们日常生活中的重要内容和表达方式。它包括了丰富多样的内容，如婚嫁习俗、丧葬礼仪、节日庆典、民间舞蹈音乐、民间戏曲、民间美食、民间手工艺等[6]。

1. 民俗文化与人民的风俗习惯密切相关

清代薛福成《创开中国铁路议》："民俗既变，然后招商承办……可以渐推渐广，渐逐渐远。"人们在长期的实践中逐渐形成了一套传统的行为规范和礼仪习俗，如婚嫁、丧葬、节庆等。这些习俗包含了丰富的内涵和象征意义，代表着人们对生活的理解和追求。比如，中国的春节是一个重要的传统节日，人们在该节日里会进行祭祖、贴春联、放鞭炮等一系列习俗活动，这些习俗反映出人们对新年的祈福和热爱之情。

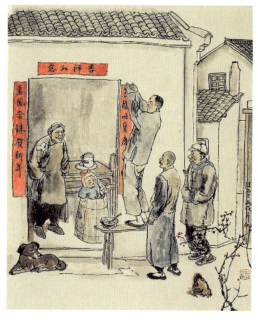
民俗文化（贴春联）

民俗文化（祭祖）

2. 民俗文化与民众的生活、生产和风尚习俗息息相关

《管子·正世篇》："古之欲正世调天下者，必先观国政，料事务，察民俗，本治乱之所生，知得失之所在，然后从事。"不同地域和群体的生活方式和生产习惯存在着差异，形成了各具特色的民俗文化。比如，中国的茶文化在南方地区较为兴盛，人们以品尝茶叶、举办茶艺表演等形式来传承和弘扬茶文化。而西南地区的苗族人民则以打糍粑、唱花鼓等民间活动展示了他们独特的生活方式。

3. 民俗文化与民众的身份认同和归属感密切相关

宋朝毕京《和范公希文怀庆朔堂》："几多民俗熙熙乐，似到老聃台上来。"民

民俗文化（放鞭炮）

俗文化是人们对自身身份认同和归属感的一种表达。通过参与和传承民俗文化，人们能够感受到自己与特定社群的联系和归属，加强了集体意识和凝聚力。例如，在中国的农村地区，人们通过传统的农耕活动和祭祀仪式来表达对土地和祖先的崇敬，同时也加深了彼此之间的亲密关系。

民俗文化（打糍粑）

二、民俗文化的由来

民俗文化的由来可以追溯到古代，随着人类社会的发展和演变，人们根据自己的生产、生活和信仰需要，创造了各种风俗习惯和传统。这些习俗和传统在不同地域、不同民族之间形成了多样性和特色性，成为独具特色的民俗文化。

民俗文化的形成有很多原因。首先，它与人类的生产活动和生活方式密切相关。人类在长期的生产实践和生活过程中，逐渐形成了一套行为规范和礼仪习俗，这些习俗反映了人们对生活、工作和家庭等方面的理解和追求。例如，中国的春节就是一个反映农民生产和家庭祭祀习俗的传统节日。

其次，民俗文化与人们的信仰和精神需求有关。不同民族的信仰和精神需求不同，因此形成的民俗文化也各具特色。比如，西方的圣诞节是一个重要的宗教节日，人们

民俗文化（祭祀仪式）

第二章　职业教育传承民族技艺分类研究　059

民俗文化（茶文化）

会举办弥撒、赠送礼物等活动，弘扬基督教精神和文化。

另外，民俗文化也与人际交往和社会关系密切相关。人们通过参加各种集体活动和传统节日来增进彼此之间的感情，加深互相了解和信任。同时，民俗文化还有助于维护社会秩序和凝聚力，促进社会稳定和发展。

总之，民俗文化的由来非常复杂，它是人类长期实践的结果，也是生产、生活、信仰和社会关系等多方面因素的综合表现。民俗文化的繁荣和发展，不仅展示了民族文化的多样性和特色性，也对人类文明进步做出了重要贡献。

三、民俗文化的内容

民俗文化涉及的内容很多，直至今日它所研究的领域仍在不断地拓展，当今民俗学界公认的内容列举如下：

生产劳动民俗，反映人们在生产工作中遵循和积累下来的规矩和经验，比如，种植、养殖、捕鱼等行业和职业的习俗和仪式。

日常生活民俗，包括人们平常的生活起居、饮食、睡眠、交通等方面的习俗，以及与之相关的节日、娱乐习俗。

社会组织民俗，反映各级社会组织之间的相互关系和约定，以及对个体的规范和约束，比如，家庭、村镇组织、行会、宗教团体等方面的习俗和仪式。

岁时节日民俗，反映民间传统节日的庆祝方式、活动形式、礼仪习俗等，比如，春节、端午节、中秋节等。

人生仪礼，反映人生各阶段的重大事件，比如，出生、成年、结婚、离世等，以及相应的庆祝、仪式、祭祀等活动。

游艺民俗，反映人们娱乐、放松、交流的方式和形式，比如，戏曲、歌舞、民间游戏等。

民间观念，反映人们的信仰、价值、思想、道德等方面的观念和传统。

民间文学，包括口头文学和书面文学两部分，反映了人们的文化和精神生活。

四、民俗文化的代表

1. 妈祖民俗

妈祖民俗是一种源自人们对妈祖的景仰而逐渐形成的常规化古老民间习俗。它与其他妈祖信仰活动不同，主要指个体信众的信仰活动，具有个人化特征。湄洲岛的妈祖民俗凝聚着深厚的信仰和丰富的文化传统，尤其在节日，如元宵节期间，人们沐浴在妈祖文化的氛围中，开展一系列祈福庆祝的活动。妈祖灯笼成为游乐的象征，信众提着灯笼绕境，祈愿庇佑和丰收。感恩敬神的庄严仪式还体现在家族统一着装上，人们以此表达对妈祖的感谢和崇敬。

在信众面临困难时，他们常常求助于妈祖庙，使用特制的"圣杯"进行卜问，期待妈祖的指引解决问题。对于渴望生育的妇女而言，妈祖庙成为换花求孕的圣地，通过与妈祖神像头上的花互换，祈求妈祖的赐孕。为了保佑孩子平安健康，信众会佩戴妈祖庙赐予的小香袋，并在家门上贴上妈祖神符，以祈求全家平安。

妈祖的神圣力量贯穿信众生活的方方面面。信众将妈祖玉像佩戴在颈项上，象征着妈祖的保佑一直伴随着他们。在妈祖巡游中，信众更是用金锁、银锁或钱币系在妈祖神像的颈项上，虔诚祈愿。此外，妈祖庙还成为信众外出时托付小孩的安身之地，因为他们深信妈祖是最可信赖的神灵。

湄洲岛渔民在妈祖诞辰前后自觉不捕鱼，以体现与自然的和谐共处。这些妈祖民俗不仅具有显著的民间性、亲和性和包容性，而且已经世代相传超过一千年。这些传统活动充分展示了妈祖文化的普及性和深入性，成为湄洲岛人们日常生活中不可或缺的一部分。

妈祖民俗文化

2. 莆仙民俗

莆仙民俗是一种丰富多彩的文化现象，不仅保留了中原古风，而且具有地域特色。在莆田、仙游两县，民俗不仅包括节日活动，还贯穿于人们的生活中，影响着他们的行为规范和道德准则。

莆仙的民俗多样性体现在同一习俗在不同地区有所不同。例如，元宵节的庆祝活动，不同地方的日期、内容、规模和形式都会有差异。民俗活动的共同目标是祈求平安吉祥、子孙昌盛、万事如意。

民俗通过语言进行传播，民俗类内容语言简单朴实，但情感真挚、表达明确，富含生活气息。莆仙地区流传着许多民间故事和传说，并有俚歌、民谣、谚语、歇后语等民间文学形式。

作为无形的文化资源，莆仙民俗源远流长，积淀深厚。它具有丰富的文化符号，对认识民族文化、地域人文和历史社会等具有重要价值。莆仙的民俗旅游也因其独特的文化魅力吸引着众多游客，将传统与现代、观赏与体验相结合。受地域文化和习俗的影响，莆仙地区形成了许多有特色的地方习俗，包括禁忌、崇尚和喜好等。方言和语音特点也衍生出许多与语言表达相关的习俗，如吉祥语、口头禅和典故等。

总之，莆仙民俗作为一笔宝贵而丰厚的精神财富，是莆仙文化中闪耀的亮点，具有无限的魅力和生命力。它在不断传承和发展中丰富延续，并渗透于莆仙人们的日常生活中。

莆仙民俗文化

3. 平遥民俗

平遥古城是保存完好的古代县城，展示了中国明清时期的城市文化、社会、经济和宗教发展。平遥地区的居民风俗源于唐尧时期。平遥人勤俭质朴，性格忧深思远、尚武仁厚。尚武之风催生了许多文武全才者。此外，平遥民风中还弥漫着慷慨好义的气息。在婚礼、丧礼、寿宴、生日和修建庆典等方面，平遥人保留着浓厚的传统文化。尽管土地贫瘠，耕织减少，但平遥仍然多商贾，且善于经营。平遥还保留了隋唐时期的许多传统文化。

平遥古城

五、各地特色民俗

1. 河北省

河北省有一些独特的端午节民俗。比如，在河北的北部地区，人们在端午节前会预先打井水，以避免井水受到毒害。另外，市井小贩会在端午节期间兜售樱桃和桑椹，据说食用了这些水果可以全年防止误食苍蝇。还有一种叫作"五毒饼"的特色食品，在各个炉食铺都有售，它的花纹上画着五种毒虫。此外，在滦州市，男女亲家在端午节互相馈赠礼品，这是一种传统的习俗。赵县的端午节上，地方官府会在城南举行聚会，邀请城中的士大夫们饮酒作诗，这被称为"踏柳"。

民俗文化"五毒饼"

2. 山西省

山西省潞城县在春节期间盛行民间社火，其根源深植于对土地与火神的崇敬之中。社，象征着守护丰收的土地之神；火，则代表着驱邪避害的火神，两者共同构成了农耕

民间社火

文明的精神基石。古时的祭祀仪式逐渐融入娱乐元素，演变成为一场盛大的民间庆典。社火活动分为两大类别：一是造型社火，它以精湛的工艺展现人物形象，如布社火、背社火、马社火等，每一种造型都凝聚着匠人的心血与智慧；二是表演社火，如地台表演、高跷行走，在广阔的场院中，艺人们竞相斗技，各显神通，将力量与技巧完美融合。

3. 陕西省

陕西省佳县的传统踩高跷常与秧歌同台献艺，旧日高跷仅及人腰，演员扮演成生活中的各种人物，随秧歌翩翩舞动。1942年新春，葭县（佳县）八路军创新演绎，将踩高跷表演融入剧情，其高度跃升至五尺余，含跌岔、跨凳等绝技，引人入胜。同时，"高跷戏"兴起，演员扮作戏中人物，融说唱演于一体，独具匠心，迅速风靡乡间。

民间高跷

4. 甘肃省

"在曲子戏舞台上，一歌一舞，皆有规矩。一翻一扑，不离程式。"曲子戏从明朝开始在甘肃的广阔土地上传衍不息，句式随曲牌变，韵脚平仄合曲调。多为叙述体，亦有代言体。因地而异，如敦煌曲子、兰州鼓子、平凉曲子、华亭曲子、秦安老调、通渭曲子等等，实同源异流，融民歌小调于地方戏曲，剧目多相似。

5. 江苏省

清明之际,江苏省泰州溱潼镇迎来盛大的会船节,汇聚四邻八乡的数百艘彩船于溱湖之上,船民们万头攒动,共襄盛举。这一场景蔚为壮观,不仅是对民俗文化的盛大展示,更是水乡风情的集中博览。溱潼会船节,其历史源远流长,文化底蕴深厚,被世人誉为"天下会船数溱潼",声名远播。

溱潼镇会船节

6. 四川省

四川省民间有"走人户"之俗，值年节庆、婚嫁之喜或新居之庆，必赴亲友宅邸，互致问候，共享喜悦。此间，访客携猪蹄、珍稀礼品及佳酿，更有平素珍藏之衣物加身，以示敬重。主人则慷慨解囊，备肉沽酒，以满腔热情，盛情款待，共叙天伦，情深意长。

民间文化（"走人户"）

7. 浙江省

浙江余杭的滚灯艺术，巧妙融合了竞技的活力、武术的刚劲与舞蹈的柔美，是汉族民间舞蹈中的瑰宝。它以精巧编织的巨型竹制球体为核心，球心悬吊一精致竹编小球，内置烛火，随舞者左右翻飞，宛若一盏灵动地滚动的明灯，展现了浙江独特的民间舞蹈艺术魅力。

非遗（滚灯）

8. 广东省

白字戏是广东省海陆丰地域汉族戏曲之瑰宝，以其独特的"啊咿嗳"衬词唱腔闻名，俗称"啊咿伊嗳"。该戏种源远流长，源自福建闽南，迁徙至海陆丰后，与当地语言、民间艺术深度融合，采用曲牌联套体为主，穿插民歌小调，铸就了鲜明的地方文化韵味。

六、民俗文化的保护与传承

在制度上，我国采取了一系列措施来保护和传承民俗文化，特别是制定了非物质文化遗产国家保护制度。这包括将具有代表性的传统节日、习俗、技艺等列入国家级、省级、市级的非物质文化遗产名录，并提供相关的支持和保护措施。

第二章　职业教育传承民族技艺分类研究　069

民俗文化（白字戏）

在学术上，学术界对民俗文化的研究也在不断深入。研究民俗现象和理论的学科称为民俗学。民俗学是社会科学中一门独立的学科，民俗学与文化人类学、民族学、社会学、历史学等学科有着极其密切的关系，如考古学要借助民俗学揭开古代社会神秘的面纱，民俗学要借助考古学提供古代文化传承的实证。学者们通过田野调查、口述历史、人类学研究、社会网络分析等方法，揭示了民俗文化的内涵、演变和社会价值。这些研究为民俗文化的保护和传承提供了理论和实践支持[7]。

在产业化上，民俗文化的产业化开发也逐渐引起关注。一些传统的民俗文化项目如年画、皮影、剪纸等正逐渐融入文化旅游、手工艺品制作、文化创意产业等领域中。这为民俗文化的传承提供了新的发展路径，并为相关从业者创造了就业机会、增加了收入。

尽管已经做出了一些保护和发展的努力，民俗文化仍面临许多挑战。老艺人、老作坊、老工艺等传统技艺的衰退和失传问题依然存在。同时，现代化进程、城市化发展、经济利益等因素也对民俗文化的传承和发展造成了压力和影响。

总之，民俗文化在保护和传承方面取得了一些成绩，但仍面临许多困境和挑战。进一步研究民俗文化在产业化开发、现代社会中的转化机制，加强对老艺人、老作坊等传承者的支持和保护，以及加强民俗文化教育和社会保护意识，都是推动民俗文化持续健康发展的重要方向。

第四节　传统戏剧与曲艺

中国传统戏剧与曲艺是源远流长、博大精深的文化艺术形式，扎根于中华民族的历史和生活之中。它们以其独特的表演形式、丰富多样的表达方式和深刻的思想内涵，成为中华文化的重要组成部分。它们是中国传统文化的瑰宝，蕴含着深刻的哲学思想和道德格言，反映了中国人民的生活方式、社会习俗和价值观念。作为中国文化的重要组成部分，中国传统戏剧与曲艺不仅在国内拥有广泛的影响力，而且在海外也得到了广泛的传播。

一、传统戏剧与曲艺的概述

传统戏剧（昆曲剧照）

中国传统戏剧、曲艺是一种历史悠久的综合舞台艺术样式，其产生与发展经历了漫长的历史演变过程，形成了如今种类繁多，程式多样的剧种及表现形式。

1. 传统戏剧

传统戏剧是指中国自古以来流传下来的各种戏曲形式，包括京剧、豫剧、越剧、昆曲、秦腔、评剧等。这些剧种都有着悠久的历史，并在不同地域和时期得到了地方艺人的传承和发展。每一种戏剧都有其独特的表演风格、音乐曲调和服饰造型。例如，京剧是中国最具代表性的

戏曲剧种之一,其特点是"唱、念、做、打"的统一表演风格,强调唱腔的变化和舞台动作的精准。而昆曲则是源于江南地区的戏曲剧种,其特点是婉转柔美的唱腔和细腻优美的舞台动作。

传统戏剧(豫剧剧照)

◀

传统戏剧(京剧剧照)

2. 传统曲艺

传统曲艺是指中国古代的各种口头表演艺术形式,包括说唱、评书、相声、小品、大鼓等,这些曲艺形式常常以幽默诙谐、讽刺嘲笑和社会批判为特点,通过戏谑与夸张的表达方式,让观众在欢笑中感悟人生和社会的真理。其中,相声作为中国最有名的曲艺形式之一,通过对话、对白和段子等形式,展现了中国人民的智慧和幽默感。

传统曲艺(相声)

传统戏剧与曲艺不仅在艺术表达上有着独特的魅力,更承载了丰富的历史文化内涵和审美情趣。通过舞台表演、音乐演奏、服饰装束等多重元素的融合,使观众在艺术享受的同时,感受到中国文化的深度和广度。这些艺术形式也成了中国人民精神寄托和身份认同的重要象征,凝聚着中华民族的集体记忆和情感认同。在当代社会,传统戏剧与曲艺面临着许多挑战,包括观众群体的变化、商业化的冲击及新媒体的兴起等。但是,传统戏剧与曲艺的独特魅力和文化价值依然存在,并且通过创新和传承得到了新的发展机遇。它们不仅在国内得到了广泛的关注和支持,也在国际上获得了越来越高的认可和欣赏。因此,保护和传承传统戏剧与曲艺,让其在现代社会中绽放新的光彩,成为我们文化建设的重要任务之一。

二、传统戏剧与曲艺的主要内容与形式

1. 传统戏剧的基本内容

传统戏剧中的故事情节多取材于历史传说、神话传说、文学作品等,涉及的主题非常广泛,包括爱情、仁义、忠诚、冤屈、报复、贪欲、妒忌、权力斗争等多种主题。在传统戏剧中,人物性格丰富,形象鲜明生动,剧情紧凑且情节跌宕起伏。

传统戏剧的分类主要包括京剧、豫剧、越剧、昆曲、秦腔、评剧等几十种剧种,不同的剧种,在剧本、表演方式、音乐曲目、服装造型等各个方面都有所不同。每一种戏剧都有着自己独特的表演风格和表达方式[8]。

2. 传统戏剧表演的基本形式

传统戏剧的表演形式以"唱、念、做、打"为主,在剧本、表演方式、音乐曲目、服装造型等方面都非常独特,这些戏剧通常没有预先录制或排练好的台词唱腔,演员现场即兴表演。传统戏剧的唱腔丰富多样,各剧种有着自己独特的音乐节奏、歌词形式、旋律。如台词唱腔,也就是像说唱、念白、舞蹈和动作等多种元素的综合表演形式。

此外,传统戏剧的服装造型也非常独特,每部戏剧都有着丰富多彩的服饰,而且根据剧情和角色性格等有不同的服饰。例如,京剧中的武生角色,通常穿戴闪亮的金

传统戏剧(京剧)

传统戏剧（越剧）

色盔甲和华贵的锦袍，以突出他们的英武和威风；而京剧中的花旦角色，则通常身穿绸缎小衫、绣花裙子、珠翠首饰并梳高大的发髻，以突出她们的婉约和美丽。

3. 传统曲艺的基本内容

传统曲艺的基本内容是口头表演艺术，包括相声、评书、小品、大鼓、弹词、快板等多种形式。这些曲艺主要采取以"说、唱"为主的艺术表现手段，内容针对性强，涉及社会、家庭、娱乐、情感等多个方面。传统曲艺通常通过"一人多角"的角色扮演来表现不同的人物形象，使得表演更加生动有趣。

4. 传统曲艺的基本形式

传统曲艺的表演形式丰富多样，多以旋律优美、音律丰富、节奏明快、抑扬顿挫等特点著称，能够给观众带来听觉上的享受和冲击。大多数传统曲艺形式都注重演员的口才、语言艺术和表情表演等方面，通过幽默风趣、夸张卖萌等方式，向观众传递娱乐与思考。

三、传统戏剧与曲艺的保护与传承

我国通过颁布《中华人民共和国非物质文化遗产法》对传统戏剧与曲艺进行法律保护,该法规定了非物质文化遗产的保护范围、主体、程序和措施,明确了相关部门的责任和义务。此外,还制定了一系列的配套法规和政策文件,进一步完善了保护机制。地方有关部门同样出台了保护传统民族技艺的法律和政策,有力地推动了传统戏剧与曲艺的保护和传承工作。我国还设立了非物质文化遗产保护机构,如国家级、省级、市级非物质文化遗产保护中心。这些机构负责非物质文化遗产的调查研究、申报鉴定、保护传承等工作。同时,还组建了专业人才队伍,包括研究人员、保护专家、传习师等,为传统戏剧与曲艺的保护和传承提供了有力支持。文化部自2006年开始陆续公布了一批重要的非物质文化遗产项目名录,其中包括传统戏剧与曲艺。这些项目的认定,从国家层面上确认了传统戏剧与曲艺的重要地位,增加了社会对其保护和传承的关注,也为传统戏剧与曲艺的发展提供了更多的资源和机会。

我国还设立了文化遗产保护基金,用于支持非物质文化遗产的保护和传承工作。这些基金通过项目资助、奖励机制等方式,为传统戏剧与曲艺的保护与传承提供资金支持。同时,鼓励社会力量参与保护工作,推动传统戏剧与曲艺的可持续发展。在教育方面,我国加强了对传统戏剧与曲艺的教育和培养,开设相关课程和专业。同时,当地政府与学校合作举办了一系列的培训班、讲座和工作坊,提升从业人员和爱好者的专业水平。此外,还通过广播、电视、互联网等媒体渠道进行宣传和推广,让更多人了解和喜爱传统戏剧与曲艺,提高公众的认知度和参与度。我国还积极参与国际非物质文化遗产保护合作,加强与其他国家和地区的交流与合作,并通过举办文化交流活动、国际论坛、展览等形式,促进传统戏剧与曲艺的国际传播和交流,增进各国之间的文化互鉴与友谊。

第五节　传统体育、游艺与杂技

传统体育、游艺与杂技涵盖了传统武术、竞技、游艺、杂技、杂耍等多个领域，它们源远流长，承载着悠久的历史传统。作为农耕社会文明的产物，这些活动形式根植于民间，并深受人民的喜爱，是非物质文化遗产中不可或缺的重要组成部分。这些传统体育活动与娱乐形式，既满足了人们对身体锻炼和健康的需求，同时也承载了丰富的文化内涵和民俗传统，展现了中华民族的智慧和创造力。通过保护和传承这些传统体育、游艺与杂技，我们能够更好地传递历史记忆，增强文化自信，促进传统文化的传播与发展。

一、传统体育、游艺与杂技的概述

传统体育是活跃在民间、有着悠久历史的体育比赛活动，包括各种技巧类运动和竞技类项目，例如，踢毽子、跳绳、打陀螺、踩高跷等都是传统体育的代表。

传统体育（踢毽子）

传统体育（打陀螺）

游艺则是指流行于大众生活中的各种嬉戏、游戏和娱乐活动,让人们在精神上得到放松和愉悦,包括棋牌类游戏、民间舞蹈、唱戏看戏等。

杂技艺术的"杂"字意味着它涵盖了丰富多彩、类目繁多的表演形式和节目内容;而"技"则表示杂技表演具有高超的技艺性和技术含量。杂技表演的内容丰富多样,包括各种表现身体灵活性和技巧性的动作、器械表演及特技等。

二、传统体育、游艺与杂技的起源、特征

1. 传统体育

传统体育是由中华民族的先民世代实践、产生、发展并流传至今的体育,它是一种复杂的社会文化现象,是一种有意识、有目的、有组织的社会活动,民族传统体育文化是民族传统文化的亚分支,已成为中华民族宝贵的文化遗产。在中国传统体育项目中,既有广为流传的体育项目,也有特色鲜明具有丰富民族风格和地方特色的项目[9]。

(1) 传统体育的起源

① 生产劳动:在原始社会,人们通过狩猎、农耕和渔业等生产劳动来维持生计。这些劳动中的一些动作和技巧逐渐演化成为体育项目,例如,狩猎中的踢、打、摔、拿及使用工具的技能。

▼ 生产劳动(传统捕鱼)

② 宗教祭祀：宗教在人类社会发展中扮演着重要的角色，而一些宗教仪式和祭祀活动中常常包含体育元素。例如，赛龙舟、舞狮等都是在宗教祭祀活动中衍生出来的体育形式。

③ 巫术：巫术是古代社会中一种特殊的宗教信仰和实践方式，与民族体育的起源有一定的关联。在巫术活动中，一些特殊的动作、姿势或搏斗形式，也可以看作是民族体育的一部分。

④ 军事战争：战争与体育有着密切的联系，尤其是在冷兵器时代。在军事战争中，士兵和将领的身体素质及武器使用的技巧非常重要，因此一些军事战争中的训练和技能逐渐演化成为民族体育项目。

⑤ 健身娱乐：人们从事体育活动的最基本目的之一就是为了健身和娱乐。各个民族创造了许多对健康和身心愉悦有益的体育活动，如抢花炮、赛马等。

⑥ 教育传承：教育是人类将自身生活经验传递给后代并提高其认知和实践能力的主要方式之一。在教育过程中，培养身体素质，以确保后代的身心健康同样重要。因此，一些民族体育项目也具有教育和传承的功能。

健身娱乐（赛马）

(2) 传统体育的特征

① 民族性：传统体育体现了特定民族文化类型的特征，并作为民族文化心理素质的基本内核存在。它能够普遍地沟通特定民族中所有成员的心灵。

② 历史性：传统体育经过长时间的形成和传承而存在，并且包括了历史上已经存在、现在仍然完整保留的民族传统体育文化。虽然一些古老而丰富的传统体育资源可能濒临灭绝，但一些受欢迎的项目如武术、摔跤、秋千、风筝、龙舟和赛马等仍然具有生命活力并得以传承和发展。

③ 传统性：传统体育具有重要价值和生命活力，且得以积淀和传承下来。它始终保留着传统的特点，体现了民族的独特风格和传统文化。

④ 传承性：传统体育文化在时间上具有传递的连接性，即具有历史的纵向延续性。这种传承可以通过口头传统、家庭教育、师徒传承等方式进行。

传统体育（武当太极拳）

传统体育（云南石林彝族摔跤比赛）

2. 传统游艺

在中国历史长河中，游艺民俗是一种以消遣休闲、调剂身心为主要目的，具有一定模式和规则的民俗活动。它是人类在满足基本物质需求后追求精神享受而进行的文化创造。游艺民俗包括的范围广泛，从简单易行、随意性较强的游戏，到讲求竞技技巧、具有严格规则的竞技活动。从因时因地、自由灵便的戏耍，到为满足特定需求而进行的综合表演，各种形式都可以被归类为游艺民俗。

(1) 传统游艺的起源

① 生产劳动：在农耕社会中，劳动力的过剩引发了人们的娱乐需求。例如，收获季节的庆祝活动中，人们会举行一些跳舞、唱歌、吹打乐器等娱乐项目。

② 宗教祭祀：宗教仪式和祭祀活动也是传统游艺产生的因素之一。例如，中国的端午节，除了祭祖和吃粽子外，还有舞龙、舞狮等游艺表演。

宗教祭祀（舞龙）

宗教祭祀（舞狮）

社交娱乐（唱戏、看戏）

传统技艺（刺绣）

传统技艺（剪纸）

③社交娱乐：社交娱乐活动是人类社会中广泛存在的一种类型。例如，唱戏、看戏、打牌、下棋等都属于社交娱乐的范畴，并且以其丰富多彩的形式吸引着广大民众的参与。

④传统技艺：许多传统技艺，如刺绣、剪纸、雕刻等，也常常被人们用于游艺活动中。例如，人们会在春节期间制作灯笼、剪纸和年画，以增强喜庆气氛。

⑤体育竞技：体育竞技也是传统游艺的一种重要形式。例如，传统的斗鸡、赛马等项目，是人们在生产和娱乐之余，通过体育竞技来锻炼身体、展示才华和增强社交联系的一种方式。

体育竞技（斗鸡）

(2) 传统游艺的特征

① 娱乐性与竞技性相融合。传统游艺民俗既具有娱乐性质，让人们在游戏中获得快乐和放松，又包含了一定的竞技性，需要参与者通过实际动作和技巧来进行比拼。这种娱乐性与竞技性的融合使得传统游艺民俗不仅是一种娱乐形式，同时也能够展现个体的才华和能力。

▶ 游艺民俗（元宵灯笼展和春节庙会）

② 季节性与节日性相结合。许多传统游艺民俗都与季节和节日紧密相关。它们往往在特定的时间和地点举行，与自然界的变化和社会文化活动相呼应。例如，中国的

端午龙舟赛、元宵灯笼展和春节庙会等,都与特定的节日和季节密切相关,通过举办特别的游艺活动来庆祝和纪念。

③ 明显的祭祀与巫术色彩。一些传统游艺民俗具有明显的祭祀和巫术色彩。它们通常是由祭祀仪式演变而来,融合了古代人们对神灵、祖先和自然力量的崇拜与敬畏。通过游艺活动,人们可以向神明祈求家人平安、农作物丰收等,或者驱逐邪灵和疫病。

④ 浓郁的乡土特色。传统游艺民俗常常反映出当地的乡土文化特色。它们承载着一地的历史、地理、民风民俗及乡土生活的方方面面。从表演形式到服饰、音乐和道具,都展示了特定地区的独特风貌,给人以强烈的地域感和文化认同感。

3. 传统杂技

传统杂技是一种历史悠久的表演艺术形式,涵盖了口技、武术、马戏、魔术等各种技艺。

(1) 传统杂技的起源

① 春秋战国时期,许多杂技艺术的创造者是诸侯的门客和武士。他们以自己的特长投身于公卿大夫,并不完全是为了表演。春秋战国时期兼并激烈,各国争霸,士人争相培养技艺,其中就包括口才技巧高超的士人或力量非凡的壮士们。这为杂技艺术奠定了技术基础。

② 汉代是中国杂技形成和发展的时期。汉代的角抵戏迅速充实内容,增加品种,提高技艺,最终形成了以杂技为中心的"百戏"体系。汉代的杂技节目已经成为一个系列,具备了后世杂技体系的主要内容。

③ 魏晋南北朝时期,经历了公元400年到589年的动荡,到隋代统一中国,杂技艺术已经非常成熟,成为宫廷和民间都喜爱的艺术形式。杂技艺人和乐舞艺人同时在宫廷中表演,还有一些文人墨客对他们进行吟咏。

④ 唐朝是中国封建社会经济发达的时期,也是杂技艺术繁盛的时期。很多技艺高超、美艳动人的女杂技艺人出现在此时。唐代的马戏和幻术都非常发达,除了各种马上技艺外,还有驯马为舞的表演。唐代的杂技将多种技巧融合在一起,展示了杂技超凡的特点,达到了空前繁荣。

⑤ 宋元时期,城市经济发达,市民阶层壮大,杂技艺术得到了快速发展。在瓦子乐棚,杂技、舞蹈、武艺、说唱等各种表演艺术同场演出、相互观摩,对中国戏曲艺术的形成起到了推动作用。

⑥ 明清时期,杂技和舞蹈等传统表演艺术在宫廷演出的机会减少。清代,杂技艺人逐渐沦落为江湖艺人。然而,戏曲逐渐兴起,特别是自1790年徽班进京、京剧诞生以后,戏曲中的武打戏对杂技的吸收达到了空前的程度。于是,以武戏为吸引的繁荣

局面形成。

(2) 传统杂技的特征

① 多样化。传统杂技包括口技、武术、马戏、魔术等多种艺术形式，涵盖了丰富的技巧和表演内容。杂技艺人通过对身体协调性、力量和灵活性的展示，给观众带来不同类型的表演享受。

② 技艺高超。传统杂技要求艺人具备高超的技巧和表演能力。他们经过长期的训练和磨炼，掌握了精湛的技巧，如平衡、飞跃、旋转、控制物体等，展示出身体的柔韧性、力量和控制力。

③ 灵活性与创意。传统杂技注重艺人的灵活性和创造力。他们通过组合不同的技艺和动作，创造出独特的表演效果，将各种元素融合在一起，呈现出别具一格的节目。

④ 团队合作。在传统杂技中，团队合作是非常重要的。不同的表演者相互配合，完成复杂的动作和技巧，需要彼此的信任和默契。团队合作不仅体现在表演上，也包括音乐、道具等方面的配合。

⑤ 文化传承。传统杂技是中国丰富的文化遗产之一，通过代代相传的方式，保留了许多古老的表演技艺和传统元素。它承载着丰富的历史意义和文化内涵，是中国文化传统的重要组成部分。

三、传统体育、游艺与杂技传承教育的途径

2020年，我国单独申报的"太极拳"被联合国教科文组织成功列入人类非物质文化遗产代表作名录，这是中国非物质文化遗产界的一件重要事件。在中央和地方政府的重视和领导下，文化和旅游部积极推进传统体育、游艺与杂技类非物质文化遗产的保护与发展，各省、市、自治区相关部门，各大学和相关研究机构的专家学者也为此做出了努力。传统体育、游艺与杂技项目的传承教育，通常以民间拜师授艺、学校教育和社会传承三种形式为主。

1. 民间拜师授艺

民间拜师授艺是中国传统文化中流传至今的一种古老的传承方式。在这种形式下，有志于学习传统体育、游艺和杂技项目的学生或者爱好者会主动拜访擅长该项目的老师或艺人，请求拜师学艺。这种传承形式注重口传心授，强调师徒之间亲密无间的关系。师傅会亲自示范和传授各种技法和技艺要领，同时还会传授相关的历史背景和文化内涵。学生需要对师傅言传身教的技艺进行反复练习，直到熟练掌握。民间拜师授艺传承方式凭借着其个性化和专业性，是传统体育、游艺和杂技项目传承的重要形式之一。

2. 学校教育

学校教育是传统体育、游艺和杂技项目传承的重要方式之一。在一些特定的学校和教育机构，会设立相关的课程并邀请专业的教师进行授课。学生可以在专业教师的指导下学习传统体育、游艺和杂技项目，系统地学习相关的理论知识和技能。学校教育注重基础训练和规范化的指导，帮助学生掌握正确的技艺和表演方法。同时，学生还可以接受全面的文化熏陶和培养，提高综合素质。此外，学校教育还可以通过选拔培养优秀人才，为国家的传统文化事业培养更多的接班人。

3. 社会传承

社会传承是传统体育、游艺和杂技项目在社会中代代相传的一种方式。通常情况下，传承者会将自己的技艺传给自己的后代或者其他有意向学习的人。社会传承强调家族、师徒关系和群体的连续性，通过实际操作和经验分享，学习者可以逐渐习得传统项目的技能和精神内涵。社会传承方式不依赖于具体的学习环境或限制，传承的时间和空间比较自由。在社会传承中，传承者通过亲身示范和讲解的方式，启迪学生的思想和提高其技巧水平。社会传承方式强调了自发性和群众性，促进了传统文化项目的普及和保护。

第六节 民间文学

民间文学是一种广泛流传于民间的文学形式，它独具特色、生动贴切、简洁朴实、丰富多彩的内容，涵盖了中国的历史、文化、风俗、人情等方面。它记录了中国古代人民的智慧、灵性和历史记忆，反映了民间的信仰、价值观念和审美情趣。民间文学在中国文化中占有独特的地位，它与古典文学相互辉映，共同构成了中国悠久的文化遗产。

一、民间文学的概述

民间文学是由普通民众创作并在民间广泛传播的文学形式，包括口头和书面表达方式。它涵盖了各种类型，如故事、传说、谚语、顺口溜、歌谣、戏曲、说唱等。与正式文学相比，民间文学更加贴近生活，用通俗易懂的语言表达人民群众的情感、思考和生活体验，反映他们对社会、历史和人生的理解。民间文学的创作和传承与专业知识无关，而是通过个人经历、想象力和创造力展现出人们的智慧和独特视角。它不仅反映了人民群众的声音和文化，也承载着社会历史和人类智慧。通过研究和传承民间文学，我们能够更好地了解普通人的生活和价值观，促进文化多样性的发展，传承优秀的传统文化。

民间文学深深扎根于生活文化之中，与专业书面文学有着显著的差异。它紧密贴合现实生活，融入人们日常生活的方方面面。民间谚语就好比河沙般数量众多，它们汇集了农民、渔民、工匠等各行各业的生活经验，成为他们生活和劳动中的教科书。劳动歌曲则是劳动过程中不可或缺的元素，能够调整呼吸、激发动力、鼓舞士气。古老的神话和传说代代相传，不仅传递了某种历史知识，更培养了国家和民族团结的情感。描述捍卫家园、保卫祖国的英雄传说，永远给予广大人民鼓舞和力量。描述弱势者、受压迫者反抗的故事、歌谣和小戏在广泛传播中长期以来一直在教育人民，培养他们高尚的情操和品格。民间文学是一面重要的镜子，反映和塑造着人民群众的生活方式、价值观念和情感世界。

民间文学（《诗经》）

二、民间文学的主要特征

1. 口头性

在历史上的漫长时期中，广大民众常因无法识字而被排除在书面文字之外。因此，他们的文学创作只能采用口头语言来构思、表现和传播，甚至使用当地的方言。在新社会，虽然大多数人都识字并掌握了书面语言，但在一些场合下，如歌唱或讲述故事，仍需使用口头语言。同时，若想成为新民间文学作品，必须基于广大人民熟悉的、流传了千百年的文学形式，如故事、歌谣等，并要能够在口头上流传，以便更好地传承下去。因此，可以说口头性——使用口头语言进行创作和传播，是民间文学的一个重要特征。

2. 集体性

集体性体现在作品的思想、情感、想象力、形式、艺术表现及所有权等方面，与专业作家的作品存在明显区别。然而，集体性更重要的是表现在创作和传承过程中。一些作品从一开始就是集体参与的，但更多、更常见的是在"原始版本"之后，在不断传唱或讲述的过程中得到无数传颂者的改编和琢磨。在这个过程中，作品渗入了各个传颂者的思想、情感、想象力和艺术才能，也包括听众的反馈意见和兴趣。这一点与主要由个人创作的一般专业作家的作品有很大不同。因此，民间文学作品通常无法署名。部分民间文学作品（可能是相当优秀的作品）是群众中具有特殊才能和丰富经验的歌唱者、讲故事者创作和改编的结果，因而具有一定的个性。但由于他们的生活经历和文艺素养基本相同或相似，他们的个性与广大群众进行口头创作的集体性相互融合。因此，集体性是民间文学的又一个显著特点。

3. 变异性

由于口头传承的特性及时间、地域、个体传颂者的差异，作品在传承过程中会发生变异。这种变异可以体现在语言表达、故事情节、作品结构、人物形象甚至主题等方面。特别是在社会变迁和群众生活变化的背景下，民众常常通过改编传统作品来表达新的思想和情感。与专业作家的作品相比，这种变异在民间文学中更加频繁和普遍。专业作家的作品在不同版本中可能存在文字上的差异，尤其是古典作家的作品需要进行校勘和考据。然而，这些差异大多是由于抄写、刻板、排字等技术因素引起的，并不像民间文学作品那样经常而大量地发生变异。民间文学作品的变异性中体现着历史、社会和传承者等多种因素，对于研究者来说具有积极的意义。这种变异性与前文所提到的口头性和集体性密切相关，可以说是自然而然产生的结果，也是民间文学的一个重要特征。

4. 传承性

过去由于经济、政治等方面的不利条件，人们无法使用文字等工具记录与保存所获得的知识和经验，因此在传递这些东西时更多地依赖于行动和口头传播。虽然这些文学作品没有像古物或文献一样可以长期保存，但它们的生命力是非常强大的。许多故事、谚语甚至可以追溯到两千年前，至今仍能以基本相同或相似的形式被广为流传。然而，随着时代和社会的变化，口头传承文学的一些形式可能会逐渐消失，有些体裁的内容和形式也可能会发生变化，甚至还会有新的体裁出现。但是整个民间文学绝不会消失，因为其表现媒介是最普遍、最生动和最具活力的口头语言。只要语言存在，用它来表达人们的思想、感情和经验的口头文学就会延续下去。无论是传统的民间文学还是新的革命传说、笑话、民歌和谚语等，都在广泛产生和流传。历史上即使是那些能够使用文字的上层社会的文人学者，在他们的书面著述之外，也会产生和传播许多轶事、笑话和韵语等口头文学。例如，《世说新语》和唐人笔记小说中所记录的一些故事和人物品评等，都是这种口头文学的典范。

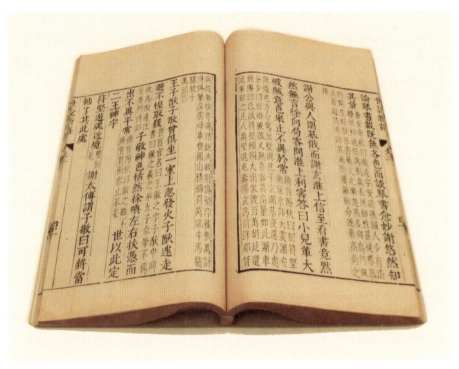

《世说新语》

三、民间文学的分类

1. 原生态民间文学

原生态民间文学是指现在仍活在民众口头和实际生活中的传统民间文学，它源于人民群体的生活和工作经验，包括口头传统、神话传说、民间故事、民谣、谚语等。这些作品通常传承于口头传统，通过口耳相传的方式在民间流传，并以民众日常生活和价值观念为主题。原生态民间文学反映了民间智慧和普通人的生存状态，具有浓厚的民间色彩和民族特色。这一类民间文学正在逐渐衰亡。

2. 再生态民间文学

再生态民间文学是指在现代社会中保留并继续发展的、基于原生态民间文学形式的创作。这些作品在传承传统文化的基础上，融入了现代社会的元素和主题，反映了社会变革和人民生活的新特点。再生态民间文学包括对原有民间故事的改编、新创作的民间传说、当代民谣、笑话、儿歌等。它既保留了原生态民间文学的特点，又与现实社会相结合，能够更好地表达当代人的情感和思考。

3. 新生态民间文学

新生态民间文学是指在现代社会中新兴的、基于原生态民间文学和再生态民间文学的创作形式。它涵盖了新媒体时代产生的各种民间文学作品，如网络文学、微博文学、短视频、短篇小说等。新生态民间文学通过新的传播方式和媒介，与大众进行互动和交流，具有更广泛的影响力和传播范围。它关注当代社会问题，反映现代人的生活和情感，以轻松幽默的方式吸引读者和听众。

四、民间文学与学校教育的融合发展

1. 中国民间文学学科简述

中国民间文学作为中国语言文学一级学科下属的自设二级学科，以及社会学一级学科下属民俗学（含中国民间文学）二级学科而并存。世界上民间文学研究较为发达的有美国、中国、日本、芬兰、德国、韩国、俄罗斯等。中国研究实力较强的研究机构包括北京师范大学、中国社会科学院、云南大学、台湾师范大学、华中师范大学、北京大学、山东大学等。

（1）学科背景

中国民间文学专业作为中国语言文学一级学科的一个分支，旨在研究和传承中国各地区、民族和社会群体中产生并流传的口头文学作品和传统文化表达形式。民间文学作为一种独特的文化现象，通过对其进行收集、整理、分类、解读和研究，揭示其中蕴含的历史、文化、社会背景和价值观念。

作为中国文学的重要组成部分，民间文学植根于中国传统文化的土壤中，凝结了千百年来人民智慧和创造力的结晶。从古代传统的民间故事、神话传说，到近代的民间歌谣、谚语、童谣等，这些口头文学作品以其丰富的想象力、生动的语言表达和鲜明的地域特色，展现了中国人民的智慧、价值观念和生活方式。

(2) 研究内容

中国民间文学专业涵盖了多种文学形式，如民间故事、谚语、歌谣、神话传说、童谣、戏曲、说唱文学等。这些作品通常以口耳相传的方式流传于社会各个阶层和群体中，反映了不同地域、民族和社会群体的文化特征与心理状态。通过对这些作品的深入研究，可以了解到民间文化的多样性和丰富性，进一步认识中国人民的创造力、智慧和情感。

(3) 学科目标

中国民间文学专业的目标是深入挖掘和研究中国丰富多样的民间文学遗产，理解其中蕴含的历史、文化、社会背景和价值观念，并通过相关教育和传承工作，促进民间文学的保护、发展和传播。

① 挖掘和研究民间文学遗产。中国民间文学专业致力于收集、整理、保护和研究中国各地区、民族和社会群体中的民间文学作品。通过田野调查、文献研究等方法，深入挖掘和发现更多珍贵的口头文学作品，如民间故事、传说、谚语、歌谣等。

② 理解历史、文化和社会背景。民间文学作为一种反映民间文化的形式，承载着丰富的历史、文化和社会背景。中国民间文学专业旨在通过深入研究和解读民间文学作品，理解其中所蕴含的历史事件、文化传统、社会风貌等，从而构建起一个更加全面、真实的中国历史和文化图景。

③ 探索价值观念和思想内涵。民间文学作为人们对生活、世界和价值观念的表达，包含丰富的道德伦理、审美观念、人生智慧等。中国民间文学专业致力于揭示民间文学作品中的价值观念，如孝道、仁爱、勤劳、节俭等，进一步探索中国人民的思想观念和精神追求。

④ 促进保护、发展和传播。中国民间文学专业通过相关的教育和传承工作，积极推动民间文学的保护、发展和传播。通过整理、出版和展示民间文学作品，让更多人了解和欣赏民间文学的魅力，同时培养人们对民间文学的保护意识和传承责任，确保民间文学在现代社会得以延续和发展。

2. 中国民间文学的职业发展

学习中国民间文学专业的学生可以从事多个职业方向，如民间文学研究员、传统文化保护与传承专家、文化机构管理人员、文化创意产业从业人员、文化教育工作者等。他们可以在高校、研究机构、文化部门、出版社、传媒机构等领域从事相关工作。

(1) 民间文学研究员

毕业生可以选择成为民间文学研究员，在研究机构、高校或文化遗产保护单位从事相关工作。他们将深入研究和分析民间文学作品，发表学术论文，为学术界提供关于民间文学的新见解和理论贡献。

(2) 传统文化保护与传承专家

毕业生可以从事传统文化保护与传承的工作，致力于保护和传承中国丰富的民间文学遗产。他们可以参与民间文学的编纂和整理工作，组织与指导民间文学传统的传承项目，并推动对传统文化的保护政策和措施。

(3) 文化机构管理人员

毕业生也可以在文化机构中担任管理职位，如图书馆、博物馆、文化馆等。他们将负责管理和组织展览、活动、出版物等，推广和传播民间文学及其他相关文化资源。

(4) 文化创意产业从业人员

随着文化创意产业的发展，毕业生可以在相关企事业单位从事文化创意产品的研发、策划、推广等工作。例如，他们可以参与编写与民间文学相关的书籍、漫画、动画、电影剧本等。

(5) 文化教育工作者

毕业生可以选择从事文化教育工作，如担任中小学或大学的教师，将民间文学融入语言、文学、历史等课程中，培养学生对传统文化的认知和兴趣。

在这些职业领域中，毕业生需要具备扎实的专业知识和研究能力，同时也要具备沟通能力、组织能力和团队合作精神。此外，持续学习和关注行业动态是必要的，以跟上时代的发展和文化需求的变化。

第七节　传统音乐与舞蹈

传统音乐与舞蹈是中国文化的重要组成部分，它们承载着历史的记忆、文化的传承和民族的情感。随着时代的变迁和社会的发展，传统音乐与舞蹈也在不断地演变和创新，成为当代文化生活中不可或缺的一部分。传统音乐和舞蹈具有独特的艺术魅力和人文内涵，它们通过音乐的演奏和肢体的舞动，在时间和空间上构建了一个独特的文化世界。这个世界充满了我们的历史、信仰、情感和文化认同，也展现了中华民族的智慧和情感。然而，由于种种原因，传统音乐与舞蹈在现代社会中面临着许多挑战和困境。因此，我们需要更加积极地探索、传承和弘扬传统文化，以弘扬文化自信和民族精神。

一、传统音乐与舞蹈的概述

传统音乐与舞蹈是中国丰富多彩的传统文化表达形式之一。无论是在宴会、庆典、节日活动中还是宗教仪式中，传统音乐和舞蹈都扮演着重要的角色。它们不仅是历史传承的见证，也是文化交流与交融的桥梁。

1. 传统音乐

传统音乐是中国文化的重要组成部分，具有悠久的历史和独特的音乐特色。它通过乐器演奏和歌唱表达情感和思想，传承着丰富的音乐传统和美学理念[10]。

（1）乐器演奏

中国传统音乐中有许多独特而古老的乐器，如古琴、笛子、琵琶、二胡等。这些

传统乐器（古琴）

传统乐器（笛子）

传统乐器（琵琶）

传统乐器（二胡）

乐器以其独特的音色和表现力，能够表达出丰富的情感和意境。

（2）歌唱表达

中国传统音乐中的歌唱形式多种多样，如京剧、评剧、豫剧等。这些戏曲表演艺术通过歌唱、舞蹈和表演，讲述着各种故事，传递着丰富的情感和思想。

传统音乐是中国文化的瑰宝，它不仅展示了中华民族的智慧和创造力，同时也成了文化遗产的重要组成部分。保护和传承传统音乐，不仅是对历史文化的尊重，也是培育新时代文化自信的重要任务。因此，我们应该积极发扬传统音乐，传递中华文化的精髓和美丽。

2. 传统舞蹈

传统舞蹈作为中国文化的瑰宝，有着悠久的历史渊源。它通过身体的舞动，表现出一定的形态和情感。中国传统舞蹈的特点是注重肢体的柔美和舞姿的含蓄，强调舞者的气质和舞蹈动作的内涵。常见的传统舞蹈有古典舞、民间舞、民族舞等。

（1）古典舞

古典舞起源于宫廷艺术，讲究优雅和高贵。其舞姿端庄大方，舞步优美流畅，强调身体的柔美曲线和手部的独特表达。

（2）民间舞

民间舞源于人民群众的生活和劳动，形式多样，充满了活力和喜庆的气氛。民间舞蹈通常通过欢快的音乐和灵动的舞蹈动作，表达人们的愉悦、祝福和对美好生活的向往。

（3）民族舞

中国是一个多民族的国家，每个民族都有独特的舞蹈形式。这些民族舞蹈通常反映了民族特色、历史传统和宗教信仰，如蒙古舞、藏舞、朝鲜舞等。

传统舞蹈（古典舞）

传统舞蹈（民间舞）

传统舞蹈（民族舞）

二、传统音乐

当今的中国音乐中不仅有着丰富的历史资源，同时也有着丰富的民间传统资源。这些资源是活着的传统，它们吸引着中外学者们的兴趣。

1. 器乐音乐

中国的器乐音乐具有丰富多样的形式和独特的演奏风格。在传统音乐中，器乐可以分为独奏和合奏两个主要类别。独奏音乐又可分成弓弦、弹拨、吹管、打击等类别。同样，合奏类音乐可进一步划分成弦索乐、丝竹乐、吹管乐、鼓吹乐和吹打乐。这五种合奏乐构成了中国传统音乐的精髓。

(1) 独奏音乐

① 弓弦乐：代表性的乐器有古琴、二胡、琵琶等。这些乐器通过拉动琴弦产生声音，以其独特的音调和表现力，表达出深沉内敛的情感。

② 弹拨乐：代表性的乐器有古筝、扬琴、月琴等。这些乐器通过手指的弹拨，产生悠扬的音乐，具有优美和清新的特点。

③ 吹管乐：代表性的乐器有笛子、洞箫、唢呐等。通过吹气和变化气流的方式，这些乐器能够发出悦耳动听的音乐，表达出欢快和激昂的情感。

④ 打击乐：代表性的乐器有鼓、木鱼、铙钹等。打击乐器通过敲击或摩擦乐器本身，产生有力而节奏感强烈的音响效果，能够带来鼓舞人心的氛围。

(2) 合奏音乐

① 弦索乐：包括以琵琶、古筝、二胡等为主要乐器的组合。这些乐器共同演奏，协调而和谐，在声音的交错中展现出中国传统音乐的独特韵味。

② 丝竹乐：由各种弦乐器和吹管乐器组合而成，如二胡与笛子的合奏、古琴与洞箫的合奏等。丝竹乐以其优美的旋律和音色的对比，表达出深厚的情感和意境。

③ 吹管乐：包括唢呐、笛子等吹管乐器的合奏。各种吹管乐器相互呼应，形成悠扬的旋律和鲜明的音响效果，带给人听觉上的愉悦和享受。

④ 鼓吹乐：以各种打击乐器和吹管乐器组合而成，如锣鼓与唢呐的合奏、鼓与笛子的合奏等。鼓吹乐以其热烈欢快的节奏和明快的音调，能够带来欢乐和喜庆的氛围。

⑤ 吹打乐：是指吹管乐器和打击乐器的合奏。例如，笛子与鼓的组合，通过吹奏和敲击的结合，产生丰富多彩的音响效果，带给人们动感和活力。

这些独奏和合奏乐种类丰富、风格独特，彰显了中国传统音乐的魅力和多样性。它们以其独特的表现形式和深厚的文化内涵，成为中华民族音乐文化的瑰宝。

2. 戏曲音乐

中国有三百多个地方剧种，这些剧种根据音乐的不同可划分成四个类别：皮黄腔、梆子腔、昆腔、高腔。

(1) 皮黄腔

皮黄腔又称盘腔，是广泛流行于河南、山东等地的传统剧种。这种唱腔具有高亢、嘹亮、雄浑的特点，常用于表现男性角色和锣鼓戏段。皮黄腔的音乐曲调较为平板，声调较少，重点在于歌词的演唱和表现。

(2) 梆子腔

梆子腔是流行于山西、陕西等地的传统剧种。这种唱腔以其激昂、豪放的特点而著名，常用于表现战争和英雄的形象。梆子腔的音乐使用的乐器主要有锣、鼓、梆子等，采用快速的节奏和高亢的音调，充满气势和张力。

(3) 昆腔

昆腔是流行于苏州昆山一带的传统剧种。这种唱腔以其悠扬、细腻的特点而著名，常用于表现闺阁文学。昆腔的音乐曲调流畅，音调跳跃多变，使用的乐器主要有琵琶、板胡、梆笛等，具有独特的南方风格和韵味。

(4) 高腔

高腔是流行于山东、河北等地的传统剧种。这种唱腔以其高昂、明亮的特点而著名，常用于表现少女和青年男性角色。高腔的音乐节奏较为平稳，音调跳跃较少，使用的乐器主要有板胡、笛子、双管等，给人以轻松愉悦之感。

中国戏曲音乐中四种主要的唱腔都有自己独特的音乐风格、表演方式和表现手法。这些不同的唱腔形式和风格，使得戏曲音乐在表现人物性格、情感和气氛等方面都能够达到更加精彩的效果，并且充分展示了中国传统音乐的丰富多彩性。

3. 中国民歌

民歌是各类民间音乐的基础。中国幅员辽阔、人口众多，各地存有丰富多彩的民歌。一般来说，中国民歌可以划分成三大类别：山歌、小调、劳动歌曲。

(1) 山歌

山歌是中国各地山区流传的一种民间歌曲。它通常是由当地普通百姓创作、演唱和传承，形式多样，内容涉及生产、生活、爱情和社会现象等方面。山歌以其朴素、真实、自然和富有感染力的特点而著名，它不仅反映了中国人民的生活方式和文化传统，也成了中国音乐的重要组成部分。

(2) 小调

中国民歌（山歌）

小调是中国南方地区的一种传统民歌，它的曲调优美、抒情，常用于表现爱情和离别等主题。小调的演唱方式通常是由一位男声或女声独唱，使用古琴、笛子等乐器伴奏。小调在历史上曾经被列为高雅音乐，至今仍是中国传统音乐中不可忽视的重要元素。

(3) **劳动歌曲**

劳动歌曲是中国工人、农民在劳动中唱的一种音乐形式，它的歌词内容通常涉及劳动场景、劳动过程和劳动者的感受等方面。劳动歌曲以其朴素、明快、激昂和富有韵律感的特点而著名，不仅是表现工农大众生活的重要形式，也成了中国音乐文化中不可或缺的一部分。

以上三类民歌的特点各不相同，都具有浓郁的中国特色和民间文化传统。它们在不同的历史时期和社会背景下，通过人们的口耳相传和创新演变，不断发展壮大，并对中国音乐的发展产生了深远的影响。

三、民间舞蹈类别

中国的民间舞蹈也是种类繁多,风格各异。其中最流行的有秧歌、腰鼓、跑旱船、花灯、采茶等。

1. 秧歌

秧歌是中国北方地区流行的一种传统舞蹈,常在农历的七月十五日、八月初八日等节日和庆祝活动中表演。秧歌的音乐和舞蹈动作形式多样,包括行进、跳跃、打手鼓和舞蹈等元素,它以欢快、热闹、富有节日气氛的特点而深受人们喜爱。

舞蹈音乐(秧歌)

2. 腰鼓

腰鼓是中国东北地区流传的一种民间舞蹈,它的表演者通过腰部的扭动、脚步的跳跃和手中小鼓的击打,创造出激昂、有力的节奏和独特的舞蹈风格。腰鼓不仅具有很高的艺术价值,同时也成了中国东北地区文化传统和民俗文化的重要代表之一。

3. 跑旱船

跑旱船是中国南方地区流行的一种民间舞蹈,它起源于南海沿岸的渔村地区,后经过演变和发展,在全国范围内得到了广泛的传播和发展。跑旱船的音乐节奏独特、富有活力，舞蹈动作丰富、灵活，让人们在表演中感受到浓郁的南方文化气息和渔家乐趣。

4. 花灯

花灯是中国江南地区流行的一种民间舞蹈，它的表演者手持灯笼，在夜晚表演各种动作和花式，形成一幅幅闪亮多彩的画面。花灯不仅展现了中国民间文化的精髓，同时也体现了人们对于美好生活和幸福未来的向往和追求。

5. 采茶

采茶是中国江南地区流行的一种民间舞蹈，其动作和表演形式与采茶活动紧密相连，如采摘茶叶、抬茶筐、揉茶等。采茶舞通过舞蹈形态体现了中国南方劳动人民的生活方式和传统文化，它以轻松、自然、愉悦的氛围和特点而备受欢迎。

以上五种民间舞蹈形式，在中国各地都具有广泛的演出和传承，它们不仅展现了中国传统文化及其多样性，同时也反映了人们的生活方式、价值观念、审美情趣等方面在不同历史、地理、文化背景下的变化和发展。

民间舞蹈（腰鼓）

民间舞蹈（跑旱船）

民间舞蹈（花灯）

民间舞蹈（采茶）

第八节 传统医学

一、传统医药的概述

在现代医学出现之前,人类对于疾病的治疗存在一种最原始的医学方法。然而,由于当时文化和交通条件的限制,世界各地不同的民族和国家都发展出了各自独特的医学体系。例如,古埃及医学、古希腊医学、中国传统医学、印度传统医学等。此外,在世界医学史上也有一些具有重要影响力的医学体系,如巴比伦医学、波斯医学、阿拉伯医学、希伯来医学、罗马医学等。在中国,各个少数民族如蒙古族、藏族、维吾尔族、苗族等也拥有独特的民族医学传统。

中国传统医学是中华民族在长期的医疗、生活实践中逐渐积累和总结而形成的一种具有独特理论风格的医学体系。它包括了汉族医学、蒙古族医学、藏族医学、维吾尔族医学、苗族医学等民族医学。由于汉族人口众多、文字产生较早,历史文化底蕴深厚,因此汉族医学在中国乃至全世界具有最大的影响力。在19世纪,西方医学传入中国并逐渐普及后,汉族医学被称为"中医",与西方近现代医学(即西医)进行了比较和对立,形成了中西医的论争。

中医和西医在理论基础、诊断方法及治疗方式上存在明显的差异。中医强调整体观念,注重平衡阴阳、调节气血。其诊断方法主要包括望诊、闻诊、问诊、切诊,采用针灸、草药治疗等传统疗法。而西医则以解剖学、生理学等现代科学为基础,注重疾病的病因、病理变化,采用手术、药物治疗等现代技术。

中西医的论争一直存在,其中既有对传统医学的怀疑和质疑,也有对现代医学的挑战和反思。不同观点和学派之间的争论使得中医在不同历史时期经历了起伏和调整,同时也促进了中西医结合、相互学习的进程,推动了医学的发展与进步。当前,中医西医结合的医疗模式逐渐受到重视,在临床实践中得到了广泛应用。

二、传统医药的发展历程

中医学作为中国传统医学体系,其历史可以追溯到原始社会。在长期的医疗、生活实践中,逐渐积累和总结而形成的中医学已经成为中华民族独具特色的一套医学体系。

在春秋战国时期,中医理论基本形成,并开始采用"四诊",治疗方法有砭石、针刺、汤药、艾灸、导引、布气、祝由等。到了东汉时期,出现了著名医学家张仲景,他已经对"八纲"(阴阳、表里、虚实、寒热)有所认识,总结了"八法"。同时,华佗以精通外科手术和麻醉名闻天下,并创立了健身体操"五禽戏"。

唐代是中医学的黄金时期,孙思邈总结前人的理论和经验,收集 5000 多个药方,采用辨证治疗,因医德最高,被尊为"药王"。唐朝以后,中国医学理论和著作大量外传到高丽、日本、中亚、西亚等地。至两宋时期,宋朝政府设立翰林医官院,医学分科接近完备,并且统一了中国针灸穴位,出版了《本草图经》。

到了明朝后期,李时珍的《本草纲目》标志着中药药理学的成熟,而蒙医、藏医受到中医的影响,也得到了很大的发展。清朝末年,中国受西方列强侵略,国运衰弱,现代医学(西医)大量涌入,严重冲击了中医的发展。中国出现许多人士主张医学现代化,中医学受到巨大的挑战。直到 1966—1976 年间,中医作为"古为今用"的医学实例得到中国共产党政策上的支持才得以发展。现在,中医学在中国仍然是治疗疾病的常用手段之一。

三、传统医药的主要特点

(1) 维护平衡

传统中医学相信人体健康是基于整体平衡的状态。疾病的发生往往是由于身体或精神失去了平衡。因此,传统中医学致力于通过各种治疗手段来恢复身体的平衡状态。

(2) 个体化治疗

传统中医学注重根据个体病人的需要进行治疗。每个人的身体状况和疾病表现可能存在差异,因此传统中医学强调因人而异的治疗方法。

(3) 整体治疗

传统中医学采用整体性的治疗方法。它不仅关注病症的局部表现,还考虑一个人在生态系统中的各种关系。因此,传统中医学的治疗往往涉及身体、心理和环境等多个方面。

(4) 历史悠久

传统中医学的发展早于现代医学，其治疗方法和理论基础经历了数千年的实践验证。尽管传统疗法在科学方法评估方面可能存在欠缺，但它们已经通过了几代人的生活验证。

(5) 具有多样性

传统中医学具有广泛的应用范围，并且在不同国家和地区存在着区别。例如草药治疗和针灸是东方地区主要采用的传统中医治疗方法。

总之，传统中医学以其维护平衡、个体化、整体治疗、历史悠久和具有多样性等特点，为世界各地的人们提供了一种独特的医疗选择。

四、传统医药的分类

1. 中医药

中医药是我国各民族医药的统称，包括汉族和少数民族医药。中医药反映了中华民族对生命、健康和疾病的认识，具有悠久的历史传统和独特的理论与技术方法。中医药的发展基础是中草药，中药在中国古籍中通常被称为"本草"。我国最早的中草药专著是汉代的《神农本草经》，唐代颁布的《新修本草》是世界上最早的药典。此外，孙思邈、李时珍等医药学家也对中医药的发展做出了重大贡献。中药按加工工艺分为中成药和中药材。

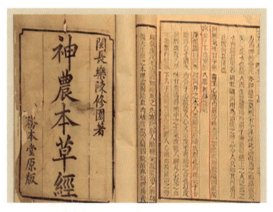

中医药（《神农本草经》）

2. 民族医药

民族医药是指中国少数民族的传统医药。经过 30 年的发掘整理，已有近 40 个少数民族发掘整理出版了本民族传统医药的代表性著作。每个少数民族都有自己的医药理论、疗法和药物，形成了丰富多样的民族医药文化。

3. 民间医药

民间医药有两个概念。一是在体制上以公私来分，民间医药指的是非公有制的民

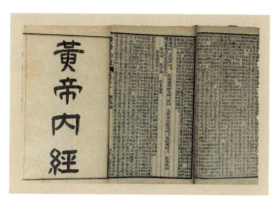

民间医药（《黄帝内经》）

营医疗机构和民间医生。二是在学术上以朝野来分，民间医药是指当代中医教育体系之外不属于《黄帝内经》一脉的流散于民间的草医草药。它包括云南的"黄家医圈"、陕西的"太白七药"，以及一些道家医学、佛家医学和其他地方的民间医学。民间医药并不属于中医药主流一脉，但它有自成体系的理论和方法，自成一派。

五、传统中医疗法

1. 针灸

针灸是中国古代发明的特殊医疗方法，包括针法和灸法。针法是利用金属针（如毫针）按一定的角度插入人体特定部位，并运用特定的手法进行刺激，以治疗疾病。而灸法则是使用预制的艾炷或艾叶在穴位上燃烧、熏熨，通过热量刺激达到治疗疾病的效果。

作为东方医学的重要组成部分，针灸形成了独特的人体经络腧穴理论，并具有鲜明的中华民族文化和地域特色。在针法方面，据最新的针灸学教材统计，人体共有361个正经穴位。而在灸法方面，常见的方法是艾条灸，也有其他方法如隔药灸、柳条灸、灯芯灸、桑枝灸等。

针灸作为我国传统医学的重要组成部分，对促进健康起到了重要作用。它不仅有着悠久的历史，也在现代医学领域得到广泛应用和研究。

2. 中医正骨疗法

中医正骨疗法是一种传统的治疗骨折、关节脱位等运动系统疾病的方法。它通过拔伸、复位、对正等手法，并采用小夹板外固定的方式来进行治疗。中医正骨疗法作为中国传统医学的重要组成部分，已经有三千多年的历史。

早在周代，医疗分工中就有专人负责骨科疾病的治疗，而在秦汉时期出现了中医正骨疗法的基本理论和技术，并世代传承下来。在《肘后备急方》《仙授理伤续断秘方》《千金要方》《医宗金鉴》等文献中都有大量关于中医正骨疗法的记载。

经过长期的医疗实践，中医正骨疗法形成了独特的理论体系、治疗原则和方法，积累了丰富的经验。而其中的"小夹板固定"等治疗手法是中国首创的，后来被其他国

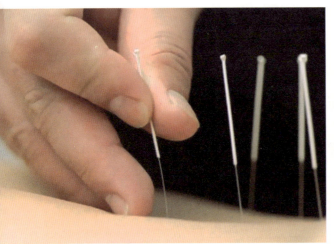
针法

灸法

家效仿。中医正骨疗法可以说是中医学对世界医学所做出的重要贡献之一。

中国中医科学院作为中医正骨疗法的申报单位，相关传承人包括施杞、孙树椿和郭维淮等。他们在传承和发展中医正骨疗法方面做出了杰出贡献。

3. 中医诊法

中医诊法是中医学的核心内容之一，用于辨识疾病、确定诊断和证候，并为治疗提供指导。中医诊法主要采用"四诊"方法，包括望诊、闻诊、问诊和切诊。

望诊是通过观察病人的外观、舌苔、面色等来判断疾病的诊断方法。其中，望舌可以根据舌苔的颜色、形状、湿润程度等变化来判断温度、湿度、阴阳等病理状态；望色可以观察病人的面色来推断气血、阴阳、虚实等情况；望五官则通过观察眼睛、鼻子、

中医诊法（望、闻、问、切）

嘴唇等部位的形态来了解疾病特点；望形态可以从病人的体型、姿态等方面判断肥胖、消瘦、气郁等状态；望络脉是通过观察血管走向、充盈程度等来了解气血的流通情况。

闻诊是通过听病人的声音、嗅病人的气味来判断疾病情况。听声音可以观察语音、呼吸音、咳嗽声等变化来判断病人的气机、阴阳平衡等情况；嗅气味可以通过嗅病人的口气、体味等来判断病理状态，如口干、体味异味等。

问诊是医生与病人或病人家属进行交流，了解病情的一种方法。通过询问病史、症状、舌苔、大小便等方面的变化来获取病情信息，判断疾病的类型、病因、发展过程等。

切诊是通过医生手的触觉来诊断疾病。医生通过按压病人的脉搏（尤其是寸口脉）及触摸特定部位（如腹部、关节等），辨别脉象的变化、组织结构的异常，从而判断疾病的性质、轻重、虚实等情况。

中医诊法的综合运用可以全面了解病情，为制定个性化的治疗方案提供科学依据，在中医学的临床实践中发挥着重要作用，并在中医药传统文化的积淀下不断丰富和发展。

第九节　国外传统手工艺的传承与发展

传统民族技艺是人类文化传承和发展的重要组成部分，蕴含着各个民族丰富多彩的历史、文化和艺术形式。不同民族的技艺体现了其独特的审美观念、生产方式、宗教信仰及社会文化特征，具有浓郁的地域文化特色和历史沉淀。在全球范围内，各个国家和地区的民族技艺形式千差万别，每种民族技艺都有其独特的材料、工艺、形式和风格，可以让人们更深入地了解不同民族的历史文化和艺术特点。此外，随着社会的不断发展和文化的交流融合，许多民族技艺已经被赋予了新的内涵和意义，成为当代设计和时尚领域的创意灵感源泉，也推动了地方文化的传承与发展。因此，对国外传统手工艺的研究和传承，不仅有助于保护和传承人类文化遗产，也能够为当代文化创新和国际文化交流提供有益的启示和支持。

一、国外传统手工艺的基本概述

国外传统手工艺是世界文化遗产中重要的组成部分，其技艺涉及陶瓷、金属加工、纺织、编织、雕刻、刺绣等众多领域。这些传统手工艺在许多国家和地区有着悠久的历史，并且对于当地文化、经济和社会生活起到了重要作用。

在世界范围内，传统手工艺通常不仅是一种生产工艺，也是一种文化现象。它们大多源自当地文化、信仰和历史，随着时间的推移逐渐演化和发展，形成独特的风格和特征。在过去，手工艺品是人们的必需品，因此手工艺在一定程度上也反映了当时社会的经济状况和发展水平。现代工业已经颠覆了传统手工艺的生产模式，但是一些地区仍然保留着传统手工艺的技艺，并用传统方式进行生产制造。这些地区通常保留着传统手工艺的工坊或市场，既可以为游客提供观赏和购买的机会，也为当地手工艺人提供生计。

世界各地的民族技艺各不相同,每个国家和地区都有着自己独特的民间技艺传统。例如,在非洲地区,木雕工艺、编织手工艺、陶瓷制造、棕榈叶编织、染织工艺、饰品设计等手工艺制品深受欢迎。在亚洲地区,漆器、木工制品、金属制品、刺绣、白瓷、珠宝设计、木雕等手工艺制品备受推崇。在欧洲地区,木材加工、玻璃制品、珠宝设计、高级时装、奢侈品制作、钟表制作等手工艺备受关注。在美洲地区,皮革制品、纺织品、玻璃制品、手工艺纸制品、酒瓶上彩绘、木工艺、编织品、珠宝制作等手工艺品十分流行。

传统手工艺代表了各种文化和民族的创造力和智慧,它们不仅富有历史和文化意义,也表现了人类对美好生活的追求。通过学习和了解传统手工艺,我们可以更好地了解和认识不同地区和民族的历史、文化、信仰和生活方式[1]。

二、国外传统手工艺的分类

1. 纺织手工艺类

纺织手工艺包括织布、染色、刺绣等技艺。不同国家和地区有着各自独特的纺织工艺和纺织品,如印度的印度纱、日本的和服、摩洛哥的地毯、秘鲁的绒制和布匹、肯尼亚的马赛布、巴西的刺绣、苏格兰的格子图案等。这些技艺常需要复杂的工序和精湛的技巧,从而制作出丰富多彩的纺织品。纺织手工艺不仅是一种制作衣物、布匹的技术,更是一种文化和历史的传承。每一门手工艺都有着独特的魅力和深厚的背景,值得我们去了解和欣赏。

国外传统手工艺——纺织手工艺类

国家	代表性产品	特点	传承方式
印度	印度纱、印花布	颜色鲜艳、图案瑰丽,透气舒适。印花技术高超,可制作复杂的几何图案、花朵、动物和人物等	口耳相传和师徒传承。长辈会传授手工艺技能给年轻一代,工匠也会担任老师,教导学徒们手工艺的技巧和传统
日本	和服、染织品	简约而精致的设计,注重细节和工艺,采用天然材料	通过家族传统和学院教育培养新一代手工艺师
摩洛哥	摩洛哥地毯、伊斯兰服装	颜色丰富、图案独特,手工编织艺术品,注重华丽的设计	通过家族传统和妇女组织来传承。母亲或祖母亲自教导女孩子,妇女组织负责保护和传承传统手工艺

国外传统手工艺——纺织手工艺类 　　　　　续表

国家	代表性产品	特点	传承方式
秘鲁	阿尔帕卡绒制品、彩虹色布匹	使用天然纤维制作，具有鲜明的颜色和独特的图案设计	家族传统和社区合作。年长的家庭成员教导年轻人
肯尼亚	马赛布	颜色鲜艳、图案多样，马赛布具有几何图案	家族传统和部落传承。年长的家庭成员教导年轻人，部落中有传统的手工艺学习班和集体活动来传承技能
巴西	巴西刺绣、巴西卡琳纳	图案丰富、颜色多样，巴西刺绣以丰富的图案著称，巴西卡琳纳是一种编织技艺	家族传统和手工艺组织。许多家庭代代相传
苏格兰	苏格兰格子纹设计	格子图案是重要元素	家族传统、手工艺组织

　　国外的传统纺织手工艺各具特色，而且在代表性产品、特点和传承方式上也有着明显的区别。印度的印花布以其鲜艳的色彩和复杂的图案设计著称，传承方式则注重口耳相传和师徒传承。日本的和服和染织品则展现了简约精致的设计和家族传统的传承方式。摩洛哥、秘鲁、肯尼亚和巴西则以丰富的颜色、独特的图案和不同的传承方式展现了各自的手工艺特色。

　　总之，国外传统手工艺的传承方式多样且具有活力，既体现了家族传统的延续，又融合了现代学院教育和社区组织的传承模式。这些手工艺不仅是一种文化遗产，更是连接过去与未来的纽带，通过传承保护，这些独特的技艺能够得以延续并为当地社区带来经济和文化上的发展。同时，这些手工艺也为世界各地的人们提供了一个窥探不同文化、欣赏人类创造力和智慧的机会。

2. 陶瓷制作类

　　陶瓷制作是一种古老而广泛地存在于世界各地的手工艺。从中国的青花瓷到日本的和风陶瓷，从希腊的古陶器到墨西哥的彩陶，每个地区都有自己独特的陶瓷风格和技艺。制作陶瓷需要经过捏塑、雕刻、上釉、烧制等多个环节，传承着古老的文化和历史。

国外传统手工艺——陶瓷制作类

国家	代表性产品	特点	传承方式
希腊	古陶器	形态优美，图案多样，以神话题材为灵感，具有浓厚的历史文化气息	古代由宫廷组织专业工匠传承，现代多通过学院教育传承

国外传统手工艺——陶瓷制作类　　　　　　　　　　　　续表

国家	代表性产品	特点	传承方式
日本	和风陶器	简约而精致的设计，釉色丰富，注重自然与人文融合	家族传统与学院教育相结合，培养新一代手工艺师
摩洛哥	陶器	以蓝色调为主，采用传统的蓝白色彩，图案多为几何图案和传统花纹，具有摩洛哥独特的风情	家族传统和社区合作，年长的家庭成员或村里的陶艺师亲自教导年轻人
墨西哥	陶器彩陶	鲜艳的颜色、独特的图案，常常以民间故事和传统图腾为题材	家族传统和社区合作
印度	陶瓷器	融合了丰富的色彩和复杂的图案设计，具有浓厚的宗教和文化意蕴	口耳相传和师徒传承，长辈会传授手工艺技能给年轻一代，工匠也会担任老师

传统陶瓷制作在不同国家和地区都有着地域特色。我国的陶瓷器以其精美绝伦的装饰和精湛的工艺著称，传承方式则结合古代宫廷传承和现代学院教育。日本的陶瓷器则展现了简约精致的设计和家族传统的传承方式。希腊、墨西哥、摩洛哥和印度则以不同的图案、色彩和传承方式展现了各自的陶瓷制作特色。

3. 木工艺类

木工艺以木材为原料，通过雕刻、拼接等技法制作家具、雕塑、器皿等工艺品。在欧洲，法国和意大利以其精致的家具和雕刻而闻名。在东南亚，泰国和印度尼西亚以其华丽的木雕作品著称。

国外传统手工艺——木工艺类

国家	代表性产品	特点	传承方式
法国	古堡家具、雕刻品	精湛的工艺、细致的雕刻、优雅的设计	家族传统、现代教育、社区组织
意大利	家具、雕塑作品	华丽的样式，精细的纹饰、雕刻工艺	家族传统、学院教育
泰国	泰式佛像、装饰屏风、家具、雕塑	精细的雕刻、复杂的图案、金箔覆盖	家族传统、学徒制
印度尼西亚	木建筑、家具、雕塑	精美的浮雕、雕刻、纹饰	家族传统、学徒制、本土文化传承

国外木工艺的传承不仅展示了各国丰富的文化传统，也为木工艺领域的发展提供了重要的基础和灵感。它们代表了每个国家独特的审美观念、工艺技巧和文化背景。通过对这些传统的继承和发展，能够保持其独特的木工艺传统，并在当代创作中展现出卓越的艺术成就。

4. 金属工艺类

金属工艺包括锻造、铸造、金属雕刻等技艺。世界各地都有出色的金属工艺品，如印度的铜器、摩洛哥的铜灯、埃及的黄铜雕像等。金属工艺品常常以其精细的纹理、独特的造型和经久耐用的特性而受到赞赏。

国外传统手工艺——金属工艺类

国家	代表性产品	特点	传承方式
印度	铜器、黄铜工艺品	精美、细致的制作工艺，常以宗教和神话题材为主题	家族传统、学徒制、宗教文化传承
摩洛哥	铜灯、铜镀金工艺	复杂的几何图案、精细的制作工艺	家族传统、学徒制、文化传承
埃及	黄铜雕像	古老神秘的主题和图案，精湛的工艺技巧	宗教和历史文化传承、家族传统、学徒制

印度、摩洛哥和埃及在金属工艺领域都有着独特而令人称赞的传统，其代表性产品反映了这些国家丰富的文化遗产和传统价值观。金属工艺品是人们对美的追求、宗教信仰及历史和文化的表达方式。继承和发展这些传统工艺，可以展示各个国家独特的艺术成就，并且为金属工艺领域的创新提供灵感。

5. 篾编和竹编类

篾编和竹编是一种以植物材料（如竹子、藤条）为基础的手工艺。这些编织品通常具有柔软、轻便和环保的特点。

国外传统手工艺——篾编和竹编类

国家	代表性产品	特点	传承方式
越南	篾编饰品、竹编茶具等	细腻、柔软、气质清雅	家族传统、学徒制

国外传统手工艺——篾编和竹编类　　　　　　　　续表

国家	代表性产品	特点	传承方式
美国	篾编篮子、容器、雕塑等	自然材料、丰富多样	美洲原住民社区传统技艺
墨西哥	竹编篮子、箱子、帽子等	传统编织技法、地方特色	墨西哥竹编传统工艺、地域性社区传承
法国	篾编花束、篮子等	装饰和礼品用途	地方保留传统技艺

传统的篾编和竹编工艺在不同地区展现了各自独特的文化特色和艺术风格。越南的篾编和竹编工艺以细腻、柔软、气质清雅为特点，体现了越南人民对于精致艺术的追求，传承方式以家族传统和学徒制为主。美国的篾编工艺主要体现了美洲原住民社区丰富的文化和传统，作品以自然材料为基础，反映了对自然环境的尊重和利用。墨西哥的竹编工艺结合了传统编织技法和当地特色，展示了墨西哥的文化和艺术风格，传承方式主要依托于墨西哥竹编传统工艺和地域性社区传承。法国普罗旺斯地区保留了篾编的传统技艺，作品常用于装饰和作为礼品赠送，体现了法国特有的装饰艺术和礼仪文化。总的来说，这些传统工艺代表了人类多样化的文化遗产，通过手工艺的传承和创新，丰富了全球艺术和手工艺，也为当地经济和社区发展做出了重要贡献。

6. 刺绣类

刺绣是一种以线缝制图案或装饰的手工艺。不同地区的刺绣风格各异，如中国的苏绣、法国的刺绣、墨西哥的十字绣等。刺绣作品精致而富有艺术性，用以装饰服装、家居用品和工艺品。

国外传统手工艺——刺绣类

国家	代表性产品	特点	传承方式
印度	印度刺绣	精致、细腻	师徒制、家族传统、学校教育
法国	巴黎刺绣	高贵典雅	家庭传统、地方工坊传承
英国	英国刺绣	经典传统	工匠传统、学校培训
墨西哥	墨西哥刺绣	夸张的色彩、浓厚的民族风格	协会传承、学院教育

刺绣作为一种古老的手工艺，展现了不同国家和文化的独特风貌。印度刺绣花样繁多，传承方式主要是家庭传统和地方工坊的传承。法国的巴黎刺绣以高贵典雅著称，传承方式主要包括家庭传统和地方工坊。英国的刺绣则展现了经典传统，传承方式包

括工匠传统和学校培训。墨西哥刺绣以夸张的色彩和浓厚的民族风格闻名,传承方式主要是协会传承和学院教育。刺绣传统手工艺反映了各国的文化底蕴和审美特色,丰富了人类的文化遗产。

7. 漆器制作类

漆器制作是一种通过涂覆多层漆涂料制作器物的技艺。中国、俄罗斯、波兰、墨西哥等地都有着悠久的漆器传统。漆器通常富有光泽,表面纹理细腻,并且耐用,制作过程复杂且需要耐心和技巧。

国外传统手工艺——漆器制作类

国家	代表性产品	特点	传承方式
俄罗斯	喀山漆器	金色调、花卉纹饰	师徒制、家族传统、工坊传承
波兰	波兰漆器	多层涂覆、精细雕刻	家庭传统、当地工坊传承
墨西哥	阿卡普尔科漆器	天然漆涂料、独特图案	家庭手工艺、当地工坊传承

俄罗斯的喀山漆器以金色调和复杂的花卉纹饰著称,传承方式包括师徒制、家族传统及工坊传承。波兰的漆器采用木质胚体,多层涂覆并进行精细的雕刻,传承方式主要是家庭传统和当地工坊的传承。墨西哥的阿卡普尔科漆器常采用树皮为基底,使用天然漆涂料涂覆,并通过刻画、绘画等技法创造出具有墨西哥特色的图案和纹饰,传承方式主要是家庭手工艺和当地工坊的传承。漆器传统手工艺反映了各个国家的文化底蕴和审美特色,丰富了人类的文化遗产。

三、国外传统手工艺的传承与发展

1. 意大利威尼斯的玻璃制作

威尼斯的玻璃制作是意大利威尼斯地区的传统手工艺,已有几个世纪的历史。为了保护和传承这一技艺,威尼斯成立了专门的学院和工坊,并努力培养新一代玻璃艺术家。同时,推动现代科技在玻璃制作中的应用,创新了设计和工艺,使威尼斯玻璃制作在当代艺术市场中保持活力和竞争力。

意大利威尼斯的玻璃制作可以追溯到公元 1291 年,当时威尼斯的玻璃匠被要求在岛上专门制造玻璃,以避免火灾。这一传统工艺历经数百年的发展和创新,产生了独特的艺术风格和技术工艺。然而,由于市场需求的变化和外部竞争的冲击,威尼斯玻

意大利威尼斯玻璃传统制作工艺

璃制作逐渐走向衰落。

为了保护和传承这一文化遗产，威尼斯大学还推出了玻璃制作相关的课程，对玻璃行业废弃物进行再利用与可持续发展研究，并建立了玻璃工坊。学校和工坊向年轻人提供培训和支持，使新一代玻璃艺术家能够传承和发展威尼斯玻璃制作。同时，这些机构也吸引了来自世界各地的学生和艺术家，促进了跨文化交流和合作。

除了传统技术和工艺的传承，威尼斯的玻璃艺术家们也在创新和现代化方面做出了努力。他们通过引进新的科技、材料和工具，并与设计师、艺术家和企业家紧密合作，不断推陈出新，创造出更多样化、更富创意和更具市场竞争力的玻璃作品。此外，为了保持威尼斯玻璃制作在国际艺术市场的地位，威尼斯市政府、工匠协会和艺术家团体也通过展览、拍卖和文化活动等形式来宣传和推广威尼斯玻璃。

总之，保护和传承意大利威尼斯玻璃制作既需要传统技艺和工艺的继承，也需要现代科技和设计的创新，以及公共机构和私人力量的支持。威尼斯玻璃制作的发展不仅是一项文化事业，也是经济产业和艺术市场的重要组成部分。

2. 法国的高级制陶工艺

法国具有悠久的陶瓷制作传统，特别是琉璃釉陶瓷工艺在世界上享有盛誉。法国采取了多种措施来传承和发展高级制陶工艺，包括设立专业学校、支持学徒制度、组织工匠培训和竞赛等。同时，法国也鼓励陶瓷工艺与现代设计相结合，拓展市场和应用领域。

法国 emile galle 古老琉璃工艺之海棠花灯

首先,法国设立了专业学校来培养陶瓷工艺的专业人才,致力于教授陶瓷设计、工艺和技术。学生接受系统的理论和实践培训,学习陶瓷材料的特性、制作工艺、窑炉控制等方面的知识,并通过实际操作和项目实践锻炼技能。

其次,法国支持学徒制度,鼓励年轻人通过与经验丰富的陶瓷工匠学习来掌握陶瓷制作技艺。学徒制使年轻人能够亲自参与到制陶的全过程——从原材料的准备到成品的装饰,从中积累经验并得到导师的指导。这种传统的师徒传承方式有助于确保技术和工艺得到有效的传递和保护。另外,法国组织工匠培训和竞赛,为陶瓷工艺提供发展平台。例如,每年举办的"法国工艺家"大赛就是一项重要的活动,旨在展示和表彰各个工艺领域的杰出人才。该比赛吸引了众多优秀的陶艺师参与,通过专业评审团队评选出最具创意和技术水平的作品,从而提高陶瓷制作的质量和创新程度。

此外,法国也鼓励陶瓷工艺与现代设计相结合,以拓展市场和应用领域。陶瓷制品不仅限于传统的艺术品和装饰品,还应用于建筑、家居、餐饮等领域。法国现代设计师与陶艺师紧密合作,融合传统工艺和现代风格,推动陶瓷的创新,为其注入现代元素,使其更好地适应当代社会的需求。

总之,法国通过设立专业学校、支持学徒制度、组织工匠培训和竞赛等方式来传承和发展高级制陶工艺。同时,与现代设计的结合也为陶瓷工艺带来了新的发展机遇。这些措施使得法国的高级制陶技术在世界上独树一帜,为传统手工艺的保护和创新注入了新的活力。

3. 印度的手织工艺

印度的手织工艺在世界上享有盛誉，如克什米尔地区的羊绒编织工艺、喀拉拉邦的芭蕉纤维编织工艺等。为了传承和发展这些传统工艺，印度政府设立了多个机构和协会，提供培训和技术支持，并鼓励设计师与手工艺者合作创新，开拓国内外市场。

首先，设立机构和协会。印度政府成立了一些专门的机构和协会来支持手织工艺的传承和发展。例如，印度手工艺发展公司致力于提供技术支持、市场推广和培训等方面的支持，以帮助手工艺者提高技能、扩大销售渠道，并与国际市场接轨。

其次，提供培训和技术支持。印度政府通过各种培训计划和技术支持活动，致力于培养年轻一代手工艺者和设计师，传承和发展手织工艺。政府设立了手工艺培训学院和工作坊，提供技术培训和手工艺技能的传授，帮助手工艺者提高生产技术和质量标准。

再次，设计师与手工艺者的合作。印度政府鼓励设计师与手工艺者之间的合作创新，以注入现代元素和市场需求。设计师可以与手工艺者合作，提供新颖的设计理念和市场导向的产品开发，使传统手织工艺与当代时尚相结合。这种合作有助于为手工艺品赋予新的生命力，开拓国内外市场。

此外，市场推广和展览活动。印度政府积极组织市场推广和展览活动，为手工艺品提供更多的展示和销售机会。例如，每年在印度举办的"印度国际手工艺博览会"是一个重要的国内外交流平台，吸引了众多买家和观众。通过展览和推广，印度手织工艺得到了更多曝光和认可。

最后，文化保护和认证标准。为了保护传统手织工艺的质量和纯正性，印度政府制定了相关的认证标准，并设立了认证机构。例如，印度手工艺品出口促进协会负责颁发"印度手工艺品认证"标志，以确保手工艺品的质量和纯正性。

印度政府通过设立机构和协会、提供培训和技术支持、鼓励设计师与手工艺者合作创新，以市场推广和展览活动等方式来传承和发展手织工艺。这些举措有助于保护传统工艺的质量和纯正性，并使手工艺品在国内外市场上得到更好的推广和认可。

这些国家通过政府的支持、专业学校的培训、设计师与手工艺者的合作等方式，努力保护和传承传统手工艺，并在传统手工艺的基础上进行创新和发展，使传统手工艺在当代社会中得到认可和赞赏。同时，传统手工艺与现代设计相结合，拓展了市场和应用领域，为手工艺带来了新的机遇和挑战。

第三章 民族技艺融入职业教育传承研究背景及意义

第一节 研究背景
第二节 国内学术史梳理及研究动态
第三节 国外学术史梳理及研究动态
第四节 本研究的学术价值和应用价值
第五节 本研究的意义
第六节 本研究的创新点

第一节 研究背景

在历史的长河中，中国已经有五千多年的文化传承，形成了丰富多彩的传统民族技艺文化，也充分展现了大国工匠精神。随着时代的变迁，民族技艺传承与创新需要适当的赋予内在价值，不断适应时代与社会的需求。近些年，我国对加快建设现代职业教育体系提出了新的要求，以实施科教兴国战略和人才强国战略为重点，并以此开展民族技艺在新时代的传承和发展，一方面有助于弘扬中华传统文化，另一方面有利于拓展民族技艺融入职业教育传承的研究。

习近平总书记强调要"引导广大师生坚定文化自信，弘扬优良传统，坚持守正创新，在教学相长中探寻艺术真谛，在服务人民中砥砺从艺初心，为传承中华优秀传统文化、建设社会主义文化强国作出新的更大的贡献"。因此，在现代职业教育改革与发展的过程中，将民族技艺传承研究融入职业教育可以有效提高职业院校学生的民族自豪感和认同感，同时也促进了民族技艺的传承与创新，延续了传统民族技艺的生命。为弘扬中华优秀传统文化，推进建成文化强国的远景目标，中央宣传部正式印发《中华优秀传统文化传承发展工程"十四五"重点项目规划》，在规划中指出弘扬优秀传统文化需要注重技艺、传承、创新、传播四个方面，着力让中华优秀传统文化传承发展贯穿国民教育始终。

在当今倡导弘扬民族文化的背景下，民族技艺传承的研究融入职业教育显得意义重大。2022年12月21日，中共中央办公厅、国务院在《关于深化现代职业教育体系建设改革的意见》文件中指出，必须坚持以服务学生全面发展为核心，以深化职业教育产教融合为重点，以推动科教融汇为新方向，持续培养更多更强的技术技能人才，为加快建设文化强国、技能强国、科技强国奠定坚实的基础。在新时代文化振兴的背

国家艺术基金艺术人才培养资助项目

景下,深化现代职业教育体系建设改革,有助于为民族文化的传承和创新提供新蓝图。职业教育不仅能培养民族文化传承人,还有助于形成传统民族技艺人才库,助推民族文化振兴的目标,使国家文化环境、经济环境、政治环境等发展实现良好的融合共生[12]。

第二节 国内学术史梳理及研究动态

民族技艺承载着中华民族深厚的文化底蕴,是灿烂中华文明的重要组成部分,是全国劳动人民智慧创造的结晶,更是铸牢中华民族命运共同体的重要载体。国内许多学者对民族技艺研究主要是在理论分析阶段,从传承与创新的视角对民族技艺进行理论研究。唐凯麟从文化生态学角度,在人与自然、人与历史、人与社会的各种变量的交互作用中研究技艺产生、发展、传承的规律[13]。吴文浩提出促进民族技艺传承、保护与发展,需要充分发挥政府、家庭和社会的共同作用[14]。刘婷为"一带一路"倡议下传统技艺的传承与发展提供了思路[15]。段卫斌从追求创新价值的角度,提出了职业操守中工匠精神的核心价值观[16]。胡继艳从文化生态视角,着重从完善学科理论和方法论体系、解决传承人危机等方面入手,解决传统手工技艺科学传承问题[17]。陈良等提出现代学徒制传承培育模式,需要结合校企融合等多种传承模式,以实现培养民族技艺技术技能人才的目标[18]。赵鹏燕等对现代学徒制传承少数民族非遗技艺进行阐释,认为学徒制有利于推动职业选择和发展,增强共同体的文化认同和文化自信[19]。

许多学者将技艺传承融入教育体系,从教育的视野去研究民族技艺的传承问题。王军站在教育学角度对民族技艺及其传承加以重新审视,认为民族技艺传承途径包括几乎所有的教育形式[20]。保承军等认为传统工艺美术的发展需要依靠职业教育的优势,以使传统工艺美术的学习契合职业教育的培养目标[21]。於爱民遵循职业类学生的发展规律,采用"三横三纵一平台"的模式传承民族文化与技艺[22]。韦恋娟通过对职业院校民族技艺传承的内在要求、路径探讨等角度对民族技艺在职业院校中的传承问题进行研究[23]。袁晓华等主要研究职业教育产教融合发展对于民族技艺传承、评价及内涵因素的分析[24]。岳洪提出民族传统文化融入职业教育发展的必要性,以提高中华优秀传统文化传播效果及育人质量[25]。

我国众多学者一致认为教育与民族技艺传承具有一定的适配性，民族传统技艺保护与传承不断完善的同时，要展现民间技艺的多元魅力，需要提高培养民族技艺传承人的质量，由此构建现代职业教育人才培养方案成为亟须解决的问题。李政从"知识论"的视角分析，我国职业教育迫切需要转变人才的培养模式[26]。张伟辉提出现代学徒制是指校企深度合作、双导师育人，以培养学生技能为主的人才培养模式，便于现代职业教育课程体系的变革。许多学者从生产教育人的视角对职业教育进行研究分析，探索进行体系共建的新路径[27]。秦海宁提出构建校企协同、产教融合等育人模式，开发数字化教学资源等对策，以培养传承优秀民族文化的技术技能型人才[28]。武卫红通过建立"校、企、平台"三方协同的长效育人机制、专业教学标准体系及多级分层分类评价体系，探索形成具有自身特色的基于技艺技能传承创新平台的高职院校人才培养路径，为职业院校创新人才培养模式提供借鉴[29]。为了推进传统手工艺人才多样化培养，孙佳鹏提出了三种职业院校传统手工艺人才培养模式：学历教育、职业培训、学历教育＋职业培训[30]。

在新时代，职业教育的"活态"传承成为实现民族技艺保护、传承和创新的有效途径，而"数字化"活态传承的研究却十分有限，本书基于现代数字技术的发展，论述民族技艺融入职业教育的传承和创新，对民族技艺的推广具有重要的理论价值和现实意义。

第三节　国外学术史梳理及研究动态

国外学者研究的焦点多聚集在如何将非物质文化遗产更好地传承，对于民族技艺研究的内容是有限的。Gaura Mancacaritadipura 指出社区教育在增强非物质文化遗产传承与发展方面具有重要影响。Grisostolo F.E. 介绍了欧洲地区非物质文化遗产保障制度的演变过程。学者们是从保护非物质文化遗产政策的角度，阐述教育对非物质文化遗产保护和传承的影响。Bortolotto C. 从非物质文化遗产规范性定义与非物质文化遗产政策的具体实施角度，比较了非物质文化遗产的理论和实践，进而衡量"传统文化"之间的差距。Aral Ahmet Erman 介绍土耳其由正规教育保护非物质文化遗产的经验，认为将非物质文化遗产纳入学校教育具有挑战性。

随着各国研究的不断深入，对于民族技艺的理论研究范围逐渐扩大，从不同视角开展民族技艺传承和创新的研究。以英、法、德为代表的欧洲国家，传承民族技艺主要通过政府和国家财政的支持来实现。以美国为代表的国家通过法规和政府杠杆鼓励各州、各企业、各集团及全社会对其进行传承。新加坡工艺教育学院非常注重民族技艺的人才培养和课程建设，不断发展校企结合培养模式。各国的职业教育培养模式大多都是校企合作，例如，美国"协作职业教育"模式、德国"双元制"模式、澳大利亚"TAFE"模式，通过校企协作共同促进民族技艺的传承与发展。

然而，国外关于民族技艺传承和职业教育的研究逐渐从理论研究范畴向应用研究范畴转变，热衷于从跨学科的视域来研究此问题。Lin Minpei 通过对亚洲和欧洲非物质文化遗产实际案例分析，揭示了联合国教科文组织关于文化遗产的传承与可持续性发展的关联性。Liu Yajun 认为非物质文化遗产的传承和保护与经济发展的势头并不平衡，非物质文化作为文化艺术价值的载体，需要受到更多人的重视。Ferrer Yulfo A. 指出在社区教育研究的前提下，通过非物质文化遗产博物馆的设立，增强对非物质文化遗产的

欧洲传统纺织织布民俗

匈牙利民间刺绣

认识与保护。同时从文化传承视角,介绍了职业教育研究的现实意义。Abu Dhab 提出职业教育课可通过改革民族技艺教材、建设课程体系、开展社会实践活动等培养学生的兴趣及实践能力。He Yong 从民族文化传承有多种形式和方式的角度,论述高校教育教学在民族文化传承方面对民族文化的发展有着重要的作用。Paul Binaebi Igbongidi 认为职业教育最终将取代所有其他形式的教育,职业教育作为实现国家一体化和增强经济活力的途径,能够为经济增长铺平道路。

综上所述,民族技艺的传承和创新已经为全世界的人民群众提供了丰富多样的生态产品和文化服务,从上述的国内外学术研究表明,民族技艺融入职业教育能够更好地促进传统文化的传承和保护,让人们懂得其背后所蕴含的丰富历史内涵和独特文化标识,同时也提高了人们对弘扬民族文化的自觉意识,更好地让民族传统技艺在创新中传承和发扬。

第四节　本研究的学术价值和应用价值

一、学术价值

① 深入阐述民族技艺的精髓,体现民族技艺在中华优秀传统中独特的文化价值。

② 民族技艺包括传统手工艺、民间美术、民俗、民间音乐和民间文学等,为文艺创作提供了溯源。

③ 实施"中华老字号"保护发展工程,让民族技艺传承人在长期的培养中具有工匠精神,为国家培养高技能人才、大国工匠和能工巧匠。

④ 民族技艺遗存是反映中国社会发展的脉络之一,包括传统工艺、民间习俗、神话传说和特色地域等,更有沉淀在人们心中的传统文化精神,融入中华优秀传统文化内涵与情感,加深人们的爱国主义情怀,为宣传教育提供素材。

⑤ 民族技艺传承在世界范围内具有普遍的价值,传统民族文化包含了丰富的传统工艺文化、制度文化和民俗文化,反映了人们审美观念的时代更迭,体现了从传统社会的民族文化到现代社会的精神文化的变化,并在国际文化交流、展示中国传统文化方面发挥巨大的作用。

二、应用价值

① 民族技艺人才培养主要依赖"父教子传""师傅带徒弟"的家族式传承,导致传统的技艺传承后继乏人。新时代青年对传统技艺的历史、文化和传承价值认识略显不足,缺乏系统的传承文化教育,民族技艺人才流失严重,手艺有断层现象。本研究有助于为民族技艺人才提供人才储备和传承动力。

② 依托地方高校、科研院所、省研究基地、国家重点实验室和社会团体等力量，建立国家非物质文化遗产传承技能人才的培养工程，从而形成集文化研究、艺术创作、艺术设计创新、国家非物质文化遗产传承、民族技艺人才培养、民族技艺产业实践及研究创新等的理论体系。

③ 针对民族技艺——国家非物质文化遗产传承技能人才培养的研究，对中国传统文化与非物质文化遗产价值等进行深度挖掘，为民族艺术相关学科与国家非物质文化遗产研究提供理论依据并指导实践，研究成果可以为国家智库、企业和行业服务。

第五节　本研究的意义

一、有利于通过职业教育推动民族技艺多元化发展

职业教育对推动民族技艺多元化、特色化、品牌化发展，夯实民族技艺传承体系、弘扬民族优秀传统文化具有重要意义。职业教育作为国民教育的重要支柱之一，肩负着多重社会功能，是民族技艺传承与创新的有效路径和重要载体，民族技艺的传承和创新有助于弘扬、发展中华优秀文化，实现多民族、多技艺的汇合交融。传承中华文化基因，必须注重融合民族传统文化的思想观念和人文价值，不断深入实施非物质文化遗产传承发展工程，传承和弘扬工匠精神和技术创新思想。民族技艺作为中华民族传统文化的象征，不断汲取中华民族传统文化养分，职业教育成为培育中华民族技艺传承的助推器，有力地推动民族技艺多元化发展。

二、有益于民族技艺的数字化保护和传承

民族技艺是中华优秀传统文化的重要组成部分，许多承载着我国民族文化的技艺与绝活正面临失传的危机，我们亟须保护和传承民族文化技艺的有效途径。近年来，政府不断通过影像、文字和图片等方式传播保护民族技艺，是为了能留下最纯真的精神财富，但若只停留在传播的层面还远远不够，将数字化技术与民族技艺传承职业教育发展进行有机融合，方是中国传统工艺振兴的一条有效途径，这也是民族技艺亟须融入职业教育传承与发展的主要意义所在。

数字技术既推动了民族技艺的数字化保护与传承，又促进了其传播形态的转化与创新，加快了"线上＋线下"的传播，丰富了沉浸式、临场感的体验。随着国家数字化

数字化水城农民画

战略的深入推进，应逐步形成民族技艺数字化保护体系，在完成基础文本数字化的基础上，向内容创意、价值链条、产业生态、知识产权等方面进一步扩展。在保护的基础上使民族技艺实现数字化生存，进而融入数字文化生活。例如，"数字藏品"是通过数字化来传承、保护和推广民间传统技艺与非物质文化遗产，将传统文化变成数字文化商品，利用科技手段赓续中华优秀传统文化。

三、推动职业院校民族技艺"双师型"教师的培养

职业院校教师作为开展文化传承教学工作的重要载体，其教学能力与职业素养直接影响学生的学习水平和接受程度。为推动职业院校在民族技艺文化传承上的教育建设，培养出理论知识过硬和专业技能娴熟的教师团队，并不断提高教师的教学能力和思想水平，职业院校通过组织教师培训，帮助教师掌握全新的文化知识，同时更新教师的教学手段，提升师资队伍的素质与水平，为民族技艺文化传承教育开展奠定基础。

民族技艺传承人的培养有利于民族技艺的保护和传承，为爱国主义教育提供示范路径。"双师型"教师优化建设将成为职业教育的内在要求，在加强民族技艺传承与发展的同时，必须关注教师的个性化和差异化优势，为教师教学能力、技能水平、职业素养提升创建实时沟通平台和共享资源环境，提升教师队伍的业务能力、文化自信、传承意识，从而发挥教师在教育教学与传承技能上的共振效应，为人才培养模式的改革提供有力保障。同时，职业院校可以聘请民族技艺传承人进校任教。民族技艺传承人可以更有效地感染学生，让学生直接体会到我国传统文化的魅力。

四、推动民族区域经济的发展

为加快民族区域经济发展,促进民族区域经济繁荣稳定,需要大力推动民族技艺传承与创新研究职业教育,持续为凝聚民族和谐、社会和谐的良好发展氛围提供支撑。民族技艺传承的教育改革,能改善民族区域基础设施、生产生活条件,促进民族区域社会经济更快发展,提升民族区域经济的发展水平。

民族技艺融入职业教育,需要发挥职业院校的办学资源优势,有力地促进民族技艺传承。例如,立足于地方特色,开设民族技艺传承工作室,培养有创新意识,懂管理、独具特色的民族技艺新生代传承人,积极推动职业教育服务民族技艺传承创新和社会经济发展。职业教育对民族区域经济发展有重要的影响,将民族技艺融入职业教育,既能培育出民族技艺的传承型人才,也满足了民族技艺升级的新需求,对保护和传播国家文化具有重要意义。

五、促进民族技艺与职业教育产教融合发展

为深入贯彻落实《中华人民共和国职业教育法》,建立和健全职业教育发展的基本制度和政策框架,需要建立政府主导的职业教育发展协调机制,支持产教融合、校企合作,形成社会合力,依托职业教育集团,通过行业龙头、骨干院校牵头,带动企业和职业院校产教融合,实现民族技艺与职业教育对接市场。

产教融合模式教学一方面解决了企业对传统专业技术人才的需求问题,另一方面解决了学校对技能娴熟、经验丰富的实训指导教师的需求问题。产教融合充分发挥了企业的优势,解决了学校实训场地不足、实训设备短缺方面的困难,充分发挥职业院校教师理论知识完善、科研成果丰硕的优势,实现师资力量互补,相互促进的目的。职业院校通过与政府、社会、企业多方合作,构建职业教育资源共享平台,推动职业教育公平化、市场化发展。

六、推动职业教育的民族技艺课程改革

民族技艺与职业教育的结合对民族技艺传承人培养有重要的意义,这不仅扩大了民族技艺的宣传范围,还在当代青年中宣扬了国学和传统文化。民族技艺融入职业教育是传承和发展民族传统文化的有效方式,不仅有利于推动我国精神文明建设事业的健康发展,还充实了职业教育课程体系。

为解决越来越多的院校在开设民族传统技艺专业过程中遇到的难点,建议以国家教学标准为基本准则,以多元化技艺融合人才培养体系为主线,探索职业院校技术技能人才培养的规律。持续推进中职、高职、应用型本科民族传统技艺专业的培养目标、教材建设、课程体系等改革,加强民族技艺和职业道德教育,强化民族技艺课程,梳理民族技艺融入中职、高职、应用型本科的特色办学思路,逐步提高办学水平。

七、有益于职业教育赋能乡村振兴发展

职业教育肩负着助力乡村人才振兴的时代使命,人才振兴是全面推进乡村振兴的关键抓手。以民族技艺相关专业建设为核心,以体现民族特色和地域优势产业为立足点,逐步孵化以乡村振兴为背景的"民族技艺专业群",更好地发挥职业教育为乡村振兴赋能的作用。

打造民族技艺职业教育和乡村振兴"共同体",可以把当地特色产业与乡村振兴有效地结合在一起。通过职业教育的专业分类、课程设置和师资建设,以夯实乡村人力资本基础为基点,为乡村人才振兴提供优质资源。通过职业教育,重点对当地农民进行民族技艺、电子商务等技能的培训,从而带动当地农村电商和数字乡村并重发展,在学习民族技艺的同时,培养农民的直播带货技能,通过多种渠道、多种技能增加财富。通过抖音、快手和淘宝直播等平台将当地民族技艺产品与农业产品相结合推广出去,有利于打造乡村品牌、传承民族技艺和完善产业链。因此,建设现代职业教育能够很好地赋能乡村振兴,为推动乡村振兴高质量发展提供支撑,强化民族地区群众实用技术技能培训,改变他们的小农生产意识,建立合作共赢抱团发展理念,培养技能型乡土人才,融合文化旅游产业,打造民族技艺职业教育和乡村振兴"共同体"。

瑶族织绣助力乡村振兴

第六节　本研究的创新点

一、弘扬民族技艺，激发民族自豪感

民族技艺是中华优秀传统文化最宝贵的精神财富之一，拥有丰富的价值内涵，为人类文明发展做出了巨大的贡献。民族技艺的传承与发展需要一个国家具有深厚的文化底蕴和民族特性，时刻保护自己民族的底色，民族技艺是凝聚中华民族的深厚文化力量，对继承和弘扬中华优秀传统文化具有重要的作用。因此，在民族技艺职业教育传承与创新的过程中，深入开展民族技艺文化教育，弘扬中华优秀传统文化，传承民族技艺技能，提高文化底蕴和文化自信，对提升当代大学生的民族自信心和自豪感有重要意义。

二、深化职业教育改革，助力民族技艺产教融合

深化职业教育改革，要结合民族技艺文化特色，发挥职业教育的主观能动性，为社会培养出大量技能型人才，形成具有中国特色的职业教育体系，培养出更多的能工巧匠和大国工匠。本研究为适应民族技艺融入职业院校的发展趋势，立足于深化现代职业教育改革，坚持面向社会、市场和行业需求的办学方向，有助于新时代民族技艺传承人清晰定位未来的发展方向，致力于打造具有人才培养、创新创业孵化、推动产业经济高质量发展等功能的产教联合体。

三、民族技艺传承对职业教育地域差异性研究

本研究在多元文化整合教育理论的基础上，探讨民族技艺融入职业院校的有效途

径，通过对民族地区和区域民族技艺传承与发展的比较分析，以达到民族技艺较好地融入职业教育的目的，突破地域化职业教育发展的瓶颈，提升职业教育的教学质量，共同促进民族技艺的不断发展。通过研究发现地域文化的多样性，使民族文化技艺的培养具有非常明显的差异性。

四、数字化技术对民族技艺传承产生的影响

党的二十大报告中强调："实施国家文化数字化战略，健全现代公共文化服务体系，创新实施文化惠民工程。"对于民族技艺传承人数字技术的培养是职业院校完善自身发展的要求，是促进地域经济发展、提升国民经济水平的迫切需要，也是区域文创产业发展的迫切要求。近年来数字化技术的快速发展，对民族技艺传承和发展产生了深远的影响，在弘扬中华民族优秀传统文化的同时，也改变了民族技艺手工艺品的营销渠道、营销策略及消费者的消费习惯。

本研究紧随新时代职业教育背景，紧贴"文化强国""教育强国"的宏伟目标，融入民族技艺传承新理念，具有时代性。研究认为，在数字技术时代背景下，民族技艺传承需要重视人才培养，需要合理利用数字化技术，实现民族技艺传承创新和产业发展的有效结合，放大数字技术对经济发展的倍增效果，从而产生一定的经济效益。

五、民族技艺融入职业教育的国际化比较研究

本研究探讨职业教育国际化案例，能有效促进国际文化交流与合作，通过对民族技艺融入职业教育的国际化及地域差异性进行比较，为我国民族技艺传承提供借鉴。民族技艺融入职业教育国际化案例分析，有利于我国民族技艺与世界接轨，通过大师引领、活态传承、基地融合、项目驱动的民族技艺传承人才培养创新实践，深化人们对民族技艺的认同，为新时代民族技艺职业教育传承的研究理论和实践提供有力补充。

我国职业教育通过"引进来"和"走出去"战略，积极学习发达国家的职业教育办学经验，配合企业走出去，为目标国家和地区培养人才，实现互利双赢，为国家之间建立友好合作奠定了基础。

第四章 职业教育与民族技艺之间关联性研究

第一节 民族技艺融入职业教育的可行性分析
第二节 民族技艺融入职业教育的成效研究
第三节 职业教育有利于系统培养民族技艺传承者
第四节 职业教育为民族技艺传承提供技能人才支撑

民族技艺是中华传统文化的瑰宝，蕴含着丰富的历史、哲学和审美价值。然而，在现代化进程中，民族技艺正面临着日益衰落的困境。为了保护和传承这一宝贵的文化遗产，职业教育扮演了重要的角色。职业教育传承民族技艺不仅是技能的传递，更重要的是传递其背后的文化内涵和精神追求。通过系统的教学和实践培训，职业教育可以培养学生成为合格的技艺传承者，促进民族技艺在现代社会的传承和创新发展。

第一节　民族技艺融入职业教育的可行性分析

一、职业教育拥有丰富的教学资源

民族技艺融入职业教育的可行性在很大程度上依赖于丰富的专业教学资源。这些资源包括教师团队、实践基地、合作机构及教材和课程等资源。在民族技艺传授方面，教师不仅需要具备深厚的专业知识和技能，还应具备一定的教学能力和指导经验。他们能够将复杂的技艺知识转化为易于理解和吸收的教学内容，引导学生逐步掌握技艺的精髓，并传授相关的文化背景和历史渊源。在基础设施方面，建立适当的实训基地是职业教育传承民族技艺的关键，实训基地提供真实的工作环境和训练场所，配备专业的工具、设备和材料。学生在实训基地中进行真实的操作和实践，锻炼技能，并通过模拟实际工作场景来培养解决问题的能力。同时，与文化遗产保护机构、传统工艺团体等机构的合作，为职业教育传承民族技艺提供了宝贵的资源支持。这些合作机构可以提供专业知识和技术的指导，分享相关的文化资料和文物，组织丰富多样的活动和展览，为学生创造与传统技艺相关的学习和实践机会。此外，还需要开发针对民族技艺的教材和课程，这些教材和课程应涵盖技艺的理论知识、实践技能和创新发展等方面，根据学生的实际技能需求精心设计，以满足不同层次学生的学习目标，并结合实际案例和示范，引导学生在实践中不断提升自己的技艺水平。

二、职业教育注重技能实践

职业教育注重实践教学和应用导向，使学生能够在真实工作环境中进行操作和实践，从而更好地掌握民族技艺。建立完善的实训基地，模拟真实的工作环境，提供所需

传统织锦、木雕技艺学习

的工具、设备和材料,让学生亲身参与民族技艺的制作过程。例如,在学习传统织锦技艺时,学生可以使用织布机进行织锦,并亲自体验每个步骤的操作和技术要点。通过实践操作,学生加深对民族技艺技巧的理解。其次,有效的教学方法可以帮助学生将所学的理论知识运用到实际工作场景中。通过真实的项目或案例,学生可以将所学的技艺技术与实际问题相结合,解决现实生产中遇到的问题。例如,在学习传统木雕技艺时,学生遇到不同形状或尺寸的木材,在实际操作中应用所学的雕刻技巧,完成一个具体的作品。这种实践与应用导向有助于培养学生的实际操作能力、创新思维和问题解决能力,使他们能够在实际工作中灵活运用所学的民族技艺。同时,学校与行业专业人士合作,符合现代社会产业趋势。合作可以包括与相关行业企业、工艺师傅或专家的合作,通过与他们的交流和学习,学生可以接触到真实的工作场景和需求。例如,在学习传统陶瓷技艺时,学生可以与当地的陶艺工匠合作,了解他们的工艺流程、设计理念和市场需求,从而更好地理解民族技艺在现实生产和创作中的应用价值。

三、职业教育有益于传统技艺和现代科技融合

职业教育注重培养学生的创新思维和实践能力,使其能够在传承民族技艺的基础上进行发展和创新,以适应现代社会的需求和变化。在职业教育中,应注重培养学生的创新思维。通过引导学生思考,激发他们的创造力和想象力,职业教育可以培养学生独立思考和解决问题的能力。例如,在学习传统绘画技艺时,教师鼓励学生尝试新的材料、表现方式或主题,鼓励他们挑战传统观念,形成自己独特的创作风格。在现代市场环境中,职业教育关注现代社会的需求和潮流,将民族技艺与现代技术同市场相结合。传承

民族技艺不仅是简单地复制传统工艺，还需要与现代化的需求相融合。例如，在学习传统纺织技艺时，学生学习如何使用电脑辅助设计软件进行图案设计，以适应现代纺织品市场的需求。通过融合现代科技和传统技艺，学生能够掌握更多应用于实际生产的技能，提高就业竞争力。传承民族技艺不仅需要学生具备扎实的技术功底，还需要他们了解市场需求并具备自主创业的能力。通过开设市场营销、创业管理等相关课程，学生可以了解市场趋势、产品定位和品牌策划等知识，为将来从事相关行业或创业打下基础。例如，在学习传统工艺品制作技艺时，学生会接触到市场需求调研、产品定价和品牌推广等内容，从而更好地理解民族技艺在商业领域中的发展潜力。

四、职业教育与行业共同推进民族技艺的传承

职业教育与传承民族技艺相关的行业之间存在密切联系，相关行业为学生提供了实践机会、培训资源和就业渠道，与职业教育院校共同推进民族技艺的传承。首先，在实际场景中进行实践和应用，相关行业通过与职业教育院校建立合作关系，提供实训基地、工作坊或实习机会，让学生有机会接触真实的工作环境和项目，锻炼技能，并深入了解行业需求。例如，传统手工艺品制作行业与职业教育院校合作，学生可以到工坊进行实践操作，从而学习真正的制作技艺和工艺流程。其次，相关行业可以提供培训资源和专业知识支持。传承民族技艺通常需要掌握一定的专业知识和技能，而相关行业内的从业者拥有丰富的经验和技术。相关行业与职业教育院校合作，可以派遣行业专家或技术人员担任教师或开设讲座，为学生分享实践经验和专业知识。此外，行业还可以提供最新的技术设备和工具，帮助学生掌握先进的制作技术。例如，当代陶瓷行业可以向职业教育院校提供陶瓷设计软件、3D打印设备等，帮助学生在传统陶瓷技艺的基础上进行创新和现代化发展。最后，行业可以提供就业渠道和创业支持。传承民族技艺的学生通常希望能够在相关行业找到就业机会或自主创业。行业与职业教育院校建立紧密的合作关系，可以参与课程设置和培训计划制订，确保培养出符合行业需求的专业人才。同时，行业可以提供就业推荐、实习机会或创业支持，帮助学生顺利就业或创业。

第二节　民族技艺融入职业教育的成效研究

传承民族技艺对于维护文化多样性、保护传统文化和提升文化自信具有重要意义。在当今快速发展的现代社会中，职业教育作为一种专业化的教育方式，具备了传承民族技艺的独特优势和可行性。通过职业教育，学生可以系统学习民族技艺，将其保存和传承，并在此基础上融合现代化需求和创新元素，推动民族技艺的发展与传承。

一、职业教育有利于民族技艺和文化遗产的保护与传承

传统的民族技艺是民族文化的瑰宝，蕴含丰富的历史、哲学和审美价值。保护和传承民族技艺对维护民族文化的多样性、促进社会发展和提升国家软实力至关重要。首先，在职业教育中传承民族技艺，有助于实现文化遗产的保护与传承。职业教育提供了系统传授和学习民族技艺的机会，从而使这些技艺能够得到有效的记录和保存。传承民族技艺需要持续的时间和努力，而职业教育为学生提供了专业的课程和教学资源，使他们能够系统地学习和理解具体的民族技艺。通过教师的指导和学习过程中的反复练习，技艺得以传递并保留下来，避免因口头传承而导致的信息丢失。其次，职业教育注重实践教学，使学生能够通过亲身实践和体验去掌握民族技艺。传统的民族技艺往往需要大量的实际操作和经验积累，职业教育提供了合适的学习环境和工具，使学生能够真正地参与到技艺的实践中。通过实际操作，学生可以熟悉和掌握技艺的基本动作、工具使用和技巧要领，实现对技艺的传承和创新。此外，职业教育强调专业素养和职业道德的培养，从而使学生将传统技艺视作一笔珍贵的文化遗产，更加懂得尊重和保护这些宝贵资源。通过职业教育传承民族技艺，学生接受相关的伦理道德

教育，认识到自己是文化遗产的传承者和守护者，进而形成对文化遗产保护重要性的认识和对文化遗产保护的责任心。

二、职业教育有益于保护和推广文化多样性

民族技艺体现了不同地域、不同民族的独特风情和特色。保护和推广文化多样性对于促进文化交流、增强社会凝聚力、营造和谐社会具有重要意义。职业教育传承民族技艺有助于维护和保存不同民族的传统文化形式和独特艺术风格。每个民族都有自己独特的传统艺术和技艺，这些技艺体现了其特有的思维方式、审美观和价值观。通过职业教育传承民族技艺，可以确保这些独特的艺术形式得以保存和传承，从而维护文化多样性。职业教育传承民族技艺有助于推广和展示不同民族的文化遗产，增强社会对文化多样性的认知和欣赏。通过职业教育的专业培训和实践操作，学生可以将传统的民族技艺进行创新和融合，使其更符合现代社会的需求和审美。这种创新型的传承方式不仅能够保留传统技艺的本质，还能够为文化多样性的推广提供更广泛的舞台。同时通过职业教育的学习和实践，学生可以接触和学习其他民族的技艺，了解其独特的文化表达和艺术特色。这种跨文化的学习和交流有助于拓宽视野、增强文化包容性，促进不同民族之间的友谊和合作。

三、职业教育有助于传承与弘扬传统文化

民族技艺是民族文化的重要组成部分之一，是民族身份认同和自豪感的象征。传统文化包含了丰富的价值观、道德规范、艺术形式等，传统文化的传承与弘扬对于保持民族特色、凝聚社会共识和培养民族认同感具有重要意义。职业教育在传承民族技艺方面可以起到弘扬与传承传统文化的作用。传统文化往往蕴含着民族的智慧、历史记忆和精神追求，职业教育提供了系统学习与传授传统技艺的平台。通过职业教育的专业培训和教学指导，学生能够深入地了解传统技艺背后的文化内涵，并将其应用于实践中。这样能够使传统文化得到弘扬，同时也能为学生提供展示自己才华和创造力的机会，推动传统文化的创新与发展。传统技艺通常需要长期的学习和实践才能掌握，职业教育提供了系统性和专业性的培训，使学生能够更好地学习和理解传统技艺的核心要素和技巧，并通过反复实践达到熟练掌握的程度。这样可以确保传统技艺在新一代人中得以延续和发展，避免技艺的流失。通过深入学习和实践传统技艺，学生能够体验到传统文化所传递的智慧、美感和价值观，增强对传统文化的认同感和自豪感。同时，在职业教育中，

学生与老师之间的师徒传承关系和团队合作,也能够培养学生对传统文化的情感和社会责任感。

四、职业教育可以有效培养文化自信与身份认同

传承民族技艺不仅是技能的传递,更是民族智慧、精神和价值观念的传递。文化自信是指对本民族传统文化的自觉自信,身份认同则是对自己所属民族身份的认同感。这两者对于个体的自我认知、社会的和谐发展及国家的文化繁荣都具有重要意义。首先,通过职业教育传承民族技艺,可以培养学生对本民族文化的自信心和身份认同,促进文化自信的建设。通过系统的学习和实践,学生能够深入地了解和体验自己民族的传统文化,掌握其中的技艺和艺术形式。在学习过程中,他们会逐渐发展出对自己民族文化的自豪感和认同感,形成自信的态度和思维方式。这种文化自信的培养有助于学生树立正确的价值观和人生观,增强面对困难和挑战时的自信心和勇气。其次,民族技艺融入职业教育有助于学生建立和发展身份认同。通过学习和实践民族技艺,学生能够更加深入地了解自己所属民族的历史、传统和文化特色。他们将切实地参与其中,感受到传统技艺的独特魅力和民族精神的内涵。这种身份认同的培养使学生更加自觉地接纳和尊重自己的民族身份,增强对民族文化传承的责任感和使命感。此外,职业教育传承民族技艺还可以通过展示活动和交流活动来加强文化自信和身份认同的培养。学生在学习过程中通过参加各类展示和比赛,展示自己的技艺成果,通过与其他学生或专业人士的交流与竞争,认识到自己所掌握的民族技艺的独特性和价值,进一步激发文化自信和身份认同。

第三节 职业教育有利于系统培养民族技艺传承者

保护和传承这些宝贵的文化遗产,职业教育发挥着重要的作用。职业教育院校通过专业教学和实践培训,培养学生成为民族技艺的传承者,培养学生的综合能力。同时,职业教育也致力于传统技艺的保护和传承,通过系统的教学和实践活动,让学生深入了解传统技艺的理论知识和制作工艺。此外,职业教育还注重技艺的创新与现代化推进,引导学生融合现代技术和设计理念,使民族技艺适应当代社会需求。而相关行业合作与市场导向更是职业教育的重要策略,通过与相关行业合作伙伴紧密合作,了解市场需求和技艺发展趋势,提升学生就业竞争力,推动民族技艺的传承和发展。

一、职业教育系统地培养技艺传承者

职业教育院校通过专业教学和实践培训,培养学生成为民族技艺的传承者。学校在培养民族技艺传承者时,不仅注重传统技艺的传授,还重视学生综合能力的培养。通过专业教学和实践培训,学生接受艺术理论、文化背景和审美体验等方面的教育,使他们对民族技艺有更深入的了解和把握。同时,职业教育也注重学生的实践能力培养,通过实际操作和实践项目,学生能够运用所学知识和技巧进行创作和制作。在民族技艺的传承过程中,学校还积极推动创新发展,鼓励学生将传统技艺与现代元素相结合,探索出新的表达方式和应用领域,以适应时代的需求和变化。这种创新发展的努力不仅有助于传统技艺的活化和更新,还为传承者提供了更广阔的就业和创业机会。此外,学校中的师徒传承和文化交流等方式可以促进民族技艺的传承和交流;邀请有经验的艺术家和工艺师担任客座教授,可以为学生进行面对面的指导和交流,让学生从专业人士身上汲取经验和智慧。同时,学校还鼓励学生参与各种文化活动和展览,与其他地区和国家进行交流，丰富经验。

二、职业教育保护和弘扬传统技艺

职业教育致力于传承传统技艺，通过系统的教学和实践活动，保护和传承民族技艺。随着现代化进程的推进，传统技艺正面临着日益衰落的困境，职业教育的使命就是通过系统的教学和实践活动，将这些宝贵的文化遗产传承给下一代，并为其发展提供新的机遇。学校通过丰富的教学内容和专业的师资队伍，致力于培养学生对传统技艺的认知和理解，使学生深入地了解传统技艺的历史渊源、文化背景、制作工艺等方面的知识。其次，通过实践活动，为学生提供锻炼和展示的平台，以保护和传承传统技艺，这不仅让学生得到了实践经验，也为他们展示自己的才华和创新能力提供了机会。同时，学校还积极参与传统技艺的保护活动，例如，与相关机构合作编纂技艺文献、开展技艺传承培训等，为传统技艺的保护和传承做出更多的努力。此外，职业教育可以培养学生对传统技艺创新发展的意识，鼓励学生将传统技艺与现代元素相结合，通过创造性的方式呈现传统技艺的魅力。如在传统陶瓷工艺领域，学生运用现代科技手段，设计出具有时代特色和市场竞争力的产品。这种创新不仅使传统技艺焕发新的生机，也为学生们提供了更广阔的就业和创业机会。

陶瓷传统技艺与现代元素结合

三、职业教育推进创新与现代化发展

职业教育不仅注重传统技艺的传承,也注重传统技艺的创新和现代化发展。首先,传统技艺与现代需求相结合,职业教育培养学生创新思维和现代技术应用能力,以推动技艺的创新、转型与发展。职业教育在教学内容和方法上注重融合现代技术和设计理念。如计算机辅助设计(CAD)、3D打印、虚拟现实等,这些现代技术可以使学生更加高效地进行创作和制作。同时,学生学习现代设计理念,例如,人机交互、可持续发展等,以适应当代社会对技艺产品的需求。其次,职业教育注重培养学生的创新能力和创业精神,引导他们在传统技艺中发现新的创新点并进行创作。学生学习创新思维和创意技巧,以及市场调研和营销策划等相关知识,并被鼓励尝试新的材料、工艺和形式,创造具有现代审美和功能性的作品。职业教育也会提供孵化器、创业培训等支持,激励学生将自己的创意转化为具有商业价值的作品,推动技艺市场化的发展。此外,职业教育还注重提升学生的专业素养和实践能力,使其成为技艺创新与现代化发展的推动者。学生接受系统的实践培训,包括参与项目实施、行业实习等。这些实践活动有助于学生掌握技艺改进与应用的技巧,并深入地了解行业需求和市场趋势。同时,职业教育院校也积极与相关产业机构合作,开展技术研发和创新项目,为学生提供更多实践锻炼的机会。职业

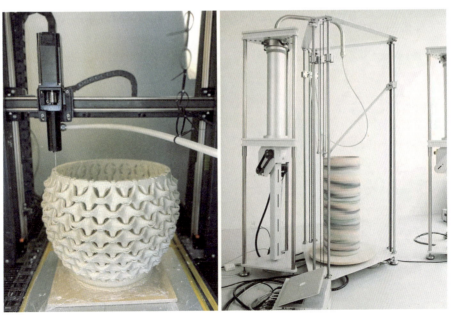

陶瓷3D打印

教育为学生提供了一个综合性的平台，使他们能够在传统基础上进行创新，并将传统技艺应用于现代社会和市场中，以适应时代的需求并保持技艺的活力与魅力。

四、职业教育鼓励将技艺转化为商业价值

　　职业教育院校与相关行业密切合作，了解市场需求和技艺发展趋势。首先，通过与相关行业合作伙伴的紧密合作和市场导向的教学模式，职业教育能够更好地满足市场需求，提升学生的就业竞争力，并推动民族技艺在市场中的传承和发展。学校与相关行业的企业、协会、工作室等建立合作关系，开展产学研结合的项目合作。这种合作方式可以使学生接触到真实的市场环境和行业要求，了解行业最新动态，从而调整教学内容和方法，更好地培养学生的实践能力和适应能力。其次，职业教育注重市场导向的教学模式，将市场需求纳入教学设计和评价体系，通过市场调研、行业需求分析等手段，确定培养目标和课程设置。职业教育将学生的学习和实践任务与实际市场需求相结合，培养他们的市场意识和创新能力。同时，通过与行业合作伙伴联合开发课程、提供实习岗位等方式，使学生在学习实践中接触到市场运作和需求反馈，从而不断调整并提升自己的技艺。最后，在行业合作与市场导向的基础上，职业教育注重开展创业教育和创新创业支持。学校与企业、投资机构等合作，提供创业培训、创业项目孵化、创业资金支持等服务，鼓励学生将自己的技艺转化为商业价值，推动技艺的市场化和产业化发展。通过创业教育，使学生具备创新思维、市场营销等方面的素养，有能力开拓自己的市场，进一步促进民族技艺的传承和发扬。

第四节 职业教育为民族技艺传承提供技能人才支撑

一、职业教育培养专业技能人才

职业教育以技能培养为核心,通过系统的课程设置和实践教学,向学生传授民族技艺所需的专业技能。学生可以学习到传统手工艺等方面的具体操作技巧,培养实际操作能力。这样能够确保民族技艺在传承过程中不失真,同时帮助学生成为合格的技艺传承者。首先,职业教育院校应该设计系统完善的课程体系,根据民族技艺的特点和要求,制订相应的教学计划,课程应该包括理论知识与实践技能,涵盖从基础知识到高级技能的全面培养,通过有序的学习体系,使学生逐步掌握民族技艺所需的各种技能。其次,职业教育院校应提供充足的实践机会,如实训课程、实习岗位和实际项目等。通过实际操作和实践经验的积累,增强学生对民族技艺的实际应用能力,使其熟练掌握各种工艺技巧。再次,在人才培养中,学校可以聘请具有丰富经验和专业知识的教师来进行指导和教学,将实际经验和技艺传授给学生,同时通过讲解、演示和辅导等方式,帮助学生理解和掌握民族技艺的核心技能,激发学生对民族技艺的热情和自信心,这样不仅可以传承和保护民族技艺的宝贵文化遗产,还能够在现代社会中创新发展,为传统技艺注入新的活力和时代内涵。

二、职业教育传授理论知识和传统文化

职业教育不仅关注学生技能的培养,还注重传授学生民族技艺的相关理论知识和文化背景。传统知识对于民族技艺的传承至关重要,它包含技艺的历史渊源、文化内涵及独特的设计理念,在学习过程中加深对民族技艺的认识和理解,有助于提

高学生对传统文化的重视和对民族技艺传承的意识。通过专门的课程设置，向学生传授相关的历史和文化背景知识，学习民族技艺的起源、发展历程及其在当地社会和文化中的重要地位，这些知识有利于帮助学生了解民族技艺的丰富内涵和深厚底蕴，激发其对传统文化的热爱和情感认同。传统技术和工艺包括了工艺技巧、材料运用方法、工具使用等方面的传统知识。民族技艺相关课程应教给学生如何选择和使用特定的材料，掌握独特的加工和制作工艺，应对技艺传承过程中出现的挑战和问题。学生应加强对传统文化和设计理念的理解，学习民族技艺中独特的符号、图案和意象，并了解其背后的文化寓意，学会运用这些符号和图案设计出符合传统美学标准的作品，并传承设计上的创新思维。对传统文化和设计理念的理解有助于学生创造出具有当代审美价值的作品，并将传统技艺与现代需求相结合。同时，通过专业的知识传授，学生能够加深对传统文化的认同和自豪感，积极地推动民族技艺的保护、传承和发展。

三、职业教育提供师资力量

职业教育拥有一支经验丰富的师资队伍，其中包括传统工艺领域的专家和技艺传承者，这些教师不仅能够传授专业知识和技能，还能够向学生传递传统技艺的精神和文化内涵，为民族技艺传承提供强有力的支持，对培养学生的技能、传承传统知识和激发学生的热情至关重要。首先，传统民族技艺教师不仅具备专业知识和技能，还对传统技艺有深入的研究和理解，多数是从业多年的技艺传承者，或者是在相关领域有显著贡献的大师，他们了解民族技艺的传统背景、技术要点和创新方向，能够将这些知识有效地传授给学生。其次，教师具备教学经验和指导能力，了解如何制订课程计划，组织教学活动，并能够采用多种教学方法和手段来满足学生的学习需求，能够结合实际案例、示范演示和实践训练等方式，帮助学生更好地理解和掌握民族技艺的技能和知识。此外，教师在传统技艺传承中的作用不仅是知识传授，还包括对学生的激励和引导，激发学生对传统文化的热爱和兴趣，传递传统技艺背后的价值观和精神内涵，通过个案分享、互动讨论和实践引导等方式，引导学生探索和发现自己在民族技艺传承中的独特价值和定位。优秀的教师不仅具备传授专业知识和技能的能力，还能够与学生建立密切的师徒关系，在实践中传授给学生传统技艺的精髓。职业教育为学生提供了学习和成长的机会，推动了民族技艺的延续和发展。

四、职业教育提供实习机会和展示平台

实践是职业教育的重要组成部分，它可以使学生将所学的理论知识应用到实际操作中。职业教育院校通常与相关产业、博物馆或文化机构建立合作关系，为学生提供实践机会和展示平台。首先，学生通过参与实际项目，与行业从业者互动，积累实践经验，提升自身技能，并且在专业领域建立人脉，为民族技艺传承提供更广阔的发展空间，从而促进民族技艺的传承和发展。对于民族技艺的传承而言，学生通过实践掌握传统技艺的工艺和技巧，职业教育院校通过与相关产业、博物馆或文化机构建立合作关系为学生提供实践机会，让学生参与真实项目的生产过程，锻炼实践能力，并增加对民族技艺的深入了解。其次，良好的合作关系还提供展示成果的平台，通过参与技艺展览、文化交流活动等，展示民族技艺领域的成果和研究，不仅可以增加学生的自信心，还有助于吸引更多的人关注和认识民族技艺，推动其传承和发展。如与手工艺品生产企业合作，学生可以参与到真实的生产过程中，亲身体验传统技艺的制作流程，学习到实际操作技巧和经验，这种实践机会不仅提升了学生的技能水平，还能够让他们更好地理解传统技艺的价值和意义。因此，职业教育可以提供实践机会，从而提升学生实践能力，增加其对民族技艺的认同感和自豪感，并使其在民族技艺领域有更好的职业发展机会。

职业教育在民族技艺传承中发挥了重要作用，提供了技能人才支撑。专业技能人才的培养是职业教育的核心任务，通过系统的课程设置和实践教学，学生可以掌握民族技艺所需的专业技能，确保传承不失真。同时，职业教育还注重传授相关的传统知识和文化背景，加深学生对民族技艺的认识和理解。职业教育院校拥有经验丰富的师资队伍，这些教师不仅具备专业知识和技能，还能够传递传统技艺的精神和文化内涵。此外，职业教育院校还与产业、博物馆或文化机构建立合作关系，为学生提供实习机会和展示平台，促进学生实践能力的提升，并为民族技艺的传承和发展提供更广阔的空间。总而言之，职业教育通过培养专业技能人才、传授传统知识和文化、支持师资力量和提供实习机会与合作平台等，为民族技艺的传承提供了坚实的支持。

第五章 民族技艺融入职业教育国际化比较

第一节 国内外民族技艺制作工艺类型比较分析

第二节 国内外民族技艺融入职业教育的比较分析

第三节 国内外民族技艺融入职业教育的实施路径分析

民族技艺是民族传统文化的重要组成部分，在教育现代化进程中，传承和发展民族传统文化主要依靠学校教育、家庭教育和社会教育三种途径，而其中最为重要和核心的是学校教育。民族地区的教育院校需要承担传承与发展传统民族文化的历史使命。由于民族技艺具有很强的技术性和实践性，需要通过实践来进行针对性的、全程感知性的学习。因此，要想更好地传承和发展民族技艺，需要将其融入注重实践与技术的职业教育之中。

随着全球化进程的加速和对文化多样性的日益重视，将民族技艺纳入职业教育的国际化框架中已成为一个备受关注的问题。我国政府部门着重强调要在全面建设社会主义现代化国家新征程中，加快构建现代职业教育体系，培养更多高素质技术技能人才、能工巧匠、大国工匠。可见，职业教育"前途广阔、大有可为"。民族技艺是一个国家或地区独特的文化遗产，蕴含着悠久的历史、丰富的艺术表达和深厚的人文内涵，并被视为传承历史、弘扬文化和促进社会经济发展的重要资源，作为传统文化的重要组成部分，民族技艺在职业教育中的融入与国际化发展有着紧密的联系。

国外在民族技艺融入职业教育方面积累了丰富的经验，本研究通过对其经典案例的比较分析，探讨具体的融入措施以及与国内传承模式的比较分析，深入了解国外民族技艺融入职业教育的现状与挑战，同时为我国民族技艺的传承与保护，以及职业教育国际化提供有益的借鉴与思考，促进民族技艺的传承与创新，提高职业教育的国际化竞争力。

第一节　国内外民族技艺制作工艺类型比较分析

一、国内外陶艺和陶瓷制作工艺比较

陶艺和陶瓷制作工艺是世界各地传统的手工艺，代表着人类对土壤、火焰和创造力的探索与利用。中国拥有悠久的陶瓷制作历史，涌现出新石器时代的彩陶、汉唐时期的青瓷、白瓷及宋元明清时期的青花、五彩瓷器。中国陶瓷工艺注重形式美感的塑造和色彩纹饰的运用，追求自然与人文的和谐统一，给人以沉静、典雅、内敛的审美体验。

国外的陶艺制作工艺呈现多样化的风貌。在欧洲，陶瓷以精细的手工雕刻和丰富的色彩著称，以精致的贴花和磨砂处理闻名，浓厚的地中海风格和多彩的图案受到人们喜爱。此外，德国、英国、丹麦、芬兰、韩国等国家的陶艺制作工艺也各具特色，通过不同的材料选择、器型设计和装饰技法，表达出各个国家独特的民族文化内涵和审美情趣。

1. 发展历程对比

在不同的历史时期和文化背景下，各国形成了丰富多样的陶瓷制作传统，为世界陶瓷文化的发展做出了重要贡献。每个国家的陶瓷制作都反映了当地的历史、文化和审美特色，呈现出了各具特色的陶瓷艺术风貌。

国内外陶艺和陶瓷制作工艺发展历程对比

国家	陶艺和陶瓷制作工艺发展历程
中国	中国拥有悠久的陶艺和陶瓷制作传统，可以追溯到几千年前的新石器时代。中国的陶艺工艺经历了多个时期的演变，如古代的彩陶、汉唐时期的青白瓷、宋元明清时期的青花、五彩瓷器等。中国的景德镇被誉为"国际瓷都"，以其精湛的瓷器工艺而闻名于世
德国	德国瓷器制作的开端可以追溯到18世纪初。在这个时期，德意志地区的艾森巴赫和梅森成为德国最早的两个瓷器制造中心。梅森瓷厂（Meissen）是欧洲第一个成功生产出白瓷的瓷器厂。它于1710年由著名的阿尔布雷希特·冯·梅森建立，成为欧洲其他国家所模仿的对象。梅森瓷器以其高贵的形态、精湛的技艺和绚丽的彩绘而闻名
英国	英国瓷器诞生于1567年，荷兰陶艺家为英国带来了锡釉陶器的生产方法，这种类型的器皿被英国人称为"代尔夫特陶器"，于17世纪、18世纪在伦敦、布里斯托和利物浦迅速发展起来，其风格模仿中国的青花瓷
丹麦	丹麦瓷器的发展可以追溯到18世纪末和19世纪初。在这个时期，丹麦的瓷器制造业开始兴起，并逐渐形成了自己独特的风格和技艺。最早的丹麦瓷器制造公司之一是皇家哥本哈根瓷器厂（Royal Copenhagen），它成立于1775年。皇家哥本哈根瓷器厂的成立标志着丹麦瓷器制作的起步
芬兰	18世纪末和19世纪初，芬兰仍处于瑞典帝国的统治之下。最早的芬兰瓷器制造公司是罗斯特瓷器厂，它成立于1726年，虽然它是在瑞典，但对芬兰后来的瓷器制造业发展产生了一定影响。直到20世纪初，芬兰才开始建立自己的瓷器制造业。最著名的芬兰瓷器制造公司之一是阿拉比亚（Arabia）瓷器，它成立于1873年
韩国	早在新石器时代，朝鲜半岛上就已经有了陶器的生产。随着时间的推移，韩国的陶瓷工艺逐渐发展并形成了独特的风格和技术特点。韩国陶瓷的发展大致可以分为四个时期：原始时期、三国时期、高丽时期、李朝时期

概言之，各国的陶瓷制作发展历程各具特色，发展时间久远，历史积淀深厚，每个地方各具特色。德国的瓷器制作起源于18世纪初，梅森瓷厂成为欧洲第一个成功生产出白瓷的瓷器厂。英国的瓷器起源于16世纪末，受荷兰陶艺家的影响，模仿中国的青花瓷，逐渐形成了"代尔夫特陶器"等独特风格。丹麦和芬兰的陶瓷制作起步于18世纪末至19世纪初，并逐渐形成了独特的风格和技艺。这些国家在陶瓷制作方面展现了各自独特的发展轨迹和特色，丰富了世界陶瓷文化的多样性。

2. 材料和釉料对比

不同地区的陶瓷制作使用不同的材料和釉料，这些材料的特性和来源也会影响制品的质地、颜色和质量。

国内外陶艺和陶瓷制作材料和釉料对比

国家	常用材料	常用釉料
中国	黏土、氧化铝、高岭土、瓷土等	青瓷釉、白瓷釉、青花釉等
德国	黏土、瓷土、陶土等	碱釉、铅釉、长石釉等
英国	瓷土、黏土、陶土等	锡釉、铁釉、铅釉等
丹麦	陶土、黏土、瓷土等	铁釉、锡釉、铅釉等
芬兰	陶土、瓷土、黏土等	铁釉、木灰釉、铅釉等
韩国	白土、黏土、红陶土等	铁釉、石灰釉、白瓷釉等

可以发现，虽然中国、德国、英国、丹麦、芬兰和韩国在陶艺和陶瓷制作中使用的材料和釉料有一些共同之处，但也存在一定的差异。

在材料选择上，各国在陶艺制作中使用的主要材料包括瓷土、黏土、陶土等，这些材料在不同国家都得到了广泛应用。然而，由于地理环境和资源的不同，各国对于材料的选择和利用可能存在一定差异，比如，中国在传统青花瓷中使用的是瓷土，德国和英国则可能更倾向于使用黏土等材料。在釉料应用上，各国也有各自的特点。例如，中国以青瓷釉和白瓷釉闻名于世，而德国则常使用碱釉和铅釉，英国则较为偏爱锡釉和铁釉。这反映了不同国家在釉料应用上的历史传统和审美取向的差异。

总之，不同国家在陶艺和陶瓷制作中的材料和釉料选择受到了当地的文化、传统、资源和技术发展的影响，因此呈现出一定的多样性和特色。

3. 技术和工艺对比

不同地区的陶瓷制作工艺和技术可能有所不同，通常表现在制作工艺的步骤、窑烧方式、装饰技法等方面。

国内外陶艺和陶瓷制作技术与工艺对比

国家	技术	工艺
中国	青花瓷、釉下彩等	手工拉坯、釉下彩绘制、高温烧制等
德国	梅森瓷器、马略尔卡陶器等	釉料应用、装饰技法、土器烧制等
英国	苏格兰陶瓷、斯塔夫福德郡陶瓷等	精细瓷器生产、转坯成型、手工绘画等
丹麦	丹麦现代设计陶瓷、皇家哥本哈根陶瓷等	设计创新、手工制作、现代陶瓷工艺等

国内外陶艺和陶瓷制作技术与工艺对比　　　　　　　　续表

国家	技术	工艺
芬兰	玛丽亚瓷器、阿拉比亚瓷器等	独特设计、精湛工艺、使用天然材料等
韩国	韩国瓷器、白瓷、青瓷等	高温烧制、传统装饰技法、釉料独特应用等

可以看出，各国在陶艺和陶瓷制作中都有着独特的技术和工艺特点，反映了各自的文化传统和审美偏好。中国注重釉下彩绘制和高温烧制，德国侧重土器烧制和装饰技法，英国以精细瓷器生产和手工绘画为主，丹麦强调现代设计和手工制作，芬兰则以独特设计和天然材料应用见长，韩国则以传统装饰技法和釉料独特应用为特点。这些陶艺与陶瓷制作技术与工艺的差异丰富了世界陶艺文化，并反映了不同国家对陶艺的独特贡献。

4. 风格和题材

陶艺作品的风格和题材受当地文化、宗教信仰、审美观念等方面的影响，因此不同地区的陶艺作品呈现出截然不同的风貌。

国内外陶艺和陶瓷制作风格和题材对比

国家	风格	题材
中国	青花瓷	自然景观、传统纹样、人物故事等
德国	梅森瓷器	抽象装饰、几何图案、实用主义风格
英国	苏格兰陶瓷	自然风景、动植物纹样、宫廷场景
丹麦	现代设计陶瓷	极简主义、功能性设计、现代艺术风格
芬兰	玛丽亚瓷器	北欧风情、极简设计、自然元素
韩国	韩国瓷器	自然纹样、山水画、孔雀纹样

根据上述内容，中国陶艺以青花瓷为代表，其特点是釉下彩绘和传统图案。青花瓷通常展现自然景观、传统纹样和人物故事等，充满了浓厚的中国传统文化氛围。德国的陶艺以梅森瓷器为代表，注重抽象装饰和几何图案，强调实用主义风格。德国陶艺追求简洁而现代的设计，多用于实用器皿和装饰品。英国的陶艺在苏格兰陶瓷中得到体现，其特点是描绘自然风景、动植物纹样和宫廷场景。英国陶艺注重精细绘画和复杂纹饰，呈现出优雅和奢华的风格。丹麦的陶艺以现代设计陶瓷为主，强调极简主义、功能性设计和现代艺术风格。丹麦陶艺注重形式和功能的结合，追求简洁而精致的外观。芬兰的

陶艺以玛丽亚瓷器为代表，展现北欧风情、极简设计和自然元素。芬兰陶艺强调清新、自然和纯粹的风格，体现了北欧地区独特的审美观。韩国的陶艺以韩国瓷器为代表，通常呈现自然纹样、山水画和孔雀纹样。韩国陶艺注重传统装饰技法和釉料的独特应用，展现出雅致和细腻的特点。

5. 应用和用途

不同地区的陶瓷制品有不同的应用和用途，有些地方更倾向于制作日常生活用品，而有些地方则更注重陶艺作为艺术品的表现。

国内外陶艺和陶瓷制作应用和用途对比

国家	应用	用途
中国	青花瓷等	装饰、礼品、艺术收藏
德国	梅森陶瓷	礼品、装饰、室内设计
英国	苏格兰陶瓷	装饰、礼品、收藏、室内设计
丹麦	现代设计陶瓷	餐具、装饰、礼品、室内设计
芬兰	玛丽亚瓷器	餐具、装饰、礼品、室内设计
韩国	韩国瓷器	茶具、装饰、礼品、传统仪式

中国的陶瓷应用主要集中在青花瓷上，用于装饰、礼品及艺术收藏等。这反映了中国传统文化对陶瓷艺术的重视和对艺术品的珍视。德国的梅森陶瓷主要用于礼品、装饰和室内设计上，展现了德国陶瓷在日常室内装饰中的实用性和在社交活动中的交流价值。英国的陶瓷主要应用在苏格兰陶瓷上，用于装饰、礼品、收藏和室内设计，凸显出英国陶瓷的艺术性和装饰性。丹麦的现代设计陶瓷主要用于餐具、装饰、礼品和室内设计，展现了丹麦陶瓷在日常生活和室内装饰中的实用性和美学价值。芬兰的玛丽亚瓷器同样用于餐具、装饰、礼品和室内设计，体现了北欧陶瓷对功能性和自然主题的追求。韩国的陶瓷应用主要集中在韩国瓷器上，用于茶具、装饰、礼品及传统仪式，凸显出韩国陶瓷对传统文化和礼仪的重视。通过对这些国家陶瓷应用和用途的分析，可以看出不同国家在陶瓷艺术中的特色和偏好，反映了各自的文化传统和审美价值观。

二、国内外纺织工艺比较

纺织工艺是具有悠久历史的传统手工艺，在国内外都得到了广泛的关注和发展。国内的纺织制作工艺源远流长，有着丰富的历史和文化底蕴。中国的纺织技艺以其精

德国瓷器

英国瓷器

第五章 民族技艺融入职业教育国际化比较 161

丹麦瓷器

芬兰瓷器

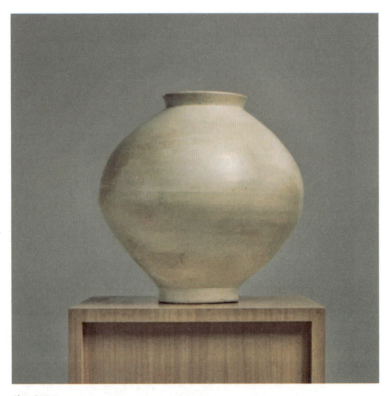

韩国瓷器

细、细腻的特点而著名,各个地区都有不同的风格和传统。而国外的纺织工艺也各具特色。比如,印度的手染和手织技术也备受推崇。法国的纺织工艺则强调线条的流畅和立体感,讲究细腻而富有层次感的效果。英国则以其传统的手法及高质量的纺织品而著称。无论是国内还是国外的纺织工艺都各具特色,在不断地发展和创新。通过学习和交流,可以借鉴各国的经验和技术,进一步推动这些传统手工艺的发展,保护和传承人类宝贵的文化遗产。

1. 发展历程对比

国内外纺织工艺发展历程对比

国家	早期发展	工业革命以后	现代纺织业
中国	公元前2700年左右就有丝绸制作记载。古代丝绸产业独具盛名。手工刺绣传统悠久,有苏绣、粤绣等风格	工业革命前主要为手工纺织和小规模工坊。工业化进程相对较晚,19世纪中叶开始工业化	引入现代化生产工艺,成为全球最大的纺织生产国。传统手工刺绣与现代自动化刺绣共存

国内外纺织工艺发展历程对比 续表

印度	印度的蚕丝业是公元前140年由中国传入的，棉纺织和手工纺织传统历史悠久。手工刺绣在文化和宗教方面发挥着重要作用。卡什米尔刺绣、古吉拉特刺绣等独具特色	工业革命前主要为手工纺织和家庭工业。19世纪中叶开始工业化，引入机械化生产	保持传统手工纺织，同时引入现代化工艺。生产高品质的手工纺织品，注重设计和创新
法国	中世纪起，纺织品制作成为经济支柱。18世纪纺织业达到巅峰，成为欧洲时尚引领者	18世纪法国宫廷成为时尚引领者。20世纪发展高档时装和纺织品	保持一定的传统，注重高档时装和面料的设计。纺织技术不断创新，成为时尚之都
英国	中世纪起，羊毛纺织业兴盛。手工纺织和羊毛制品为经济支柱。工业革命后，成为全球纺织业的中心	工业革命时期，英国成为纺织业中心。纺织技术得到革命性创新，生产效率大大提高	纺织技术在工业革命时期取得巨大突破。成为20世纪高科技纺织业的领先国家

总之，中国、印度、法国和英国在纺织业的发展历史中有一些显著的共同点和差异。共同点包括古老的纺织传统、工业革命对产业的深刻改变及时尚和设计的重要性。差异主要表现在发展起始时间、传统手工艺与现代技术的平衡、出口导向和对时尚的影响上。纺织技艺的发展能反映出国家经济、文化和技术的演变，不同国家形成了各具特色的纺织产业。

2. 材料选择对比

国内外纺织制作工艺材料选择对比

国家	初期材料选择	工业革命以后材料选择	现代纺织材料选择
中国	丝绸、棉、麻等自然纤维	自然纤维基础上引入机械纺织技术大量使用羊毛、棉等	同时使用天然纤维和合成纤维，如棉、麻、涤纶等
印度	棉、羊毛、丝等传统纤维	工业革命时期引入机械化生产。大量使用羊毛、棉等	传统天然纤维与现代合成纤维，如棉、丝、尼龙等
法国	羊毛、丝等传统天然纤维	工业革命引入机械化和化纤技术。大量使用羊毛、棉、丝等	时尚产业中使用多种纤维，包括天然纤维和合成纤维

国内外纺织制作工艺材料选择对比　　　　　　续表

国家	初期材料选择	工业革命以后材料选择	现代纺织材料选择
英国	羊毛、亚麻、棉等传统纤维	工业革命时期引入机械纺织技术。大量使用羊毛、棉等	20世纪后广泛使用化纤和合成纤维，如涤纶、尼龙、莱卡等

在纺织材料选择方面，中国、印度、法国和英国在初期均以传统的自然纤维（如丝绸、棉、羊毛）为主，反映了古代纺织业起源时对本地可获得材料的广泛应用。随着工业革命的到来，这些在机械化和化学纤维技术方面取得了显著进展，大量使用机械纺织技术，并引入合成纤维，如尼龙等。在现代，纺织业普遍采用多种材料，包括传统的天然纤维和现代合成纤维，以满足不同市场和消费者需求。值得注意的是，法国和英国在纺织材料选择方面更强调时尚产业，采用多种纤维来满足不同设计和风格的需要，凸显了它们在时尚领域的影响力。纺织业材料选择的变化反映了技术发展、市场需求和文化趋势的演变。

3. 生产工艺对比

国内外纺织制作生产工艺对比

国家	初期生产工艺	工业革命后生产工艺	现代纺织生产工艺
中国	手工纺织、手工刺绣	引入水力和蒸汽驱动的机械织机，工业革命后开始使用化学纤维，如涤纶、人造丝等	机械化生产、自动化工艺→数控织机、自动化刺绣技术→全自动化生产线、数字化设计
印度	手工纺织、手工刺绣	工业革命时期引入机械纺织技术，大量使用蒸汽驱动的织机，20世纪中叶引入化学纤维	机械织机、现代手工纺织技术→数控织机、自动化刺绣技术→全自动化生产线、数字化设计
法国	手工纺织、手工刺绣	工业革命引入水力和蒸汽织机，生产大规模纺织品。20世纪引入合成纤维	现代化机械织机、高级手工工艺→数控织机、时尚产业注重手工工艺→先进的数字设计和生产技术
英国	手工纺织、手工刺绣	工业革命时期引入机械纺织技术，大规模生产羊毛、棉纺织品	化学纤维生产、高度机械化工艺→先进的数控织机、自动化技术→全自动化生产线、数字化设计

在纺织生产工艺上的发展，中国、印度、法国和英国经历了从手工制作到机械化、自动化的演变。初期，它们都依赖手工纺织和手工刺绣技术，体现了古代传统手艺的发

展。随着工业革命的兴起,中国、印度、法国和英国引入了水力、蒸汽驱动的机械织机,大规模生产纺织品。20世纪初,化学纤维的引入进一步推动了纺织技术的创新。在现代,这些国家普遍采用高度机械化和自动化的生产线,包括数控织机、全自动化生产线及数字化设计技术。特别是法国和英国,在时尚产业中强调高级手工工艺,使得纺织生产工艺更趋向于定制化和创新性。纺织产业生产工艺的演变反映了技术进步、生产效率提升和市场需求多样化的共同影响。

4. 设计创新对比

国内外纺织制作工艺设计创新对比

国家	初期设计创新	工业革命后设计创新	现代纺织设计创新
中国	传统刺绣风格如苏绣、粤绣	工艺和纹样多以传统为主。机械化生产影响设计创新	结合传统和现代元素,创新设计。引入时尚元素,数字化设计技术。促进个性化和高科技创新
印度	传统刺绣如卡什米尔刺绣、古吉拉特刺绣	设计受到机械生产的限制。大量生产导致设计相对单一	传统手工刺绣与现代设计相结合。创新设计融入国际时尚市场。借助数字技术推动设计创新
法国	18世纪宫廷时尚设计影响纺织品	工业革命后追求时尚和高雅设计。传统手工刺绣融入工业化生产,向大众推出优雅的纺织品	强调高级时装设计和工艺创新。时尚产业注重设计师创意和潮流。数字设计和可持续时尚的兴起
英国	中世纪时期注重装饰艺术和纺织品	工业革命时期以生产效率为主。设计受到工业化进程的影响	高度机械化生产影响设计创新。设计受到时尚产业推动,强调潮流。数字设计和可持续时尚的发展

中国、印度、法国和英国在纺织设计创新方面呈现出不同的发展轨迹。在初期,中国和印度注重传统刺绣和手工艺的设计,强调地域特色。随着工业革命的兴起,机械化生产的引入对设计创新产生了影响,但也带来了相对单一的设计风格。在现代,这些国家通过引入数字设计技术,结合传统元素和现代潮流,实现了纺织设计的创新。特别是法国和英国,在时尚产业的推动下,强调高级时装设计和工艺创新,同时关注可持续时尚的发展。纺织设计与创新的演变反映了纺织设计在传统工艺、工业化、数字化和时尚产业的影响下,不断寻求创新与传统的平衡。

中国刺绣

第五章　民族技艺融入职业教育国际化比较　167

印度服饰

法式刺绣

英国刺绣

三、国内外木工技艺制作比较

木工技艺是一门古老而精湛的工艺,凭借着对木材的理解和熟练的操作技巧,木工师傅们能够将普通的木材打造成各种精美的家具、建筑构件和艺术品。我国木工技艺注重传统工艺的保护与发扬,尊重木材的天然属性和纹理,注重手工操作的细致和精确。传统的中国木工技艺以雕刻和拼接为主要特点,通过精心的设计和独特的工艺制作出极富艺术感和文化内涵的作品。许多国家在木工技术和设备方面取得了很大的进步,引入了现代科技和机械设备,提高了生产效率和制作精度。无论是国内还是国外的木工技艺,其发展都离不开对木材的深入研究和工艺的不断创新。在传统与现代相结合的背景下,我们需要继承和发扬传统的木工技艺,同时不断吸收国外的先进经验和技术,推动木工技艺的发展与创新。

1. 发展历程对比

国内外木工技艺制作发展历程对比

国家	古代	工业革命以后	现代木工产业
中国	传统木工技艺起源于古代,注重榫卯结构、木雕和建筑	工业革命时期引入机械化和化学纤维技术,注重实用性和大规模生产,但传统手工艺依然保留	现代中国木工技艺注重传统与现代设计的融合,强调可持续性和创新
日本	古代日本受到中国文化影响,形成了独特的木工传统,包括茶道具制作、庭院设计等	日本木工技艺在工业革命时期与西方接触,影响传统技艺。注重机械化和大规模生产,部分传统手工艺得以保留	现代日本木工注重传统手工艺,同时加入现代设计理念,强调和谐、简洁的设计风格。木工设计与日本文化紧密相连
德国	古代德国木工以实用性为主,包括建筑和家具设计。传统手工艺,强调木工技艺的精湛和木材的实用性	工业革命推动了德国木工技艺的发展,木工产业迅速兴起,引入新技术和设计理念,包括现代家具设计和建筑	德国木工技艺保持传统基础,同时引入现代技术和材料。木工产业涉及更广泛的领域,包括高级家具和建筑
法国	古代法国木工以宫廷和教会为中心,注重雕刻和艺术性	法国木工在19世纪融合了传统工艺和艺术设计,强调高雅和精致的木工制品	法国木工注重高级时尚设计、高级手工工艺,注重数字化设计技术的发展

总体而言,中国、日本、德国和法国在木工工艺的发展历史中体现了各自独特的

文化传统和创新趋势。在古代，这些国家培育了深厚的木工传统，强调手工艺和特色设计。随着工业革命的推动，机械化和化学纤维技术的引入为木工产业带来了新的挑战和机遇，同时也保留了传统手工艺的一部分。在现代，这些国家通过融合传统技艺和现代设计理念，注重可持续性和创新，使木工工艺不断演化，适应了不同时代的需求。每个国家都在木工领域中呈现出特色，反映了其深厚的文化根基和对技艺传承的重视。

2. 设计与风格对比

国内外木工工艺制作设计与风格对比

国家	设计与风格	特点
中国	注重木材天然属性，注重手工细致操作	纹理处理精细，注重雕刻和拼接传统工艺，具有深厚的文化内涵
日本	注重木材纹理和自然美感，追求简洁和低调内敛	以细腻、精湛的工艺著称，追求极致的细节处理和精神层面的表现
德国	技术与工艺相结合，强调精密和实用性	科技手段与传统工艺相结合，追求高质量、高精度的木制品
法国	注重奢华和艺术性，追求优雅与精致	风格多变，融入了许多艺术元素，注重对称、轻巧和浪漫的设计

各国在木工工艺方面的设计与风格各有特色。中国注重木材的天然属性，通过精细的纹理处理、雕刻和拼接等传统工艺展现出深厚的文化内涵。日本追求木材纹理和自然美感，以简洁和低调内敛为核心，通过细腻而精湛的工艺表达极致的细节和精神层面。德国注重技术与工艺相结合，强调精密和实用性，将科技手段与传统工艺相融合，追求高质量、高精度的木制品。法国则以奢华和艺术性为特点，追求优雅与精致，将多样的艺术元素融入设计中，注重对称、轻巧和浪漫的风格。木工工艺在不同的国家体现了不同的文化背景和审美追求，丰富了木工艺术领域，并传承着各自独特的工艺传统。

3. 工艺创新与发展趋势对比

国内外木工工艺制作工艺创新和发展趋势对比

国家	木工工艺的工艺创新与发展趋势对比
中国	结合传统技艺和现代设计思维，推动创新；强调传统工艺的传承与发展；探索可持续发展和环保的木工工艺解决方案
日本	将传统木工工艺与现代技术相结合，推崇简约、功能性和自然美感的设计，注重研究和应用新材料和工艺技术

第五章　民族技艺融入职业教育国际化比较　171

中国木工工艺

国内外木工工艺制作运用和加工对比　　　　　　　　　续表

国家	木工工艺的工艺创新与发展趋势对比
德国	整合科技和工艺，追求高质量和高精度；推动数字化和自动化在木工工艺中的应用；强调工艺技术的不断改进和创新
法国	追求奢华、艺术性与创新的融合，推崇复杂、精细的装饰和细节处理，注重与其他艺术形式的交叉融合和跨界合作

中国的木工工艺的工艺创新与发展注重天然属性和文化内涵展现，结合传统技艺和现代设计思维，不断推动创新。日本的木工工艺的工艺创新与发展则追求简洁和低调内敛的设计风格，以细腻精湛的工艺表现自然美感和极致细节处理，推崇简约、功能性和自然美感的设计。德国将技术与工艺相结合，强调工艺技术的不断改进和创新，推动数字化和自动化在木工工艺中的应用。法国则以奢华和艺术性为特点，融入多样的艺术元素，追求对称、轻巧和浪漫的设计风格。各国文化背景和审美追求的差异丰富了木工工艺领域的发展。

第五章 民族技艺融入职业教育国际化比较 173

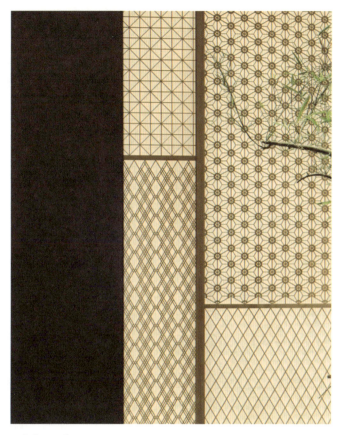

日本木工工艺

德国木工工艺

法国木工工艺

第二节　国内外民族技艺融入职业教育的比较分析

一、民族传统文化认同与传承比较

1. 共同点：文化遗产保护与传统技艺发展

文化遗产保护与传统技艺发展是当前全球范围内普遍关注的问题，各国都认识到传统技艺作为文化遗产的重要性，传统技艺承载了丰富的历史和文化内涵。同时，传统技艺的保护和发展也是确保文化多样性与传承的关键。因此，文化遗产保护与传统技艺发展是相辅相成的，共同推动着文化的传承与发展。以中国、日本、印度和墨西哥为例，在传统技艺的文化遗产、历史与文化、传统价值观、发展与创新等方面存在共同点。

传统技艺作为文化遗产的一部分，各国都高度重视，认为它代表着历史的延续和文化的独特性。例如，中国的中国结、剪纸和瓷器等传统民族技艺被视为国粹，具有重要的文化意义。为了保护和传承传统民族技艺，这些国家制定了法律法规、政策支持和文化活动，以确保其在现代社会中得到重视和发展。

在历史与文化上，传统技艺承载着深厚的历史和文化意义，是代表着民族身份和国家形象的重要组成部分。许多传统民族技艺深植于国家的历史和文化背景，并通过传承、创新和演变，成为国家的独特符号。例如，日本的和服、印度的手绘艺术、墨西哥的陶瓷工艺等，都是对当地文化和传统的深情表达。因此，这些国家鼓励人们了解和学习传统民族技艺，以加深对本国文化的认同感和自豪感。同时，这些国家对传统价值观的尊重也体现在对民族技艺的文化认同和传承中。

在传统价值观上，传统民族技艺的制作过程通常需要注重细节、耐心和专注，与一些传统的价值观念相契合，如尊重长辈和师长、追求品质与精益求精。通过传承和发展传统民族技艺，这些价值观得以传承，成为引导社会行为的力量，并传递给下一代。

在发展与创新上，这些国家注重传统民族技艺的可持续发展和创新，保护传统民族技艺的传承很重要，但并不意味着停滞不前。相反，这些国家鼓励对传统民族技艺进行创新和现代化，以适应当代市场需求和时代背景。通过融入现代设计、技术和材料，传统民族技艺得以焕发新的生命力，保持其吸引力和竞争力。例如，中国的刺绣技艺就在保持传统技法的基础上，结合了现代图案和时尚元素，推出了新款式和新产品，使得传统民族技艺更加符合当代人的审美需求。此外，这些国家通过举办展览、文化节庆活动和开辟工艺品市场等，制定相关政策和措施，提供财政支持和补贴，鼓励传统民族技艺产业的发展，以传承和传播民族技艺。

2. 异同点：文化多样性与现代化融合

在当今世界，文化多样性强调每个国家或地区拥有独特的文化表达方式和传统，这些多样性的存在使得我们的世界更加丰富多彩，而现代化融合则强调将传统文化与现代化趋势相结合，创造出新的文化形式和表达方式，虽然文化多样性和现代化融合看似相互矛盾，但实际上它们可以互为补充，共同推动文化的发展和进步。以中国、日本、印度和墨西哥为例，在传统技艺的传承方式、教育体系及创新与现代化方面有一些共同点，也存在着差异。

在传承方式上，在中国、日本和印度，传统技艺的传承往往采用师徒传承制度，主要依靠家族、拜师等方式，由老师（师傅）向学生（徒弟）传授知识和技能，这种传承方式可以确保传统技艺的精髓得以传承，并保持技艺在一个特定群体内代代相传。在中国的传统工艺中，如瓷器、紫砂壶、剪纸和丝绸等，师徒传承制度起到了至关重要的作用。在日本，各种传统工艺如茶道、花艺和木工等都有严格的师徒传承制度，而在印度，手工艺品和纺织品的传承也主要依赖于这一传统模式。相比之下，墨西哥的传统工艺更多地通过家庭内部的传承进行，墨西哥的传统技艺包括彩陶、刺绣、编织和银饰等，这些工艺几乎每个家庭都有自己的传统技艺，通常由长辈向后辈传授，使得技艺的传承更加贴近生活，并在家族中代代相传。家庭内部的传承模式有助于保护工艺的独特性和原汁原味。

在教育体系上，中国、日本和印度在传统工艺的教育体系方面表现出明显的共同点。这些国家普遍将传统工艺纳入正规的教育体系，为学生提供专门的课程或专业。在中国，一些大学和艺术学院设立了传统技艺专业，培养学生的技能和创新能力。在日本，许多传统工艺如木工和茶道等都成为学校的必修课程。在印度，政府设立了各种传统工艺学院和研究机构，为学生提供相关课程和培训。相比之下，墨西哥的传统工艺教育体系相对较少。尽管也有一些学校和机构提供传统工艺的培训，但这主要是基于社区的组织和合作，墨西哥更倾向于通过家族和社区的支持来传承技艺，培养下一代的手艺人。

在创新与现代化上，中国、日本和印度在保护传统工艺的同时，也注重将其与现代设计、技术和材料相结合，推动创新和现代化，这些国家的手工艺人致力于保留传统工艺的核心技巧，同时使用现代元素和思维来创造出更具现代感的作品。例如，在中国的传统工艺中，有很多艺人将传统的丝绸制作技艺与现代的时尚设计相结合，创造出独特而现代的丝绸服装。日本的传统工艺也经常在现代建筑、家居用品和时尚设计中得到应用。印度的手工艺品也逐渐融入现代家居装饰和时尚设计中。墨西哥的传统工艺作品通常以原始材料和传统技巧制作，保留了古老的风格和纹饰，因而以其独特的色彩和民族风格而闻名，而艺人们更注重保持这种传统风格，而不是追求创新和现代化。

总之，中国、日本、印度和墨西哥在传统技艺的传承方式、教育体系及创新与现代化方面存在一定的差异。这些差异反映了每个国家的独特文化背景、历史传承和发展需求。尽管有所不同，但这些国家都致力于保护和传承传统工艺，并各自采取措施来适应现代社会的需求和发展。这样的多样性使得我们的世界更加丰富多彩，并为传统工艺的发展带来了更多的可能性。

3. 国内外民族传统文化对比分析总结

民族传统文化认同与传承在不同国家存在共同点和不同点。

共同点方面，各国都高度重视文化遗产保护与传统技艺发展。他们认识到传统技艺作为文化遗产的重要性，并通过法律法规、政策支持和文化活动等方式来保护和传承传统民族技艺。同时，传统技艺承载着丰富的历史和文化内涵，在各国都有深厚的历史与文化背景，并成为国家形象的重要组成部分。此外，各国也注重传统价值观在传统技艺中的传承，通过对传统民族技艺的发展和创新，使传统价值观得以传递给下一代。这些国家还注重传统民族技艺的发展与现代化融合，通过融入现代设计、技术和材料等元素，传统民族技艺得以焕发新的生命力，保持其吸引力和竞争力。

不同点方面，各国在传承方式和教育体系上存在差异。中国、日本和印度普遍采用师徒传承制度，依靠家族、拜师等方式传授传统技艺。而墨西哥的传统工艺更多地通过家庭内部的传承进行。在教育体系方面，中国、日本和印度将传统工艺纳入正规的教育体系，为学生提供专门的课程或专业，而墨西哥的传统工艺教育体系相对较少。

创新与现代化方面，各国也存在差异。中国、日本和印度注重保留传统工艺的核心技巧，同时融入现代元素和思维来创造出更具现代感的作品。而墨西哥更强调保持传统工艺的原汁原味，并保留古老的风格和纹饰。

总的来说，不同国家在文化认同与传承方面有着共同点和不同点，共同推动着文化的传承与发展。

第五章 民族技艺融入职业教育国际化比较 177

中国京剧脸谱

日本传统漆艺

印度黄铜工艺

墨西哥陶瓷艺术

二、国外职业教育体系比较

教育是一个国家发展繁荣的基石，也是培养人才和传承文化的重要途径。在全球化的今天，各国教育体系方面存在着一定的差异。其中，对于传统民族技艺的融入，不同国家采取了各自不同的方式和方法。对英国、卢森堡、加拿大等国家的教育体系进行比较，深入了解民族技艺融入职业教育体系中的基本情况后可以发现，无论是在保护和传承传统文化方面，还是在培养艺术人才和促进创新发展方面，传统民族技艺在教育中都具有重要的价值和意义。

1. 英国职业教育体系：发达与多样化

英国是世界上职业教育最为发达的国家之一，也是世界上最早建立职业教育体系的国家之一。英国的职业教育体系分为两个主要阶段：初级职业教育和高级职业教育。初级职业教育主要针对14~16岁的学生，提供与职业相关的知识和技能培训，包括在学校和培训机构进行的实践性课程。高级职业教育则针对16岁以上的学生，提供更加细分的、与职业相关的知识和技能培训。

在英国的职业教育体系中，职业资格证书制度是一个非常重要的组成部分。该制度根据具体职位的技术和管理要求，将职业资格分为11个类别的5个资格等级。不同的资格等级对应不同的职业水平，从熟练工人到专业人员或中级管理人员不等。政府规定，不同等级的职业资格与普通教育的文凭、证书可以进行相互比较，一级职业资格相当于1~3门课程的普通中等教育证书，五级职业资格相当于研究生学位。英国的职业教育体系由多个机构共同组成，包括职业技术教育学院、培训机构和企业等。继续教育学院是职业技术教育培训的主要承担者，通过开放式培训、计算机辅助培训和实践型培训等方式,为学生提供更加灵活和个性化的学习体验。

在英国的职业教育体系中,传统技术与手工艺也被广泛融入其中。尽管现代技术和科学的发展为许多行业带来了新的机会和挑战,但英国依然重视传统技术和手工艺的传承与发展。一些传统技术和手工艺行业在英国的职业教育中占据重要地位,例如,木工、铁匠、珠宝制作等。学生可以选择专门的课程或培训,学习这些技术和手工艺的基本原理和操作技巧。他们会接受实践性的训练,通过手工制作和技术操作来提高他们的技能水平。此外,职业技术教育学院还鼓励学生参与到传统技术和手工艺保护项目中,旨在传承和保护英国的文化遗产,培养学生对传统技术和手工艺的认识和欣赏,并提供机会让他们亲自参与到相关工作中。总之,英国的职业教育体系致力于平衡传统技术与手工艺的传承和现代科技的发展,为学生提供多样化的选择,并且重视培养他们在传统技术与手工艺领域的专业能力。

2. 卢森堡职业教育体系:多样化与传承

卢森堡的职业教育体系包括中等职业教育和高等职业教育。中等职业教育在学生12岁即小学毕业后开始,持续七年,在普通中等教育的基础上进入职业领域的学习。中等职业教育包括技术高中、技术员培训班、职业能力文凭班和基础职业能力证书班。技术高中是中等技术教育的一部分,学习年限为四年,学生毕业后可以获得中等普通学校毕业文凭。技术员培训班的学习年限为三年,毕业后能够获得技术员文凭,并有直接就业的机会。职业能力文凭班的学习年限也为三年,学生在最后一年结束时获得职业能力文凭。在中学后的教育阶段,卢森堡设有工匠大师文凭班,该课程通常持续三年,学生必须在获得职业能力文凭、技术员文凭或者高中文凭后才能申请。工匠大师文凭的获得者将被授予工匠大师的职业称号。高等职业教育阶段,卢森堡设有高级技术员文凭班,学生在完成为期两年的短期学习后获得高级技术员证书文凭。该课程旨在快速培养满足市场需求的专业人才,专业设置包括应用艺术、商业、医疗卫生、工业、服务业和手工业等六个领域。此外,卢森堡还实行学徒制度,包括中等职业教育和高等职业教育。国内中等教育课程提供职业能力文凭(DAP)、基础职业能力证书(CCP)和技术员文凭(DT)三种形式的课程选择,而国外课程提供跨境学徒制(TRF)。总体而言,卢森堡的职业教育体系涵盖了中等职业教育和高等职业教育,并提供了多样化的课程和学习路径,旨在培养适应市场需求的职业人才。

在中等职业教育阶段,学生可以选择参加技术高中、技术员培训班、职业能力文凭班和基础职业能力证书班。这些课程涵盖了各个职业领域,包括与传统技术与手工艺相关的行业。如在技术高中的课程设置中,包括木工、铁匠等传统手工艺的学习内容。学生将有机会通过实践操作来学习这些传统技术,并提高他们在相关领域的技能水平。

此外，技术员培训班和职业能力文凭班也提供与传统技术相关的选修课程，以满足学生对传统手工艺的兴趣和需求。除了课程设置，卢森堡的职业教育体系还鼓励学生参与到实践项目中，以加强他们在传统技术与手工艺方面的经验，学生可能有机会参与到传统技术保护项目或文化遗产保护项目中，学习和传承古老的工艺技术。这些项目提供了学生实践操作的机会，进一步培养他们的技能和对传统技术与手工艺的认识。总之，卢森堡的职业教育体系通过课程设置和实践项目的融合，将传统技术与手工艺纳入其中，为学生提供了学习和发展相关技能的机会。这有助于保护和传承传统技术与手工艺，并为学生提供多样化的职业发展路径。

3. 加拿大职业教育体系：多元化与灵活性

加拿大的职业教育体系是一个多元化的体系，主要分为私立和公立两大类。私立职业教育包括职业技术学校和行业企业职业技能培训机构，而公立职业教育则由各省的社区学院和大学学院组成。从职业教育层次上，加拿大的职业教育可分为初级和中级的基本职业技能培训，以及高级职业技术培训，整个体系的宗旨是为所在区域的经济发展提供服务。在办学形式上，社区学院是加拿大职业教育的主体，采取了学历教育和非学历教育相结合、普通教育和继续教育相结合、全日制教育和短期培训相结合、理论教育和技能教育相结合的方式，形成了多元化、多规格的办学体系。加拿大的职业教育学生来源和年龄层次也非常多元化，既有全日制学生，也有工作一段时间后回校学习的学生。学制为两年或三年，有的只学习几周或几个月，这种多样性的学生群体确保了所有希望接受职业教育的学生都能够得到机会，并将所学知识应用于实际工作中。社区学院提供应用职业技术教育为主、学术理论教育为辅的课程，学制一般为两至三年，与大学相比，职业技术学院的课程更贴合社会用人单位的实际需求，还提供广泛的就业课程，包括学徒训练和继续教育，入学标准也更为灵活，专业面更广。大学学院是加拿大职业教育体系中另一个重要组成部分，开设研究和应用型课程，既可颁发大学学位，又可颁发普通课程文凭和专业证书。大学学院将学院课程和大学课程相结合，便于职业院校学生升入大学进一步学习。此外，加拿大的私立职业教育学校也是整个教育体系的重要组成部分。私立职业技术学校侧重于基本职业技能培训、初入行培训或初级岗位培训，并开设多样化的课程，以满足人才市场的需求，如信息技术、机械技术、护理保健、时装设计、美容等。私立教育院校的目标是在尽可能短的时间内使学员掌握特定领域的技能。总体而言，加拿大的职业教育体系以多样性和灵活性为特点，注重培养应用型人才，与社会用人单位的需求相契合。

加拿大职业教育体系秉承着传统技艺的保护与传承，并将其融入教学中，为学生提供了丰富多样的学习机会。在这个体系中，学生不仅可以获得现代专业知识和技能，还能够接触和学习加拿大独特的传统技艺。通过设计相关课程、整合传统与现代技术、提供实习机会及纳入文化素养教育，学生有机会深入研究木工、缝纫、冰雕、厨艺等领域。这些课程不仅可帮助学生掌握实际技能，也让他们能够理解和欣赏加拿大的历史与文化。通过与当地社区和手工艺人员的合作，学生们能够在实践中施展所学本领，为自己的事业奠定坚实的基础。加拿大职业教育体系致力于培养多才多艺的专业人才，同时也在保护和传承加拿大传统技艺方面发挥着重要的作用。

总体而言，英国、卢森堡和加拿大的职业教育体系都注重传统民族技艺的保护和传承，但具体的方式和方法有所不同。英国的职业教育体系致力于平衡传统技术与手工艺的传承和现代科技的发展；卢森堡的职业教育体系通过课程设置和实践项目的融合，将传统技术与手工艺纳入其中；加拿大的职业教育体系多元化且灵活，注重培养应用型人才，并将传统技艺融入教学中。这些职业教育体系的特点都体现了对传统技艺的重视和尊重，为学生提供了多样化的学习机会，促进了传统技艺的传承和发展。

4. 国外职业教育体系对比分析

英国、卢森堡和加拿大是几个国家中具有代表性的职业教育体系。

(1) 教育体系多样性

这些国家的职业教育体系都非常多样化，提供了各种不同类型和层次的职业教育课程。例如，英国的初级职业教育和高级职业教育，卢森堡的中等职业教育和高等职业教育，以及加拿大的私立职业教育和公立职业教育。这使得学生可以根据自己的兴趣和能力选择适合自己的职业教育路径。

(2) 职业资格认可制度

英国的职业教育体系中设有职业资格证书制度，将不同等级的职业资格与普通教育的文凭、证书进行相互比较。这使得职业教育的学生在就业市场上具备明确的职业水平标准，有助于他们找到合适的就业机会。

(3) 传统技艺融入教育

无论是英国、卢森堡还是加拿大的职业教育体系，都充分融入了传统技艺的教学内容和实践训练。学生可以学习和掌握各种传统技术和手工艺，如木工、铁匠、珠宝制作等。这不仅有助于传承和保护传统文化，还培养了学生在相关领域的专业能力。

(4) 灵活性和多元化

加拿大的职业教育体系在灵活性方面具有优势，学生可以选择不同类型和时长的职业培训课程，灵活地根据自己的需求和时间来安排学习。此外，加拿大的职业教育体系包括私立和公立两大类，提供了广泛的学习机会和课程选择。

总的来说，这些国家的职业教育体系都注重培养学生的实际技能和专业能力，同时也重视传统技艺的保护与传承。它们提供了多样化的学习机会和学习路径，为学生提供了适应市场需求的职业发展机会。这些职业教育体系的共同特点是注重实践训练、与当地社区和行业合作，并将传统技艺融入教学中，以培养具备综合能力的职业人才。

三、国外职业教育人才培养模式比较

现代学徒制在职业教育领域具有跨时代的改革意义。传统的职业教育注重理论知识和技能培训，而现代学徒制通过将学校和企业有机结合，为学生提供更加全面和实践导向的培养。欧美等发达国家的职业教育中，非常重视学徒制的人才培养方式，将其视为职业教育的核心模式。各国家政府高度重视，各界学者、企业家积极投入研究，并通过法律、政策和制度支持现代学徒制的改革与发展，并取得了一些成功经验。在不同国家的体制和背景下，现代学徒制的形式各有特点，如英国采取BTEC模式、德国实行"双元制"，美国采用"注册学徒制"，英国推行"现代学徒制"，法国也有"学徒制"，这些国家都认为学徒制是有效的人才培养方式，并通过不断的实践与研究形成符合本国国情的人才培养模式。

1. 英国的BTEC模式

英国的BTEC（Business and Technology Education Council）模式是一种职业教育模式，旨在为学生提供实践导向的职业技能培养，以满足不同行业的就业需求。它与传统教育相比，确立了"以学生为中心"的教育理念，注重培养学生的个性，鼓励他们充分发展并展现出与众不同的特点。该模式的人才培养目标是培养具备实际应用技能和专业素养的学生，使他们能够顺利就业并在职场中取得成功。它强调学生的实践能力和职业素养的培养，帮助他们获得所学知识的实际运用能力。

在教育理念方面，BTEC模式强调将实践与理论相结合，通过参与实际工作场景和项目，培养学生的实际应用技能。它注重学生的个性发展和自由表达，鼓励学生在学习过程中展示特长和优势。在课程的安排上采用模块化的学习结构，学生可以根据自身需要和兴趣选择相关的专业领域。课程设置包括初级证书、中级证书、高级证书和高级文凭等不同层次，学生可以根据自己的能力和职业目标选择适合的学习内容和难度。在考核评价方面采用多样化的评估方式，综合考虑学生在实践能力、问题解决能力和团队合作能力等方面的表现。除了传统的考试形式外，学生还需要完成实际项目、撰写报告或参与模拟工作场景等。这种综合评估方式能够全面评估学生的职业潜力和能力，培养他们的综合素质。另外，BTEC模式还注重师资培养，要求教师具备丰富的行业经验和实践能力，在教学过程中起到指导和激励学生发展的作用，帮助他们理解职业要求并提供实际的指导。

总之，英国的 BTEC 模式通过实践导向的学习、个性化的教育理念、模块化课程安排和综合评估方式，致力于培养具备实际应用技能和专业素养的学生。它关注学生的个性发展和自由表达，使其具备适应职场需求的能力，并为其未来的就业和职业发展打下坚实的基础。

2. 德国的"双元制"模式

德国的"双元制"模式被认为是世界上职业教育的典范，也被称为"学徒制"。该模式指德国中等职业教育层面在行会控制下法定的技术技能型人才培养制度。"双元制"的思想最早是在 1897 年德国颁布的《手工业者保护法》中提出，该法案规定了手工业行会学徒制。随后在 1908 年进行了修正，要求进行学徒培训的企业主必须通过师傅考试并获得认证，进一步提高了学徒制的地位。直到 1964 年德国教育委员会发布的《对历史和现实的职业培训和职业学校教育的鉴定》中首次出现了"双元制"这一术语。而在 1969 年，《职业教育法》的颁布标志着德国的"双元制"，作为一个完整的培训体系完成了制度化的过程。1981 年，联邦议院通过了《职业培训促进法》，进一步促进了"双元制"的发展。

德国的"双元制"职业教育包含以下几个方面：一是两个培训主体，即企业和职业学校。二是两种教学内容，企业主要传授职业技能、专业知识和职业经验，职业学校则传授包括专业理论知识和其他普通文化知识。三是两种教材，实训教材和理论教材。四是两种实施方式，企业遵循联邦职业教育所制定的培训条例，职业学校按照所在州文教部的教学计划来组织教学。五是两类教师，实训教师和理论教师。六是两种身份，企业学徒和职校学生。七是两类考试，技能考试和资格考试。八是两类证书，考试、培训证书和毕业证书。九是两种经费来源，企业的培训费用完全由企业承担，而职业学校的经费由国家和州政府负担。

德国的"双元制"模式通过企业和职业学校的合作，提供了全面的职业教育，学生在实践中获得职业技能和经验，并在职业学校接受相关的理论知识教育，这种模式使得学生能够获得实际工作经验，并且在完成学业后能够顺利就业。同时，该模式也鼓励了企业积极参与培训，并承担相应的经费，从而促进了产业与教育的紧密结合。

3. 法国的"学徒制"模式

法国"学徒制"的发展可以追溯到行会学徒制的时期，直到 1851 年，法国政府开始以国家法令的形式干预学徒制，这一制度才正式确立。随着时间的推移，"学徒制"经历了一系列的改革和发展，逐渐形成了法国现代学徒制的面貌。法国的"学徒制"分为高中和高等教育两个层次，涵盖了法国国家职业资格（National Vocational Qualification，NVQ）的第 2 至第 5 级，这些层次分别对应着不同的职业资格等级。无论哪个层次的学徒，都可以通过考试获得相应的职业资格证书和文凭，这些证书和文凭与全日制职业学校学生获得的证书和文凭具有同等效力。

在管理层面，法国的"学徒制"由教育部和高等教育部负责管理。具体来说，这些部门负责制定相关政策、监督下属的学徒培训中心。除此之外，还有一些部门负责执行政策，例如，设立学徒培训中心、招募培训师、设立考试委员会等。在操作层面，法国的学徒制主要依赖于企业与学徒之间的合同关系。一般来说，企业会与学徒签订合同，并为他们提供培训和津贴。合同期限通常与学徒制获得相应职业资格的时间一致。此外，企业还承担了支付津贴的责任，津贴水平主要与学徒的年龄和实习时长关联。值得注意的是，企业支付的津贴并不受法国最低工资标准的限制。

总的来说，法国的"学徒制"已经发展成为一项比较完善的职业教育制度。它不仅为学生提供了实用的职业技能，还为企业提供了稳定的劳动力。此外，法国政府还通过立法和财政支持等方式来支持学徒制的发展，这也为法国的经济发展做出了重要贡献。除了上述提到的管理机构和培训机构之外，法国还有一些咨询机构和行业组织也参与到了学徒制的管理和实施中来。例如，国家职业资格委员会、国家终身职业学术委员会、职业咨询委员会等机构负责为政府提供关于相关资格证书的认定等方面的咨询服务。一些行业组织参与到学徒制的实施中来，为学徒提供了更多的学习和交流机会。

4. 新加坡的"教学工厂"模式

"双元制"职业教育制度被认为是德国经济腾飞的"秘密武器"，这种制度在新加坡也得到了高度重视。新加坡在发展高等职业技术教育的过程中，积极借鉴德国的"双元制"模式，并根据本国国情进行了创新。其中最具代表性的是"教学工厂"模式。"教学工厂"并不是简单地将学校变成工厂或将工厂变成学校，而是将学校和工厂紧密结合起来，让学生在学习的过程中更好地掌握实际操作技能。这种教学模式被新加坡的理工学院和工艺教育学院广泛采用，并取得了良好的效果。

新加坡的"教学工厂"模式具有以下几个特点：

(1) 强调实际操作技能的培养

在新加坡的"教学工厂"中，学生需要在学校和工厂两个环境中交替学习，通过实际操作来掌握所学知识。这种学习方式不仅让学生更好地理解理论知识，更重要的是让学生在实际操作中掌握更多的技能。

(2) 与企业合作紧密

新加坡的"教学工厂"模式注重与企业合作，将企业的实际需求和生产情况融入教学内容中。这样不仅让学生在学习中更好地了解企业的实际需求，也让企业得到了更多的技术支持和人才储备。

(3) 注重职业素质的培养

新加坡的"教学工厂"模式不仅注重学生的技能培养，还重学生的职业素质培养。学生不仅需要掌握所学专业的技能，还需要具备团队协作、沟通能力、创新思维等职业素质。

(4) 灵活的教学方式

新加坡的"教学工厂"模式采用灵活的教学方式，可以根据学生的实际情况和企业需求进行个性化的教学，让学生更好地适应企业的实际需求。

新加坡的"教学工厂"模式不仅让学生在学校中学习到了更多的实际操作技能，也让企业得到了更多的技术支持和人才储备。这种模式不仅得到了新加坡政府的高度认可，也被越来越多的国家所借鉴和应用。

5. 澳大利亚的 TAFE 模式

技术与继续教育(Technical and Further Education，TAFE)模式是澳大利亚教育体系的重要组成部分，被认为是一种先进的职业教育与培训体系。该体系涵盖了政府宏观层面的制度体系、教育实践层面的教师发展体系，以及与行业职业联系紧密的课程管理体系、证书与学历体系、招生与就业体系等多个方面。

在制度层面，澳大利亚通过国家职业资格框架、培训和质量管理框架等规范性文件，明确了职业教育与培训的目标和要求。这些文件由政府、行业和教育界的代表共同制定，为职业教育培训提供了指导和法律保障。在教师发展方面，TAFE 模式注重教师的专业素质和实践能力。教师必须具备本科以上学历，接受过相关教育专业和课程所在行业的培训，并有一定的专业工作经验。同时，教师来源多样化，学院中的终身雇佣教师越来越少，而 1 年至 5 年的合同制和临时教师逐渐增多。教师专业发展的费用由政府和学院共同承担，但越来越多的教师专业发展项目费用由教师自己承担。在课程管理方面，TAFE 课程以培养学生实际能力为目标，采用模块化课程结构，实用性强。课程涵盖了 100 多个领域，有统一编号、统一名称、统一学时数、统一能力标准和统一测试要求。课程结构合理，理论课和实践课各占一半。在证书和学历体系方面，TAFE 模式通过三个层次的证书和学历体系，为不同需求的学生提供多样化的学习路径。一级至四级的职业资格证书教育为学生提供了一个在相关职业领域中起步的基础。专科文凭是通往更高层次学习的桥梁，可以作为大学的准入证。高级职业文凭教育则可以获得学士学位，有高级专科文凭（副学士学位）、研究生文凭（无学位）、硕士博士（有学位）三种选择。在招生和就业方面，TAFE 模式具有灵活的招生政策。

6. 国外职业教育人才培养模式对比分析

英国的 BTEC 模式注重培养学生的个性和充分发展，强调实践能力和职业素养的培养。它通过模块化的学习结构和综合评估方式，为学生提供实践导向的职业技能培养。德国的"双元制"模式通过企业与职业学校的合作，提供全面的职业教育。学生在实践中获得职业技能和经验，并在职业学校接受相关的理论知识教育。这种模式促进了产业与教育的紧密结合。法国的学徒制模式在高中和高等教育层次下，培养学生具备不同职业资格等级的实际应用技能。它以政府和行业组织的合作管理为基础，注重学生的职业素质培养和与企业的紧密联系。新加坡的"教学工厂"模式将学校与工厂紧密结合，强调实际操作技能的培养。通过企业合作、注重职业素质培养和灵活的教学方式，使学生更好地掌握实际技能，满足企业的需求。澳大利亚的 TAFE 模式以政府指导和法律保障为基础，注重教师的专业素质和实践能力。它通过模块化课程、多层次的证书和学历体系，为学生提供多样化的学习路径。综合来看，这些国家的职业教育人才培养模式都注重实践导向，强调学生的职业技能和职业素质培养。它们通过与企业的合作、灵活的教学方式和综合评估方式，使学生更好地适应职场需求，并为其未来的就业和职业发展提供支持。每个国家的模式在体制和背景下各有特点，但共同的目标是为学生提供实践能力和专业素养，并促进产业与教育的良性互动。

第三节 国内外民族技艺融入职业教育的实施路径分析

一、中国职业教育现代化建设

党和国家一直高度重视职业教育，将其作为我国经济与社会发展的重要基础和教育工作的战略重点。在党的十九大报告中，提出了在全面建成小康社会的基础上，再奋斗15年，基本实现社会主义现代化的目标。为了加快向创新型国家迈进，建设现代化经济体系，建设富强、民主、文明、和谐、美丽的社会主义现代化强国，实现中华民族伟大复兴，必须加快教育现代化进程，以教育现代化支撑国家现代化。《国家中长期教育改革和发展规划纲要（2010—2020年）》提出，到2020年要形成适应经济发展方式和产业结构调整要求的现代职业教育体系。在此基础上，2014年出台了《国务院关于加快发展现代职业教育的决定》，教育部等六部委联合印发的《现代职业教育体系建设规划（2014—2020年）》则提出了到2020年基本建成现代职业教育体系的目标。2019年2月，中共中央、国务院印发的《中国教育现代化2035》对教育现代化做出了具体部署。教育部在《关于全面提高高等职业教育教学质量的若干意见》中明确指出，高等职业教育在我国加快推进社会主义现代化建设进程中具有不可替代的作用。

2013年，教育部、文化部、国家民委等部门出台了《关于推进职业院校民族文化传承与创新工作的意见》提出了推动职业院校把"授业"与"育人"有效结合，把弘扬中华民族优秀传统文化作为教育教学的重要任务，加强校园文化建设，提高学生道德素质，提升学生文化素养，使民族优秀传统文化薪火相传，发扬光大。2020年，教育部等九部门印发的《职业教育提质培优行动计划（2020—2023年）》标志着职业教育进入提质培优新阶段，特别是针对农民工等群体的报考优惠政策，使职业教育发展的政策环境、舆论环境和社会环境得到了明显改善。作为教育的一种重要类型，职业教育需要在2035年基本实现现代化目标，其实现程度将直接影响整个教育现代化进程。从成果来看，我国职业技术教育办学规模不断扩大，职业教育加速发展，职业教育服务经济社会的能力逐步增强。随着"职教二十条"的发布及"双高计划"和"提质培优行动计划"的推进,政府对于职业教育的经费投入机制日益健全,带动了职业教育基础设施建设不断完善。

二、新西兰高等职业教育现代化建设

新西兰是一个重视高等职业教育政策发展的国家。在不断变革与发展的过程中,新西兰致力于构建一个适应时代需求、促进社会经济发展的现代化职业教育体系。19世纪80年代起,新西兰开始关注到职业教育和学徒制的重要性。政府颁布了四部法案,标志着对职业教育进行重大改革。随着社会变革的推进,新西兰高等职业教育逐渐从之前的职业教育中分离出来,成为独立的一部分。20世纪90年代,新西兰进行了第一次重大转变。政府开始将职业教育与技术教育相结合,以培养更多适应社会经济发展的人才。在《教育法》等法规的指导下,高等职业教育得到了快速发展。进入21世纪,新西兰的高等职业教育继续深化改革。政府每五年颁布一次教育战略规划,推动高等职业教育的创新与发展。在这些战略规划的指引下,新西兰高等职业教育完成了第二次重大转变,逐渐形成了现代化、多元化和国际化的教育体系。

2020年,新西兰颁布了《教育(职业教育改革)修正案》,这是近年来在高等职业教育领域的重大改革。该法案旨在创建一个一致、强大、可持续的职业教育体系,以满足未来的工作需求,并提供学习者、雇主和社区所需的技能。这次改革为新西兰的高等职业教育注入了新的活力。《教育(职业教育改革)修正案》包括七项主要改革内容。

① 创建新西兰技术与技能学院,该学院整合现有的16个职业教育院校,提供更全面的技术与技能教育。

② 设立行业培训机构,该机构为过渡性行业培训机构,以适应不同行业的培训需求。

③ 建立新西兰劳动力发展委员会,负责职业教育与劳动力发展的规划和协调工作,确保教育满足就业市场需求。

④ 成立新西兰卓越职业中心,该中心以行业为导向,提供专业领域的卓越职业教育。

⑤ 成立新西兰区域技能领导小组,该小组在地方层面推动职业教育的发展,满足当地经济需求。

⑥ 成立毛利皇家高等教育集团,该集团紧紧围绕毛利人和毛利社区的需求,与政府合作并提供专属于毛利人的职业发展指导性意见。

⑦ 统一新西兰高等职业教育资助体系,该体系建立了一个更公平、透明的资助体系,确保学习者能够获得平等的机会。这些改革加强了新西兰政府对高等职业教育的宏观调控,提升了其质量与公平。改革将广泛深入地影响各个利益相关者及未来高等职业教育的发展,为经济和社会产生积极持续的影响。

总之，新西兰高等职业教育经历了多次重大改革，在2020年实施了一系列改革措施。这些改革旨在适应社会经济的发展需求，构建一个现代化、多元化和国际化的职业教育体系。通过加强政府的宏观调控，提升教育质量与公平，新西兰的高等职业教育将继续为未来的发展做好准备，并对经济和社会产生积极的影响。

三、德国职业教育现代化建设

20世纪下半叶，德国政府在保障教育公平、尊重个体发展和促进终身学习等多元需求的影响下，相继出台了一系列职业教育法规，进行了职业教育改革。这些法规对于职业教育的重要性有着深刻的认识，并以人文情怀为指导，关注个人需求的尊重。

1969年，德国颁布了《联邦职业教育法》，该法旨在保护受教育者的权益。德国职业教育具有独特的历史背景，长期以来一直倡导"学徒制"，这为"双元制"（既包括理论教育也包括实践培训）的发展奠定了基础，《联邦职业教育法》在法律上确认了"双元制"的地位，将其视为企业培训的主要教育模式。根据"双元制"，职业教育的学习环境包括学校和企业两个方面。学校提供理论知识的教学，而企业则提供实践经验的培训。通过将学校教育与企业实践相结合，学生能够获得全面的职业教育，政府颁布《联邦职业教育法》后，职业教育的地位得到了显著提升，并受到法律的保护。通过将学校教育与企业培训相结合，学生能够更好地适应职业要求，并提高就业竞争力，这一教育模式的实施，使得德国的职业教育具有了独特的特色，并取得了显著的成效。

2005年颁布的新《联邦职业教育法》旨在建立更加便捷和灵活的职业教育体系，以帮助更多青年获得就业培训的机会，并促进他们的就业发展。新法规第一条明确了职业教育的四种形式：职业准备教育、职业初级教育、职业进修教育和职业改行教育。同时，全日制的职业教育学校也得到了正式认可，相较于1969年的旧法规，新法规将传统意义上的职业培训分为更加具体的职业准备教育和职业初级教育，并扩大了职业教育的范围，为青年提供了更多的职业教育途径。新法规还明确了职业教育的三类学习地点：企业职业教育、学校职业教育及跨企业职业教育。企业职业教育指的是在经济企业及其他公共事务、自由职业和家政服务等机构进行的教育，学校职业教育则是指在传统的职业学校进行的教育，而跨企业职业教育则是指在多个企业间进行的职业教育。这样，职业教育的培训地点更加多元化、灵活性更强，并具备更大的适应性。

2020年，德国政府颁布了修订后的《职业教育法》，旨在促进职业教育的长期发展，并提出"高等职业教育"的基本理念，修订后的法规搭建了普职融合平台，推动职业教育与高等教育的融合。其中，职业进修被赋予三级学位的地位，将学术教育与职业教育等同对待，构建了高等职业教育体系。同时，简化了职业教育的管理形式，扩大了职业教育的形式和途径，提高了职业教育的吸引力，满足了年轻人的培训需求，并增加了他们的就业机会。为了推动职业教育与高等教育融合，德国政府也在《联合执政协议》中提出了相关措施。同时，德国政府部门发布了以加强职业教育现代化为目的的法律草案，对《职业教育法》进行了修订。新的《职业教育法》分为七个部分，其中一部分针对职业教育向高等教育转型提供了规定。修订后，更多人可以通过继续教育获得晋升和专业发展的机会。此外，进修教育的结构形式和培训制度也得到了调整。

总之，从1969—2020年，德国的职业教育法一直致力于保护未满18周岁的年轻人的权益。其中，1969年颁布的《联邦职业教育法》为职业教育提供了法律基础，并关注残障人士的职业教育，同时也为受教育者提供了必要的物质条件，同年颁布的《联邦劳动促进法》解决了弱势群体在职业培训和就业方面的问题。2005年，经过合并修订，新的《联邦职业教育法》重新定义了职业教育并规划了教育地点，以适应时代的发展和促进个人的发展。这次修订整合了1969年的《联邦职业教育法》和1981年的《职业教育促进法》。2019年，德国对《职业教育法》进行了第二次修订，并在2020年颁布。这次修订丰富了职业进修的内容，使得职业教育更加多样化，不仅解决了职业教育吸引力不足的问题，还提高了职业教育在国际上的地位，并将职业教育纳入高等教育的范畴。此外，2018年7月，中德签署了《关于深化高等教育和职业教育领域合作的联合意向性声明》，进一步推动了中德在护工培训和护理保险等领域的合作。通过一系列国际化操作，德国的职业教育成功迈向了国际化。德国职业教育坚持"双元制"的理念，并利用现代化手段和技术加强国际交流，同时扩大了其在国际上的知名度，吸引了来自世界各国的技能人才参观访问与专家交流，为职业教育的发展带来更多变化。

四、日本职业教育现代化建设

日本职业教育从19世纪中期开始，经历了四个发展阶段。首先是19世纪50年代至20世纪初的萌芽和兴起阶段。接着是20世纪初至20世纪中期的发展时期，该时期日本职业教育体系的基本架构逐渐完善。然后是20世纪中期到20世纪70年代的优化期，其间进行了职业教育的革新与改进。最后是20世纪80年代至今的扩展外延阶段，以满足信息化时代发展需求。通过梳理这些阶段可见，日本的职业教育一直紧随经济发展步伐，积极改革和完善教育制度和实践，逐渐形成了现代开放贯通、科学创新和多维立体的职业教育体系。

进入20世纪80年代后，全球经济一体化促进了教育国际化。为了满足国家快速发展的需求，日本职业教育改革的重点转向了国际化、持续化和纵深化，以提高从业人员的专业技能和知识水平。2003年，日本在《学校教育法》中增设了职业教育研究生院标准，重点评估毕业生的实地调研和案例研究成果，以消除过度重视理论、忽视实践的弊端。2007 年，中小学组委员会提出建立以大学为核心的通识教育体系和双轨制职业教育体系的必要性，进一步明确了职业学校在职业教育体系中的地位和使命。这一系列法案和改革促进了日本职业人才的综合素养提升，有效扩大了职业教育的规模和数量。随着信息时代的到来，日本积极推出多项政策和法规，拓宽职业教育的招生范围，提高职业教育的学历层次，提升职业教育的教学质量，倡导职业教育的纵深化和职业化，推动职业教育人才培养由终结化向终身化转变，注重专门职业人才的实践能力，注重培养和提升专门职业人才的综合素质，并不断适应本国科技进步、产业结构调整升级和经济金融国际化等改革，推动职业教育体系逐步完善并实现国际化转型。

五、各国职业教育现代化建设政策比较分析

中国、新西兰、德国和日本都高度重视职业教育的现代化建设，各国在政策制定和实施路径上有所不同。

中国政府通过一系列规划和决策文件，将职业教育作为经济社会发展的重要基础和教育工作的战略重点。中国政府提出了加快教育现代化进程的目标，并采取措施促进职业教育扩大规模、提升质量和增强服务能力。政府不断完善职业教育体系，注重推动职业院校把授业与育人结合，弘扬中华民族优秀传统文化。此外，政府还加大对职业教育的经费投入和基础设施建设，推动职业教育与产业需求对接。

新西兰政府致力于构建一个适应时代需求、促进社会经济发展的现代化职业教育体系。新西兰通过重大改革和政策制定，不断完善职业教育体系，推动职业教育与技术教育相结合，促进职业教育的创新与发展。2020 年颁布的《教育（职业教育改革）修正案》是近年来的重大改革，旨在创建一个一致、强大、可持续的职业教育体系。新西兰政府通过制订计划、颁布法律、成立相关机构、完善资助体系和教学质量评估，推动职业教育的国际化转型。

德国政府长期以来高度重视职业教育的现代化建设。德国始终坚持"双元制"职业教育模式，将学校教育与企业培训相结合，培养学生全面的职业能力。德国政府通过法规和改革，规范了职业教育的地位、内容和形式。其中，1969 年的《联邦职业教育法》为职业教育提供了法律基础，2005 年的新法规重新定义了职业教育并扩大了教育范围。近年来，德国政府通过修订《职业教育法》，促进职业教育向高等教育转型，并强调职业教育与高等教育的融合。德国政府还注重多元化职业教育路径和培训形式，提高教学质量和培养学生的实践能力。

日本政府通过法规和政策推动普及教育、艺术教育和职业教育的发展。日本的职业教育体系包括师范教育和专业技术教育两个方向，通过大学和职业学校等不同层次的教育院校培养职业人才。日本政府在制定职业教育政策时注重实践能力和综合素质的培养，推动职业教育与经济社会的紧密结合。

综上所述，中国、新西兰、德国和日本在职业教育现代化建设方面都采取了不同的政策和实施路径。中国注重扩大规模、提高质量和服务能力，弘扬民族传统文化。新西兰注重创新与发展，构建现代化、多元化和国际化的职业教育体系。德国坚持"双元制"模式，注重实践能力培养和职业教育与高等教育融合。日本通过完善教育体系、推动职业教育与社会需求对接，建立了完整的职业教育体系。这些国家的政策和实施路径都是为了提高职业教育的质量、适应经济社会发展需求，并在不同层面推动职业教育的现代化进程。

第六章 民族技艺融入职业教育地域差异性比较

第一节 不同地域材料方面的差异性比较

第二节 不同地域技艺传承差异性比较

第三节 民族地区民族技艺融入职业教育的比较分析

中国是一个多民族、多文化的国家,各地区拥有着丰富多样的民族技艺。这些民族技艺不仅是中华文化的重要组成部分,同时也是各地区经济发展的重要资源。在职业教育中融入不同地区的民族技艺,不仅可以提高职业教育的质量,还可以促进民族文化的传承和发展。

第一节　不同地域材料方面的差异性比较

一、南方地区制作材料差异

南方地区民族技艺在材料运用方面以天然材料为主，兼用金属材料和其他材料等。

南方地区制作材料差异一览表

地区/技艺	主要材料	典型产品
广西壮锦织造技艺	彩色丝线、棉纱	壮锦织物
广东广彩瓷器制作技艺	铜、铁、锡等金属	广彩瓷器
广西苗族银饰技艺	白银、铜等金属	苗族银饰
南京云锦织造技艺	金线、银线、铜线等金属	云锦织物

通过表格可以看出，不同地区的传统工艺技艺在材料选择和产品制作上都有一定的特点。许多技艺采用天然材料作为主要原料，如广西的壮锦织物使用棉纱和彩色丝线，广东的粤绣使用丝线、棉线和毛线等。一些技艺运用各种金属材料，如广东的广彩瓷器使用铜、铁、锡等金属为颜料，广西的苗族银饰运用白银、铜等。金属材料赋予产品独特的色彩和质感，展现了当地人民对材料的巧妙运用。湖北地区则以竹子制作器具和工艺品。通过保留和传承这些传统技艺，人们不仅能够享受到独特的手工艺品，还能够感受到当地人民及文化对自然环境的尊重和利用。

广西壮锦织造　　　　　　　　　广东广彩瓷器制作

广西苗族银饰制作

第六章 民族技艺融入职业教育地域差异性比较 199

南京云锦

第六章 民族技艺融入职业教育地域差异性比较 201

湖南醴陵陶瓷

二、北方地区制作材料差异

北方地区民族技艺在材料使用上以自然材料为主，兼用动物皮革、金属材料、骨质材料等。

北方地区制作材料差异一览表

地区	材料类型	典型代表	应用领域
洛阳	木材、纸张	洛阳宫灯	宫廷灯具、民俗文化
内蒙古	银饰、锡、铜	蒙古族银饰	饰品、装饰品、工具
东北地区	自然材料	柳条、桦树皮、麻绳	篮子、器皿、绳子
其他北方地区	动物皮革	人工狍皮、牛皮、羊皮	服饰、鞋子等

◀ 湖北竹编工艺品

上述表格展示了不同地区常用的材料类型、典型代表及其应用领域。从表格中可以看出，北方不同地区的传统工艺在材料选择和应用领域上各具特色。例如，洛阳地

洛阳宫灯

内蒙古蒙古族银饰

区以木材和纸张为主要材料，应用于制作宫廷灯具。而内蒙古地区则以银饰、锡和铜为材料，用于制作饰品、装饰品和工具。这些传统工艺体现了地方文化特色，并且反映了当地人民对材料和手工艺的巧妙运用。

三、西北、西南地区制作材料差异

西北、西南地区制作材料差异一览表

地区	材料类型	典型代表	应用领域
西北地区	天然材料	羊毛、驼毛等	毛纺织品、工艺品
新疆、甘肃	天然材料	麦秆	麦秆画
青海	金属材料	白银	藏族银饰品
西南地区	天然材料	棉纱	傣锦
云南	金属材料	丝线	蜀绣
贵州	金属材料	白银	苗族银饰品
云南	天然颜料	天然植物	丝织品染色

中国西北地区和西南地区的民族技艺展示了丰富多彩的文化传统。西北地区以羊毛、驼毛等天然材料制作毛纺织品，而西南地区则以棉纱、丝线和金属材料创作傣锦、蜀绣和银饰品。民族技艺不仅彰显民族风情，也体现了对自然的热爱和尊重，为当地物质文化生活增添了独特的魅力。

第二节 不同地域技艺传承差异性比较

一、南方地区民族技艺传承差异性

南方民族技艺的传承具有深厚的历史底蕴和广泛的社会基础,这些技艺代表了南方地区独特的地域特色和文化内涵,是当地人民智慧和创造力的结晶。

1. 南方地区民族技艺的传承情况因地区和民族而异

南方地区民族技艺的传承情况因地区和民族而异一览表

地区	传统文化	政府支持措施	传承意义
广东	粤剧	组织专业演出团队,建立粤剧博物馆	弘扬地方艺术,促进文化传统传承
广东佛山	木版年画	得到政府和社会各界支持	保护和传承具有独特地方特色的手工艺品
广西	壮族刘三姐歌谣	组织专业演出团队,建立刘三姐歌谣博物馆	弘扬民族文化,增强地方文化认同感
广西	侗族木构建筑营造技艺	组织专业培训,建立侗族木构建筑营造技艺博物馆	保护和传承具有独特民族风格的传统建筑技艺
海南	海南椰雕	组织专业培训,建立海南椰雕博物馆	弘扬海南地方文化,促进当地手工艺品的发展
海南	黎族传统纺染织绣技艺	组织专业培训,建立黎族传统纺染织绣技艺博物馆	保护和传承黎族特色的传统手工艺品
湖北	竹编技艺	组织专业培训	传承民族技艺,满足生活需求

广东粤剧

广东木版年画

这些民族技艺的传承一方面依赖于政策保护和扶持，另一方面也需要社会各界的广泛参与和关注，如通过产学研合作、技艺进校园等方式，提高公众对民族技艺的认识和兴趣，培养更多的传承人。同时，利用现代科技手段进行创新发展，提高民族传统工艺的现代化水平，使其更好地适应现代社会的需求，也是保护和传承民族技艺的重要途径。

2. 南方地区高校致力于民族技艺的传承

南方地区高校致力于民族技艺的传承一览表

地区	传统文化	政府支持措施	传承意义
广州美术学院	广绣、岭南剪纸等	开展与民族技艺相关的研究项目，提供新的思路和创意	传承与创新结合，保护和发展民族技艺
广东技术师范大学	民族舞蹈、民族音乐等	开展与民族技艺相关的科研项目，为技艺传承提供学术支持	深入了解和掌握民族技艺，弘扬民族文化
广西民族大学	民族舞蹈、民族音乐等	传承和弘扬广西地区的民族文化	培养学生对广西民族文化的理解和传承意识
海南大学	黎锦、椰雕、砗磲画等	组织学生参加传统技艺的社会实践活动	保护和发展海南的民族传统工艺
江西陶瓷工艺美术职业技术学院	陶瓷造型设计、陶瓷文化	将传统陶瓷技艺与现代设计相结合	推动陶瓷技艺的创新发展
湖北美术学院	刺绣、纤维艺术等	不断探索新的技术和工艺，将传统民族技艺与现代设计相结合	保护和发展民间美术和传统手工艺
湖南工业大学	陶瓷艺术、民间美术等	培养学生的传承和创新意识	弘扬民族文化，促进传统手工艺的传承与发展

这些高校在传统文化传承方面各有特色，通过开展与民族技艺相关的研究项目、社会实践活动等措施，不仅保护和发展了民族技艺，还促进了技艺的创新发展，深入挖掘民族技艺的内涵，培养学生对民族文化的理解和传承意识，为传统手工艺的传承与发展做出了重要贡献。

◀ 广西侗族木构建筑营造技艺

二、北方地区民族技艺传承差异

1. 北方地区民族技艺的传承情况因地区和民族而异

北方地区民族技艺的传承情况因地区和民族而异一览表

民族技艺名称	地域	特点
河北剪纸	华北地区	使用红纸、剪刀或雕刻刀进行雕刻,图案丰富多样
山西皮影戏	华北地区	使用羊皮或驴皮制作而成,形象生动,色彩鲜艳
内蒙古马头琴	内蒙古地区	马头琴音色悠扬,常用于演奏蒙古族民歌和古典乐曲
景泰蓝制作技艺	北京市东城区	以铜胎为底,表面镶嵌各种宝石和彩绘图案,色彩斑斓
北京雕漆技艺	北京地区	以漆为原料,经过反复涂抹和雕刻,制成各种器具和工艺品
肃宁锦丝绣	河北地区	针法丰富,变化多样,能呈现独特的艺术效果
洛阳唐三彩	河南地区	色彩鲜明,形象雄伟、富有动感、典雅、流畅
洛阳宫灯	河南地区	制作精细、工艺精湛,具有浓郁的地方特色和较高的文化价值
东北渔牧民族的桦树皮制作技艺、鱼皮制作技艺	东北地区	制作桦树皮制品和鱼皮制品,反映了游牧和渔猎民族的生活习惯和精神风貌
满族刺绣	东北地区	具有独特的风格,反映了满族的生产生活习俗和精神风貌
蒙古族弓箭制作	东北地区	蒙古族的传统技艺,反映了他们的生产生活方式和精神文化

北方地区的民族技艺大多源自古老的民间传统,且具有浓郁的地域特色和独特的艺术价值,如河北的剪纸、山西的皮影戏、内蒙古的马头琴、景泰蓝制作技艺、北京雕漆技艺等,它们都经历了几百年的发展与传承。这些技艺代表着当地人民的智慧和才智,也反映出华北地区丰富多彩的文化内涵,流传至今依旧是华北地区的重要文化符号。这些技艺在传承过程中,不仅保留了原有的民间特色和艺术价值,也融入了新的元素和创意,使得这些民族技艺在历史长河中不断焕发出新的生命力。

2. 北方地区高校致力于民族技艺的传承与发展

北方地区高校致力于民族技艺的传承与发展一览表

学校名称	所在地	主要特色
中央民族大学	北京市海淀区	专注于研究、保护和传承多种民族技艺
中央美术学院	北京市朝阳区	设立非遗研究中心，致力于研究、传承和保护中国的非物质文化遗产
北京服装学院	北京市朝阳区	设立民族服饰博物馆，开设民族服饰设计专业，展示和传承中国各民族的传统文化和技艺
内蒙古大学	呼和浩特市	设立蒙古学学院，致力于传承和发展蒙古族文化和非遗技艺
内蒙古民族大学	内蒙古自治区通辽市	研究与传承蒙古族传统工艺、满族文化等方面
山西大学	山西省太原市	研究和传承山西地区的民间艺术和传统手工艺
河北师范大学	河北省石家庄市	研究与传承河北地区传统手工艺和民间艺术
内蒙古民族幼儿师范高等专科学校	内蒙古鄂尔多斯市	传承蒙古族民族技艺，推广蒙古族传统工艺
河南理工大学	河南省焦作市	艺术与设计学院拥有多个与民族技艺相关的专业和课程，培养学生的传承和创新意识
东北大学艺术学院	辽宁省丹东市	研究并保护北方木偶制作技艺，建设中华优秀传统文化传承基地
丹东市民族学校	辽宁省丹东市	以"兴边富民行动"为宗旨建立的中等职业学校，打造具有民族特色的专业，展现少数民族的传统特色

北方地区高校都致力于传承和保护中国各民族的非物质文化遗产和传统手工艺。它们在各自所在地设立了相关研究机构、非物质文化遗产保护中心或博物馆，开设了与民族技艺相关的专业和课程，培养了大量从事民族技艺传承和保护的人才。同时，这些学校与政府和企业合作，推广民族传统工艺，为当地经济发展和文化传承做出了积极贡献。从整体上看，这些学校在促进中国各民族传统文化的传承、发展和创新方面发挥着重要作用，为保护和传承非物质文化遗产做出了积极努力。

三、西北民族技艺传承差异

1. 西北民族技艺的传承情况因地区和民族而异

西北地区是一个拥有丰富民族文化和传统技艺的地区，其中包括许多不同的民族技艺。这些技艺代表了西北地区独特的地域特色和文化内涵，是当地人民智慧和创造力的结晶。

西北地区民族技艺的传承情况因地区和民族而异一览表

手工艺种类	地区	特点	传承意义
回族刺绣	宁夏回族自治区、青海等地	独特的针法、图案和色彩搭配，体现了回族人民对生活和自然的热爱	弘扬地方艺术，促进文化传统传承
民间舞蹈	西北地区	维吾尔族的赛乃姆、蒙古族的安代舞、藏族的锅庄舞等，动作优美、节奏明快，代表着西北地区人民在生活中创造出来的艺术瑰宝	保护和传承具有独特地方特色的民间舞蹈
民间音乐	西北地区	包括著名的"花儿"、伊斯兰教的"赞圣"等，具有独特的旋律和节奏，是西北地区人民在劳动和生活中创造出来的	弘扬民族文化，增强地方文化认同感
传统手工艺	西北地区	青海湖藏族羊皮筏、新疆维吾尔族土陶器、陕西的剪纸和农民画等，这些手工艺品都是当地人民在日常生活中创造出来的，具有很高的艺术价值和实用价值	保护和传承具有独特民族风格的传统手工技艺
陕西榆林剪纸	陕西榆林	题材广泛，手法大胆，既纤细秀美又粗犷大方，集合了中国北方剪纸的粗犷大气和南方剪纸的工巧细致的特点，成为西北地区民族技艺传承的重要代表之一	弘扬陕西榆林地区文化，促进当地手工艺品的发展
西北泥塑	西北地区	以黄土为原料，创作题材来源于陕北农村生活本身。民俗泥塑生动逼真、栩栩如生，具有极高的艺术价值和人文内涵。如陕西凤翔彩绘泥塑、甘肃麦积山石窟泥塑造像等都是西北地区泥塑艺术的杰作	保护和传承西北泥塑特色的传统手工艺品

西南地区民族技艺的传承表现出多样性和丰富性，这主要源于该地区独特的地域

文化和民族构成。西南地区包括四川、重庆、云南、贵州和西藏自治区，这些地区拥有超过 30 个不同的少数民族。这些少数民族在婚丧、嫁娶、服饰等方面形成了各自独特的文化传统，如苗族的银饰工艺、土家族的织锦工艺、彝族的刺绣工艺等，都充分展现了鲜明的民族特色和地方风格。

为了保护和传承这些珍贵的民族技艺，西南地区的高校在非遗文化保护和研究方面扮演了重要角色。这些高校开设了非遗文化课程，组织了专门的学生社团，甚至举办了具有地方特色的文化节，使学生有机会更深入地了解和学习这些传统技艺。此外，西南地区的社区和村庄也积极参与到民族技艺的传承和保护中。他们通过举办各种传统手工艺制作比赛、民族文化展览等活动，鼓励年轻一代学习和传承这些技艺。同时，一些社会组织也参与到非遗保护工作中，通过开展培训课程、研究项目和社区活动等，为民族技艺的传承提供了更多的机会和支持。

总的来说，西南地区民族技艺的传承情况呈现出积极的发展态势。尽管面临一些挑战，如现代生活方式的变化、市场需求的变化等，该地区的民族技艺仍然在不断地传承和发展。通过高校、社区、村庄及社会组织的共同努力，这些技艺将继续在西南地区得到传承和发扬。

2. 西北、西南等地区高校致力于民族技艺的传承与发展

西北、西南等地区高校致力于民族技艺的传承与发展一览表

学校名称	所在地区	专业与课程	研究机构与活动
西北民族大学	甘肃省兰州市	西北民族民间舞蹈、西北民族民间音乐等	中华民族共同体体验馆展演，丝路文化交融历史展示
新疆艺术学院	新疆乌鲁木齐市	维吾尔族舞蹈、哈萨克族舞蹈、柯尔克孜族舞蹈等	文艺比赛和演出，文化润疆创作研究中心等研究机构
西南民族大学	四川省成都市	民族舞蹈、民族音乐、民族美术等	针对非遗传承人的培训班，非遗研究机构和传承人工作室
四川美术学院	重庆市	中国画、民间美术、陶瓷艺术等	与民族技艺相关的研究项目，非遗方向的硕士学位课程

上述学校在保护和传承民族技艺方面都做出了积极的努力。西北民族大学通过举办展演和互动体验等活动，展示了千年丝路文化和中华民族共同体故事，弘扬中华优秀传统文化。新疆艺术学院注重传统舞蹈文化的传承与推广，并设立多个研究中心和

举办参加各种比赛演出，提供学生展示和传播新疆民族舞蹈文化的机会。西南民族大学开设非遗文化课程和培训班，为非遗传承人提供高校资源支持，同时设立研究机构和工作室，推动非遗传承和学术研究。四川美术学院的艺术设计专业注重传统技艺的传承与创新，通过教学、实践和培训活动，提升学生的技能和传承能力，并开设非遗相关的研究项目和硕士学位课程。这些学校的努力不仅有助于保护和传承民族技艺，也为中华优秀传统文化的教育和地方经济社会发展做出了积极贡献。

第三节　民族地区民族技艺融入职业教育的比较分析

将少数民族的民族技艺融入职业教育中，有助于学生掌握更多实用技能，提高就业竞争力，促进民族地区的经济发展、民族团结和文化传承。现代职业教育为民族技艺传承提供了平台和机会，推动其融入现代社会和产业体系，为民族技艺创新提供动力和支持，培养创新思维和实践能力，为民族技艺的推广和应用提供更广阔的渠道，服务于社会和经济发展。

因此，民族地区的职业院校可以借助本地区丰富的人文文化、独特的地理自然环境和灵活的经济结构等优势，结合职业教育的现代科学技术和教学方法，将少数民族传统文化中的民族技艺融入教学实践中，以此促进民族技艺与现代科学技术的整合与发展，培养出掌握民族技艺、传承民族文化的优秀职业技术人才。同时，也能形成职业教育的特色发展，促进当地民族地区的经济发展和社会稳定。

一、以云南省民族地区民族技艺融入职业教育为例

云南是我国民族种类最多的省份，除汉族以外，人口在 6000 人以上的世居少数民族有 25 个。各民族分布呈大杂居、小聚居的特点，不同的民族具有不同的文化，在漫长的历史发展过程中，云南民族文化保存了许多在近现代社会中已经不可多见的人类文化遗存，因此云南也被称为"人类文化的博物馆"。云南的民族文化丰富，民族技艺众多，各民族的传统艺术百花齐放，其中包括大理白族的扎染技艺、东巴造纸技艺、佤族织锦技艺等。

1. 云南白族的扎染民族技艺分析

白族的扎染技艺是云南省大理白族自治州地方传统纺织品染色技艺，2006 年 5 月

20日，白族扎染技艺经国务院批准列入第一批国家级非物质文化遗产名录。扎染古称"绞缬"，是中国一种古老的纺织品染色技艺。扎染一般以棉白布或棉麻混纺白布为原料，染料主要是植物蓝靛，在云南大理已有五六百年的历史，大理叫它为"疙瘩花布""疙瘩花"。因主产地在大理，染布者大多是白族，故而人们又把它叫作"大理扎染""白族扎染"。大理白族自治州大理市周城村和巍山彝族回族自治县的大仓、庙街等地至今仍保留着这一传统技艺，其中以周城白族的扎染业最为著名，周城被文化部命名为"民族扎染之乡"。白族扎染技艺具有浓郁的民间艺术风格，一千多种纹样是白族历史文化的缩影，折射出白族的民情风俗与审美情趣。同时，扎染技艺还具有广泛的应用空间和广阔的市场前景，衍生出扎染包、扎染帽、扎染衣裙等琳琅满目的工艺品。

2. 云南艺术学院民族技艺的发展历程

云南艺术学院历经60多年的发展，始终遵循"继承传统、学习民间、兼容中外、服务社会"的办学理念，立足于云南得天独厚的地理区位优势和文化资源优势，主动服务和融入国家和云南发展战略。2000年，学校在艺术设计本科专业开设民族民间工艺与旅游产品设计方向，全面开启云南特色民间工艺的研究与应用。2009年至今，在省非遗中心的支持下，系统开展非遗代表性传承人进设计课堂，相继聘请近百位国家级、省级非物质文化遗产传承人进入设计专业课堂进行交流授课，并聘为特聘专家。2010年搬入新校区，在非遗代表性传承人的协作下，系统建构了10个非遗传统工艺教学实验室。云南艺术学院设计学院被划入文化部、教育部"中国非物质文化遗产传承人群研培计划"全国首批27所试点院校之一。学员来自云南全省各州市县，涉及的相关传统技艺有制陶技艺、金属锻制技艺、木雕技艺、刺绣技艺、扎染技艺、织锦技艺、服饰制作技艺、玉雕技艺等。

3. 云南艺术学院扎染技艺的传承与发展

云南艺术学院扎染技艺传承与发展一览表

年份	合作内容	参与机构
2008	收购周城民族扎染厂，邀请非遗传承人参与实践教学活动	云南艺术学院设计学院、周城民族扎染厂
2010	设立白族扎染技艺传习基地	云南艺术学院设计学院、大理州非物质文化遗产保护中心
2014	邀请非遗传承人参与实践教学活动，聘任为特约教学顾问和委员	云南艺术学院设计学院

云南艺术学院扎染技艺传承与发展一览表　　　　　　续表

年份	合作内容	参与机构
2015	建立大理市璞真白族扎染博物馆	云南艺术学院设计学院、大理市璞真白族扎染有限公司
2018	邀请非遗传承人参与实践教学活动，认定为国家级代表性传承人	云南艺术学院设计学院
2019	设立白族扎染技艺实践基地	云南艺术学院设计学院、大理周城村

白族扎染民族技艺

通过与周城村的合作，云南艺术学院设计学院的学生们可以更加深入地了解和掌握白族扎染技艺，并将其融入现代设计中。云南艺术学院通过与当地企业和扎染艺人的合作，以及设立传习基地和博物馆等措施，为学生提供学习和传承传统文化的机会，同时也为推动白族扎染技艺的传承和发展做出了贡献。

扎染技艺在职业教育传承与发展方面。一是在课程设置中加入了白族扎染技艺的模块。例如，扎染技艺的入门、染料的选择与制作、扎花技巧等。让学生了解白族扎染技艺的历史及文化背景，亲手体验和掌握一些基本的扎染技巧。二是积极与当地的扎染艺人合作，邀请他们走进校园，为学生展示和教授扎染技艺。以其经验和技巧，让学生们能够更深入地了解和学习白族扎染技艺。三是开展了一些相关项目，将白族扎染技艺与现代元素相结合，例如，将扎染技艺应用于现代服装设计、家居装饰等方面，不仅有助于提升白族扎染技艺的知名度和影响力，也有助于推动其传承和发展。

二、以湖南省民族地区民族技艺融入职业教育为例

湖南省作为中国的民族地区之一，拥有丰富多样的民族文化和传统民族技艺。为了继承、保护和发展这些宝贵的文化遗产，湖南省将民族技艺融入职业教育体系中，并将其作为培养学生综合素质和职业能力的重要途径。在湖南省的民族地区，许多民族技艺具有独特的艺术魅力和经济价值。这些技艺包括苗绣、染织、木雕、竹编、银饰等，代表了不同民族的文化特点和审美观念。通过将这些技艺纳入职业教育课程中，学生可以学习到传统工艺的技巧和知识，了解其背后的文化内涵，并获得相关的职业技能。

1. 湘西苗族的苗绣民族技艺分析

苗绣是苗族传统手工艺之一，是苗族妇女在日常生活中刺绣在衣物上的一种技艺。苗绣以其独特的风格和精湛的工艺享誉中外，被誉为中国刺绣艺术的瑰宝之一。苗绣的图案多样，色彩丰富，常常以自然景观、花鸟虫鱼等为题材，具有鲜明的地方特色和浓厚的民族文化内涵。苗绣作为一种非物质文化遗产，代代相传，融合了苗族人民对大自然、生活和美好的热爱和追求，体现了苗族妇女的智慧和勤劳。苗绣不仅在民族服饰上得到广泛应用，还常常作为礼品赠送亲友，成为苗族人民生活中不可或缺的一部分。苗绣技艺在制作过程中需要经过精心设计、精细绣制，需要刺绣工具和刺绣技巧配合，因此显得格外考究和精湛。苗绣产品不仅在苗绣地区畅销，也受到了国内外艺术爱好者和收藏家的青睐。总之，苗绣技艺作为苗族传统手工艺之一，承载了苗族文化的丰富内涵和独特魅力，是苗族民族文化的重要象征之一。随着时代的变迁，

苗绣技艺正在得到更多人的关注和重视，并在当代焕发出新的生机和活力。

2. 湘西民族职业技术学院苗绣技艺简介

湘西民族职业技术学院位于湖南省湘西自治州，作为一所民族职业技术学院，该学院在民族文化传承和技艺发展方面一直发挥着积极的作用。苗绣技艺是中国传统的刺绣工艺，富有浓厚的地方特色，也是湘西地区传统手工艺的代表。

学院拥有一支经验丰富、专业素养高的师资队伍，包括具有苗绣技艺传承经验的专业人士，能够为学生提供深入的理论知识和实际技能培训。学院设置了专门的苗绣课程，内容涵盖苗绣的历史、文化内涵、基本技能和创新设计等方面。课程有助于学生系统地学习苗绣技艺，从而培养其对传统手工艺的深刻理解。同时，为了让学生更好地理解理论知识，学院为学生提供丰富的实践机会，例如，实地考察、工作坊和项目实践。通过这些实践活动，学生能够在真实的制作环境中应用所学知识，提高实际操作技能。

学院为了鼓励学生更深入了解苗绣技艺，组织学生亲身参与苗绣技艺的制作过程。通过亲自动手，学生能够更好地理解每个细节和技巧，并逐步掌握苗绣的精髓。然而，实践活动不仅限于技能层面，还包括对苗绣文化背景的深入了解，学院还注重培养学生对苗绣文化的敏感性，鼓励他们在传统技艺的基础上发展出具有创新性的设计和表达方式。为了让学生在学校接触苗绣技艺，学院与当地的苗绣手工业者或合作社建立合作关系，使学生有机会参与实际项目。这种合作既促进了学生的实践能力，也为传统苗绣技艺在现代设计领域中的发展提供了实际支持。通过这些教学体系建设和实践活动，学院能够全面培养学生对苗绣技艺的理论认识和实际操作技能，使其在传统文化传承的同时，更好地适应当代设计的需求。

3. 湘西民族职业技术学院苗绣技艺的传承与发展

(1) 文化传承

① 强调传统技艺。学院通过系统的课程体系，重点教授苗绣技艺的传统技能，包括刺绣的基本方法、特有的纹样和传统工艺。学生在学习过程中将亲自动手，体验并掌握传统技艺的精髓。

② 师徒制度。学院鼓励建立师徒关系，使经验丰富的苗绣工匠成为学生的导师。这种传统的师徒制度有助于技艺的精湛传承，通过面对面的教学，学生可以更深入地理解技艺的细节和艺术。

③ 历史与文化课程。除了苗绣专业课程，学院设置了有关深入研究苗族历史和文

化的课程。这有助于学生更全面地理解苗绣在苗族文化中的地位,激发他们对苗绣的文化认同和情感投入。

(2) 技艺发展

① 创新设计与艺术表达。学院鼓励学生在传承的基础上进行创新设计。通过引导学生结合现代设计理念,创造独具艺术魅力的苗绣作品,使传统技艺更具活力。

② 数字化与现代工艺。学院推动苗绣技艺的数字化和现代化。通过引入计算机辅助设计等技术,学生可以更高效地设计和制作苗绣作品,同时保持传统工艺的精髓。

③ 市场与品牌建设。学院注重培养学生的市场意识,帮助他们了解苗绣产品在商业领域的应用。通过组织展览、参与设计比赛及与商业机构合作,激发学生对市场需求的敏感性,并培养他们建立个人或团队品牌的能力。

(3) 社会参与合作

① 校社合作。学院积极与当地社区和苗绣手工业者合作,促进苗绣技艺在社区的传播和应用。通过与社区的合作,学生能够更深入地融入当地文化,与传统手工业者亲密合作,促使苗绣技艺更好地融入当地生活。

② 校企合作。学院与苗绣产业相关的企业和机构建立密切联系,了解市场需求和行业发展趋势。通过这种对接,学院能够调整课程设置,确保学生所学技能符合市场需求,提高他们的就业竞争力。这也有助于学院紧密跟随行业创新,使苗绣技艺始终保持活力。

湘西民族职业技术学院与十八洞村校企合作研发的苗绣产品

学院校企合作设计团队充分挖掘湘西苗绣独特的民族元素，激发创造力，为十八洞苗绣基地设计了包括百岁宝宝、千禧龙包包、福在十八洞等苗绣系列产品。这些设计极大增强了产品的地域特色和文化内涵，提升了苗绣产品的设计制作水平和整体品质。学院研发工作创造出符合市场需求的时尚佳作，有效推动了传统工艺美术、传统文化、现代科技三者的融合发展，为传统工艺注入了新的发展动力。

与此同时，为了激发学生的学习兴趣和竞争力，学院组织了苗绣技艺的展览和比赛。这不仅为学生提供了展示才华的机会，还推动了苗绣技艺的创新和发展。

(4) 开展非遗研修研习培训班

学院作为中国非遗传承人群研修研习培训计划的承办院校，为非遗保护工作提供高校的学术和教学资源支持。为此邀请了苗绣技艺方面的知名专家、传承人进行授课，对苗绣技艺进行分解细化，专题讲授。

(5) 助力精准扶贫

为拓展乡村产业发展，学院与十八洞村建立校企合作机制，把精准扶贫的经验用到苗绣产业发展上，对症下药，大胆创新，设计新的图案、样式和类别，通过创新打开了传统苗绣市场。

三、以贵州省民族地区民族技艺融入职业教育为例

贵州省作为一个多民族聚居的地区，拥有丰富多样的民族文化和技艺，其中包括银饰锻造、刺绣、蜡染等传统工艺。近年来，将这些民族技艺融入职业教育的做法逐渐兴起，并取得了积极成果。贵州省以其独特的民族文化和技艺吸引了大量游客和文化爱好者前来观光交流，因此培养掌握民族技艺的专业人才对于相关产业的发展至关重要。职业教育能够为地方培养更多的专业人才，推动相关产业的创新与升级，进一步促进地方经济的繁荣。

1. 银饰锻制民族技艺分析

中国历史上使用银饰品可以追溯到战国时期，但真正将银作为原材料锻制饰品要往后推几个世纪。在唐宋时期，对西南地区的管理加强，加强了汉族同各族在银饰锻制技艺方面的联系。南宋时期，西南山区金属铜的价值最高。贵州少数民族有关银饰的记载首次出现在明代，之后的史料记载也越来越多。清代有关少数民族银饰的记载明显增多，银饰逐渐得以普及。因此，苗族银饰的历史肇始于明代，普及于清代，从清代开始银饰在各民族中趋于普及和流行，逐渐形成了中国少数民族佩戴银饰的风俗。

苗族银饰源自其独特的历史文化，表现出丰富多彩的民族风格和高超的文化品位。制作工艺包括錾刻和编结两种技艺，需要经过多道复杂工序，包括铸炼、捶打、錾刻、焊接、编结、洗涤等。银饰分粗件和细件两类，粗件如项圈、压领、手镯等，细件如银铃、银花、银雀、银蝴蝶、银针、银泡、银链、耳坠、戒指等。这些银饰精致细腻，展现出匠师的精湛技艺和艺术造诣。

2. 黔东南民族职业技术学院银饰锻制技艺简介

黔东南民族职业技术学院开设了工艺美术品设计专业，该专业设置了银饰锻制技艺课程，旨在传承和发展苗族银饰的独特工艺，该课程致力于培养具有扎实的银饰锻制技能和创新意识的人才。

学院建有杨文斌省级名师工作室、王国春省级大师工作室（银饰大师工作室）。银饰锻制技艺课程注重理论与实践相结合的教学模式，学生将学习到银饰锻制的基础知识、技能和工艺流程。该专业还设置了苗族银饰的历史文化课程，帮助学生掌握不同类型银饰的设计理念和纹饰构造。同时，学生还将学习到银饰的材料选择、加工工序和装配技巧，以及相关的质量控制和检测方法。为提高学生的实践能力，学院配备了现代化的银饰锻制实训基地，包括熔炼工作台、捶打设备、錾刻工具和编结器具等。学生将亲自参与到银饰的制作过程中，通过锻炼和实践不断提升自己的技能水平。除了银饰锻制技艺的传统教学，学院还注重培养学生的设计能力和创新思维。学生将接受相关的设计课程，学习造型设计、纹饰设计和配饰设计等内容，培养审美观念和创意能力。他们将在实践中探索新的银饰设计理念，结合现代时尚元素，创造出具有时代特色和文化内涵的银饰作品。黔东南民族职业技术学院银饰锻制技艺专业致力于培养具备扎实技能和创新能力的银饰锻制人才，为苗族银饰传统工艺的传承与发展做出积极贡献。

3. 黔东南民族职业技术学院银饰锻造技艺的传承与发展

首先，学院开设了相关专业课程，包括银饰锻造工艺、设计与创作、文化遗产保护等，为学生提供系统的理论知识和实践技能培训。其次，学院与相关机构和企业建立了合作关系，推动银饰锻造技艺的传承与发展。学院与当地的银饰行业进行紧密合作，开展产教融合的实践项目，为学生提供实习和就业机会。同时，学院还与文化遗产保护机构合作，共同开展银饰锻造技艺的研究和保护工作，整理、记录和传承苗族银饰的制作工艺和文化背景。

黔东南民族职业技术学院的银饰、刺绣和蜡染专业依托旅游工艺品设计与制作实

学生在参加银饰锻造技能竞赛

参赛选手锻造银饰作品

训平台和校企合作,致力于民族文化特色工艺品的传承和发展。学院与企业共同建设了校内工厂、工艺品展示厅、设计师工作室和电商平台等多功能空间。同时,学院建立了银饰、刺绣、蜡染三个教学资源库,并设有省级名师工作室和大师工作室,培养学生的专业技能和创作能力。学院还参与省级现代学徒制试点项目,采用"双导师"制度,联合企业技术骨干、工艺美术大师和非遗传承人,共同培养学生。学院以黔东南苗族侗族自治州为基地,面向贵州省和全国,同时积极融入国家"一带一路"倡议,为手工艺行业企业培养高素质的技术人才、管理人才和营销人才。

第七章 民族技艺专业产教融合传承模式研究

第一节 新时代产教融合的发展背景

第二节 民族技艺专业产教融合发展现状

第三节 民族技艺产教融合发展的主要模式

第四节 民族技艺产教融合发展存在的问题

第五节 产教融合推动民族技艺发展的建设路径

第六节 数字经济时代民族技艺产教融合的新需求

第一节　新时代产教融合的发展背景

一、产教融合的概念与特点

产教融合是指职业院校根据所开设的专业，把相关的产业与教学紧密结合，积极开办专业产业，使两者相互支持，协同促进，把院校办成集人才培养、科学研究、科技服务为一体的产业性经营实体，形成院校与企业浑然一体的办学模式。职业教育是受众面最广泛，与行业企业关联性最为密切的应用型教育，产教融合发展是职业教育发展的典型特征和根本要求。关于产教融合的实践与研究在世界范围内一直在不断创新发展，并根据各国实际情况形成了本土化特色，如德国的"双元制"、英国的 BETC 模式、澳大利亚的 TAFE 模式和美国的协作教育模式等，其中最负盛名的是德国的"双元制"职业教育。我国产教融合的推进伴随着职业教育的发展与改革，大致可概括为起步阶段、探索阶段和深化阶段。

二、产教融合的实施战略

我国于 1991 年在《国务院关于大力发展职业技术教育的决定》中提出在发展职业教育过程中要坚持"产教结合、工学结合"。经过几年的发展，在 2014 年《国务院关于加快发展现代职业教育的决定》中进一步提出了"产教融合、特色办学"的发展目标，鼓励职业教育院校根据自身的发展情况凸显优势，形成特色办学。2017 年国务院办公厅《关于深化产教融合的若干意见》指出，要深化产教融合，充分发挥企业重要主体作用，解决人才供给侧与产业需求侧"两张皮"的问题，促使教育链、人才链与产业链、创新链有机衔接，培养大批高素质创新人才和技术技能人才，突出了企业对职业教育人

2023 工业设计产教融合论坛

才培养的主体作用,使教育与产业的融合更加紧密。2019年《国家职业教育改革实施方案》强调"促进产教融合校企'双元'育人"模式,启动"学历证书+若干职业技能等级证书"制度试点工作,推动校企在"三教改革"等方面全面深度合作,培育产教融合型企业和具有辐射引领作用的高水平专业化产教融合实训基地,打造一批优秀的职业教育培训评价组织。"双元制育人模式"将企业与院校在人才培养上提到了双重主体的地位,教学团队的构成、教材的编制和教法的设计与实施都要围绕企业的人才需求和工作环境进行改革。2022年12月中共中央办公厅、国务院办公厅印发了《关于深化现代职业教育体系建设改革的意见》中指出,职业教育高质量发展在现代职业教育体系建设过程中应摆在更加突出的位置,以深化产教融合为重点,坚持以教促产、以产助教、产教融合、产学合作,延伸教育链、服务产业链、支撑供应链、打造人才链、提升价值链,推动形成同市场需求相适应、同产业结构相匹配的现代职业教育结构和区域布局,构建政、校、企、行协同发展机制。政、校、企、行的协同发展解决了长久以来产教融合发展不够深入、校企积极性不高、合作落实不到位等问题,行业协会和政府的引领性、保障性及协调性可以确保校企产教融合走深、走实。

为了深入贯彻党的二十大精神和党中央、国务院有关决策部署要求,2023年6月国家发展改革委等八部门联合印发《职业教育产教融合赋能提升行动实施方案(2023—

2025 年）》提出，要统筹推动教育和产业协同，创新搭建产教融合平台，持续深入推动产教融合向纵深发展。继而推进产教融合试点城市、产教融合型企业的建设，在深化产教融合发展过程中起到突破和引领带动作用。到 2025 年，国家产教融合试点城市建设目标达到 50 个左右，在全国建设培育 1 万家以上产教融合型企业，产教融合型企业制度和组合式激励政策体系健全完善。各类资金渠道对职业教育投入稳步提升，产业需求更好融入人才培养全过程，逐步形成教育和产业统筹融合、良性互动的发展格局。

三、产教融合的发展阶段

通过国家连年出台促进产教融合发展的一系列政策支持和举措，逐步解决我国产教融合发展过程中存在的校企权责不清、人才链与需求链不匹配、资源配置不均衡、企业积极性不高等问题。目前产教融合发展阶段已经从破冰期进入深入发展期，在纵深发展、运行机制、管理模式、人才培养等方面取得了丰硕的成果，完成了从最初校企合作、协同育人的初级阶段发展。为了进一步推动产教融合向纵深方向发展，目前已升级为区域经济产业集群与学科集群融合发展的中级阶段，充分利用政、校、企、行的资源优势统筹协调发展，结合地域特色和区域经济转型发展中出现的新行业、新业态、新岗位，利用跨专业、跨学科的形式组建专业群发展，优化资源结构配置，实现校企资源共享，按照全产业链的发展需求融入人才培养方案的制定中，解决职业教育人才培养滞后于新产业、新岗位、新技术等转型发展中所需人才的现实问题。

第二节 民族技艺专业产教融合发展现状

我国是一个统一的多民族国家,民族技艺作为各民族、各地域人民生活的经验总结,历经几千年的发展形成了特色鲜明、精彩纷呈、丰硕璀璨的民族文化资源,是中华民族优秀传统文化的典型代表。在传承发展过程中,随着现代化城市发展的推进过程,西方现代设计理念和文化思想充斥着生活的各个方面,造成了各地域城市发展的同质化现象,出现了"千城一面、万楼一貌",地域性、民族性、文化属性不明显的现象。民族技艺是我国各民族人民在几千年文明历史长河中,经过长期的社会生产实践共同创造和总结出来的传统技艺,是中华民族文化价值属性、哲学观念、民俗风情和实践经验的集中体现,具有文化内涵丰富、门类众多、技艺精湛、特色鲜明、纯正天然、手工制作的特点。

民族手工技艺(雕刻技艺)

民族手工技艺(刺绣技艺)

民族手工技艺（皮影技艺）

在文化经济时代背景下，优秀的民族文化是提高国际竞争力的软实力，将民族技艺与职业教育融合，通过产教融合实现专业人才培养和产业创新发展深度的融合，是弘扬中华优秀传统文化，打造具有中国特色国际品牌的有力手段。

近年来，习近平总书记发表了一系列关于弘扬发展中华优秀传统文化的新思想、新观点、新论断，为建设文化强国明确了指导思想、方针原则、目标任务。从党的十七大提出推动"文化大发展大繁荣"到党的十八大提出"扎实推进社会主义文化强国建设"，到党的十九大提出"坚定文化自信，推动社会主义文化繁荣兴盛"，再到党的二十大提出"推进文化自信自强，铸就社会主义文化新辉煌"，充分彰显中国共产党带领中国人民建设社会主义文化强国的历史自信和文化自觉。民族技艺作为优秀传统文化的重要组成部分，只有全方位融入国民教育各个领域、各个环节，与行业、产业社会经济深度融合，"过时、陈旧"的传统技艺在现代社会生活中有了新的使用需求，融入当下人们的生活之中，才能具有旺盛的生命力，真正实现活起来、用起来、传下去的传承目标。职业教育是受众面最广、与产业最为紧密的教育。文化在国民经济与社会发展中的重要性日益凸显，在国家战略发展层面的引领下，各地区各相关部门立足地域产业，深挖文化特色，采取了非遗项目申报、民族文化企业、现代文化创意设计公司等有力措施加以落实，积累了民族技艺传承创新的实践经验。

关于将民族技艺与职业教育融合，通过专业培养进行传承创新可见于2013年5月15日教育部、文化部、国家民委联合印发的《关于推进职业院校民族文化传承与创新工作的意见》。意见中明确提出要重点推进以下工作：推动民族文化融入学校教育全过程，推动民间传统手工艺传承模式改革，服务相关民族产业转型升级与发展，加强非物质文化遗产传承人才培养，促进民族地区专业设置调整与优化。将民族文化技艺传承发展工作上升到国家战略层面，为各地域民族技艺传承方式和经济产业结构调整做了明确的指示，这是对全面提升人民群众文化素养、文化自信，实现民族技艺薪火相传的重要举措，是建设社会主义文化强国的重大战略，具有重要的实践意义。

各地市积极响应民族技艺国家发展战略，开设民族传统技艺专业的综合职业院校有廊坊职业技术学院、冀中职业学院、黑龙江艺术职业学院、浙江艺术职业学院、浙江特殊教育职业学院、福建艺术职业学院、重庆旅游职业学院、阿坝职业学院、云南特殊教育职业学院、咸阳职业技术学院、青海高等职业技术学院等。此外还有专项技艺的职业院校，如景德镇陶瓷职业技术学院、朔州陶瓷职业技术学院、许昌陶瓷职业学院等陶瓷技艺类院校。还有将刺绣、漆艺、泥塑、皮影、雕刻、茶道、民族说唱表演等多项民族技艺融合的工艺美术类院校。民族技艺与职业教育融合使传承教育方式更加科学合理，能够利用新的技术手段和教育理念进行创新教育，同时传承人范围得到了保障。

为了进一步提升传统民族技艺的传承教育和创新能力，传统文化和民族技艺的传承创新问题受到了相关部门的高度重视，并推出了相关推进和落实指导文件。2016年，党的十八届五中全会强调要"构建中华优秀传统文化传承体系，加强文化遗产保护，振兴传统工艺"。2017年文化部、工业和信息化部、财政部共同制定印发了《中国传统工艺振兴计划》，指出要立足中华民族优秀传统文化，汲取人类文明优秀成果的丰富经验，充分发掘和运用传统工艺所包含的文化价值和工艺理念，结合当下审美需求，丰富传统工艺的创作题材和产品品类，提升设计与制作水平，培育中国工匠和知名品牌，使传统工艺在现代生活中得到新的广泛应用，更好满足人民群众消费升级的需要。到2020年，传统工艺的传承和再创造能力、行业管理水平和市场竞争力、从业者收入及对城乡就业的促进作用得到明显提升。政府部门连年出台的一系列指示性文件，为民族技艺专业深化产教融合背景下人才培养给出了明确的目标和发展方向。

精湛的民族技艺是中华民族优秀传统文化的重要组成部分，在民族技艺专业发展过程中要紧跟文件精神要求，与各地区、各民族区域范围内行业企业实现产教融合，深入发展合作项目。经过十余年的发展，产教融合已经取得了丰硕的成果，如订单班、校中厂、产学研基地、横向课题项目合作等，培育了一批掌握数字化技术和现代设计方法的新时代民族技艺的从业人员，为民族技艺传承创新注入新的活力。民族技艺专业产教融合的深入发展，改变了传统民族技艺传习观念，从保护、传承与创新应用等方面，提高了民族技艺在全社会培育和弘扬精益求精的工匠精神过程中的创造性价值，带动了区域经济发展。据网络数据调研，"90后""00后"是国潮品牌消费的主力军。面对庞大的新型消费市场，丰富的民族技艺文化资源成为建设文化强国战略目标的重要实施手段。民族技艺专业在实现专业产业化、通过产教融合纵向发展、将民族技艺融入现代生活情景的创新过程中还有很长的路要走。

第三节　民族技艺产教融合发展的主要模式

职业教育作为最贴近人们生活和区域经济建设的教育，需要承担民族文化和民间工艺的传承使命，要适应需求，建设职业教育特色学校和特色专业。职业教育能够更大范围提高市民的文化素养、职业精神，为各行各业输送人才，提高就业、促进企业整体发展水平和服务质量。职业教育与行业企业有着天然的密切联系，"产教融合"模式是职业教育发展的一种重要创新模式，两者的融合有利于更好地了解市场需求，在职业教育中建立以市场和工作岗位需求为导向的人才培养机制，为职业教育发展提供更多的参照和依据，提高职业教育对行业企业的服务能力，使教育更加贴近实际需要。职业教育应不断深化产教融合，优化人才培养模式，为企业输送更符合工作岗位和市场需求的高技术、高技能复合型人才，解决人才培养滞后于企业发展的现实问题。

民族技艺是弘扬中华优秀传统文化的重要组成部分，职业教育是民族技艺传承创新与保护的有力手段，由于民族技艺与职业教育结合的时间较短，实践经验不足，因此在人才培养的模式上，尤其是校企合作人才培养模式存在的问题在所难免。

产教融合是职业教育与社会生产相结合的人才培养模式，目前民族技艺传承的重要难点之一在于传承人后继无人。"口口相传、师傅带徒弟、传男不传女"等落后传承观念，使众多民族技艺得不到传播，在现代化工业的冲击下，受众面越来越窄，创造的经济价值越来越少，随着老一辈手艺人和工匠的离世面临着遗失殆尽的状况。产教融合的方式是民族技艺传承保护与创新发展的有效路径，随着近年来国家出台的一系列相关政策，各地区、各院校形成了一批具有地域文化特色的特色院校和特色专业，积攒了一定民族技艺产教融合发展的经验。

我国职业院校分为民办院校和公办院校，在民族技艺产教融合上各有特色。产业融合的合作模式主要有六种表现形式，分别是技术合作模式、科技攻关项目模式、现代学徒制模式、职教集团模式、共建实训基地模式、共建产业学院模式。各院校在产教融

"刘三姐"民歌少数民族舞蹈实景舞台剧剧照(1)

"刘三姐"民歌少数民族舞蹈实景舞台剧剧照(2)

合过程中往往采用多种模式并用的形式，民族技艺产教融合多以现代学徒制为主。民办院校在民族技艺传承的产教融合上存在着自身的优势，许多职业院校是由行业主管部门设立的，或是企业为了培养自身发展或特定项目所需要的人才自主设立的，学校的管理人员是通过行业内的主管部门或企业派过来的，资金来源自负盈亏，这就更加促使教学服务于产业的发展，教师是由学院毕业的专业教师和从本行业或相关企业中聘用的实训老师构成的。学生毕业后直接到本行业企业，所以院校与企业之间有天然的血缘关系，产教融合自然就十分紧密。但也存在一定的问题，比如，企业人员技术能力较强，但教学能力不一定强，会存在办学不规范、教学不严谨等问题，学生就业面相对较窄，未来跨行业能力和上升空间有限。如张艺谋漓江艺术学校是基于《印象·刘三姐》山水实景演出项目所需人才要求与桂林广维文华旅游文化产业有限公司合作共建的职业院校。校企双方本着合作共赢、共同发展的原则，构建了"教学—实践—就业"的育人模式，在侗族大歌、壮族天琴、"刘三姐"民歌、少数民族舞蹈等特色民族技艺上深化产教融合，在课程设计上以校企"专业共建、人才共育、项目驱动"为原则，达到"课程模块与演出岗位能力一致、课程内容与演出内容一致、实训要求与表演要求一致"的"模块化"课程体系，通过递进式的课程实训，逐步提高学生的专业技能，坚持以上岗、就业为导向，通过实训项目强化培养对象的职业能力，让培养对象免费就读的同时，也能以实习员工的身份获得收入。该案例是侗歌民族技艺带动广西、贵州等贫困山区经济发展的优秀案例，不仅使民族技艺得到了有效的保护与传播，培养了一批批传承人，还让贫困地区的孩子获得免费入学的学习机会，是民族技艺经济扶贫的典型优秀案例。

在公办职业院校中，民族技艺产教融合的发展主要采取以下模式：

一是在专业设置上以地域民族文化为依托，开办民族工艺传承相关学院或专业，将该地域具有传承性、代表性、特色鲜明、有传承价值的民族技艺设置独立专业或融合在同一专业中，如基于风筝传统制作工艺开办的风筝专业。驰名中外的世界风筝之都山东潍坊，河北廊坊著名的第什里，针对风筝传统制作工艺，采取了依托地域文化特色，借助职业院校开办民间传统工艺专业进行区域民族技艺的传承。在政府的统筹协调下院校与行业、企业进行人才共育、共培、共享，建立"风筝技能大师工作室"，创建"风筝传承与创新示范基地"。邀请民间传统工艺制作方面的专家、艺人、工匠担任特聘教师与学院教师组成教学团队，扩大传承人培养的生源，以委托培养、订单培养模式深化产教融合。

二是在人才培养模式制定上，深化校企产教融合，实现专业与产业深度融合、合作育人，通过企业项目驱动、行业技能标准、校企技术共研、校内外实训基地建立、引企入校等形式实现资源共享、深入合作。企业为学校提供实训场地和实践技术指导，学校通过企业进行人才的订单培养或委托培养，确保人才的输送，以促进就业为导向。江

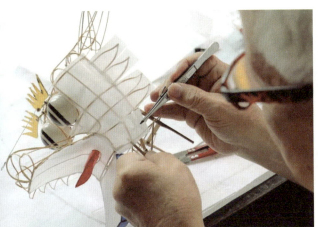
风筝制作

潍坊风筝

中国风筝小镇——第什里

西陶瓷工艺美术职业技术学院依托地域优势和专业特色与景德镇皇窑陶瓷艺术有限公司建立的校企合作，校企在人才培养和产业发展上实现共生共长。同时汇聚江西省教育评估监测研究院、景德镇御窑博物馆等多方力量开展教学改革创新。学院教学成果"立足产业特色，匠师协同、五业联动传承陶瓷文化育人实践新范式"获得2022年职业教育国家级教学成果一等奖。

整合教学资源与民族技艺大师、民族技艺企业等共同开发民族技艺核心课程，使碎片化的民族技艺知识传授变得规范、系统，全面构建系统化课程体系。例如，广西理工职业技术学校因地制宜，扎根民族地区，深入挖掘广西民族文化瑰宝，汲取民族文化营养和精髓，形成独具特色的民族技艺新生代传承人"活态"培养模式。依托专业、对接产业，将民族技艺融入服装设计、工艺美术、建筑装饰等专业中，将传统与现代生活情景结合创新，开展了一系列民族技艺"活态"传承人才培养的成功案例，为培养更多民族技艺高技术、高技能、应用型传承人才拓展了新思路。

三是行业协会搭建民族技艺传习平台，邀请行业大师、能工巧匠、技术能手、非遗文化传承人、民间艺人等拥有精湛民族技艺的人才进校园活动，定期通过学术交流、技能培训、行业大赛、主题讲座等形式进行文化宣传，在产教融合上以现代学徒制或双导师的形式进行人才培养，培养更多高素质技术技能人才，培养更多的大国工匠和能工巧匠。例如，江西陶瓷工艺美术职业技术学院借助瓷都地域优势，建立一批"非遗"代表性传承人大师工作室、国家级技能大师工作室、民族技艺示范性传承创新基地等，持续深入开展"中国工艺美术大师进校园"活动，积极引导师生参加相关赛事并获得多项大奖，推进了陶瓷文化的传承创新。在2023中国工艺美术大师传承创新工作会议中，

中国轻工联合会开展大师进校园活动

基于传统扎染技艺进行设计的文创产品

由中国轻工业联合会授予中国工艺美术优秀基地院校。这一创新育人模式打破了传统手工艺口传身授的传承模式，为培养民族技艺新时代传承人提供了双导师培养的良性发展，积极推动职业教育服务民族技艺传承创新和产业发展需要。

四是在教学实训基地上采用理实结合、校企资源共享的创新培养模式，学校提供场地、企业提供设备共同完成实训基地的建设，或是在企业真实实训环境中开展教学活动。企业按照产业的人才需求与学院教师共同制定基于工作过程的人才培养模式。

五是在传承人的培养上，人才短缺是关键，为吸引更多的年轻人加入民族技艺的传承，在政、校、企、行的统筹管理下扩大传承人范围，采取免费入学、独立设置分数线、设立特招班等一系列优惠政策，吸引更多人员的加入。

六是在民族技艺经济创收和产业转化上，充分与文化创意产业、文化旅游业融合，采取民族技艺研学等形式，拓展基于民族技艺相关的衍生品或体验项目，将传统的民族技艺与现代设计专业进行融合创新再设计，带动产业发展，拉动经济增长。如江西陶瓷工艺美术职业技术学院服装设计专业利用传统扎染工艺设计制作了文化创意产品，受到市场欢迎。

第四节　民族技艺产教融合发展存在的问题

为积极响应和落实 2013 年教育部、文化部、国家民委联合印发的《关于推进职业院校民族文化传承与创新工作的意见》，各地市、各民族高度重视民族技艺的传承与发展问题，在国家和地方政府的支持下，民族技艺相关的专业在职业院校中开展起来。从最开始面临的种种困难，经过十年的建设与发展，已经步入正轨，涌现出了众多特色专业，取得了丰硕的成果。但在产教融合过程中还存在众多的问题，"两张皮"的现象依然存在。具体主要体现在以下几个方面：

一、产教融合度不够深入

经过近年来民族技艺与职业院校持续不断地探索产教融合发展模式，在推进产业融合、人才培养、"三教"改革、运行模式、管理机制等具体实践方面取得了一定的成效，但仍然面临着产教融合不够深入、双方权责不清、利益分配错位、人才供需失衡等诸多亟待破解的瓶颈问题。由于行业企业和职业院校归属不同的管理部门，民族技艺传承又存在种类繁多、地域分散、受众面窄、传承人少等特点，加上在职业院校开办专业的时间较短，还未形成成熟经验的现实情况，如果政府管理层面在制定与执行配套文化企业支持和文化产业发展政策等方面，没有针对职业院校的特点，对其进行行政管理，就会存在缺乏促进产业融合、校企合作的整体性、系统性的政策。经过相关调研数据显示，部分地区很多时候对职业教育的管理依然是依照普通教育的管理规范，对院校与企业之间合作的资源整合力度不够，经费的引入、引导和保障的机制及监督评价机制等缺乏针对性，导致国家出台的政策很多时候落不到实处。

从学校与企业层面来说，产教融合过程中双方都以各自利益为重，由于职业教育人才培养具有周期性和延续性，企业作为市场经济的主体以营利为目标，想优先获得人才资源的选择权，但在人才培养上不愿增加短时期内见不到成效的长期投入。职业院校想通过企业获得实训项目、实训基地、企业导师等方面的资源共享和项目资金支持，但学生跟不上企业项目的快节奏，比如，基于民族技艺或民族文化相关的文创衍生产品的设计，需要较强的专业能力，学生短时间内不能为企业提供价值，这也是导致众多校企合作项目上实质性的产教融合互动内容逐渐减少，合作不够深入的重要原因，人才培养供给侧滞后于产业需求侧，"两张皮"的问题没有得到根本的解决。

二、人才培养缺乏行业规范和标准引领

民族技艺具有分散性、多门类、受众面窄，配套的企业不多等特点，由于民族技艺与职业院校融合发展的时间短，民族技艺门类统筹规划、管理和资源整合等方面发展缓慢，很多技艺门类没有形成专业的行业协会，或者没有制定出专业的行业规范和标准。众多院校虽开设了相关的民族技艺专业，但在人才培养、产教融合过程中，在专业规划和课程建设中，缺乏统一的专业指导意见和行业规范，导致出现发展缓慢、摸着石头过河的现象。2019年《国家职业教育改革实施方案》启动"1+X职业技能等级证书"制度，各种民族技艺能力考评资格证书成为职业院校教学能力评价考评机制之一，也是学生综合职业技能的体现，但由于缺乏统一的行业规范和标准，众多民族技艺还没有相关专业能力资格证书的考核。总体来说，目前行业协会在民族技艺与职业院校产教融合过程中起到的衔接作用还不是很明显，在行业规范和标准制定、行业资源整合、行业赛事承办、行业学术交流、行业资格证书考核等方面需进一步加强。

我国民族地区保留着丰富多彩的民族技艺瑰宝，众多民族技艺掌握在偏远地域的民间艺人手中，由于部分地域存在经济发展落后，区域文化创意产业相关的企事业单位较少，职业教育资源发展短缺，民间传承艺人年龄偏大、文化程度不高，掌握网络信息技术、互联网宣传及营销平台的年轻人较少等现实问题，民族技艺与职业院校产教融合发展面临着没有办法邀请传承人到学校担任实训老师，校外实习实训基地建设有待深入加强，民族技艺相关的专业师资力量相对薄弱等困难，导致人才培养目标定位不明确，专业规划和课程设置不完善，缺乏行业、企业参与编制的课程教材，生源不理想及就业不乐观等现象。

三、民族技艺创新转化能力有待加强

2022年文化和旅游部等十部门印发的《关于推动传统工艺高质量传承发展的通知》文件明确指出："传统工艺要坚持系统性保护，以新发展理念引领传统工艺振兴的全过程，推动传统工艺实现高质量传承发展。坚持守正创新，正确把握保护与利用、传统与创新的关系，激发广大手工艺者的创新创造活力，找到传统文化和现代生活的连接点，推动传统工艺的传承发展、长久保护和永续利用。实施传统工艺品牌扶持计划，支持相关企业培育具有地域和民族特色的自主品牌，提升传统工艺品牌知名度和影响力。"

目前，职业院校基于民族技艺的产教融合可以围绕政、校、企、行各方面开设民族技艺相关专业，建立"四位一体"的人才培养模式。产教融合要深入，教育的职业性就要凸显出来，在专业规划、课程体系和师资队伍建设、教学实践能力质量评价等方面要以相关的经济产业结构为导向，以企业工作过程为依据，以行业岗位能力需求为标准。目前，部分职业院校民族技艺自身办学实力和定位偏低，以保护、传承、宣传推广为主，与行业、企业融合发展的主动性不够，人才培养能力滞后于企业对人才的能力要求。民族传统技艺专业在高校中仍属"冷门"专业，为了吸引更多的生源加入，在招生上往往会采取一系列优惠政策，比如，免费入学、降低分数线、扩大生源面等，学生认知水平参差不齐，学习主动性不强，这在民族技艺的创新转化和应用上存在较大的难度。专业的师资大多来自相关专业高校毕业生，虽拥有系统专业的学历教育，但"双师"素养能力有待提升，民族技艺的传承方式以父子、师徒为主，在实际工作中口传手授，这些长期沉淀和积累的实际经验是高校专业教师所欠缺的。

民族工艺技术由于缺乏科学规范管理，处于自然发展的状态，发展规模和发展程度受限。民族工艺技术式微，还源于自身的"一成不变"。正如有学者提出，"优胜劣汰""适者生存"原则不能完全适用于人类文化领域。部分民族传统工艺技术不能适应时代的发展和人们生活需求的变化，逐渐被新颖、实用的现代物品所取代。任何事物的创新需要事先熟练掌握，才会有创新的可能，教师团队在教学过程中要从现代生活场景、现代消费审美、新一代文化产业消费者需求等方面考虑对民族技艺的创新转化，提高教学水平和学生的专业创新能力。

第五节 产教融合推动民族技艺发展的建设路径

随着国家近年来对中华民族文化传承与保护的持续推进，各地市深入挖掘地域特色，推动非物质文化遗产传承项目申报，大力发展创意产业，打造具有地域特色的城市品牌。我国民族传统技艺传承门类丰富，目前基于民族技艺传承与创新发展，涌现出了众多新业态、新产业、新岗位及新的复合型人才需求，民族传统技艺专业人才市场缺口巨大，人才供不应求。据统计，每年全国民族传统技艺专业人才缺口达数十万以上，未来发展空间和就业前景十分广阔。

一、依托地域优势，构建区域特色专业

2019年4月1日，教育部、财政部联合印发《关于实施中国特色高水平高职学校和专业建设计划的意见》《中国特色高水平高职学校和专业建设计划项目遴选管理办法（试行）》等文件对职业院校专业建设进行指导，专业建设是职业院校深化产教融合发展的关键。"双高"建设背景下，各职业院校为深入贯彻落实文件精神，结合地域非物质文化遗产传承项目精心开办民族传统技艺专业，承办特色院校、打造特色专业，弘扬地域传统文化，培养民族技艺传承人才。集聚政、校、行、企、研的各方力量，以校企合作双赢为导向，聚焦非遗传承与创新，利用先进的互联网技术、虚拟仿真技术，建设融实践教学、技术服务、创新创业、技能鉴定、非遗体验与培训等于一体的产教融合平台，为人才培养搭建一个综合能力培育与就业服务的跃升甲板，形成职业教育特色专业发展优势。

《关于推进职业院校民族文化传承与创新工作的意见》指出，加强传统手工技艺、民间美术工艺、民族表演艺术等民族文化相关专业建设，研究制定相关专业教学标准，

促进专业建设规范化。建设具有显著优势和鲜明特色,能够发挥示范带头作用的民族文化传承与创新示范专业点,推动品牌专业建设。特色专业建设要适应非物质文化遗产传承与创新产业转型升级要求,把政府行政资源、行业信息资源、企业基础资源和职业教育资源多维融合驱动的产教深度融合。坚持"学校有优势、专业有特色、学生有特长"的办学思路,从国家—地域—产业—学校—专业—课程体系着手,在地方文化部门和行业协会带领下,准确定位专业培养和产业目标,制定专业人才培养方案。人才培养方案决定了课程体系,课程体系决定了课程整体设计,课程整体设计决定了单元设计,教学内容环环相扣,逐步深化专业内涵建设。如在民族技艺专业人才培养过程中,要充分挖掘区域的文化优势、工艺特色,从文化创意产业链角度组建专业群,对民族技艺进行复刻、保护、传承、创新再设计、宣传推广等,充分发挥政府、企业、行业协会的优势,努力打造具有区域特色的民族技艺创新品牌,使民族技艺与区域经济同步发展。

二、基于产业链视角,融合组建专业群

民族技艺专业存在技能单一、就业面窄的现实问题,从产业视角按照学科专业群的建设思路,不仅可以促进产教融合发展,而且可以拓展学生的就业迁移能力和同类型岗位适应能力。在教学改革中,积极试行多学期、分段式等灵活多样的教学组织形式,改革教学方法和手段,通过现代学徒制模式将学校的教学过程和企业生产过程紧密结合,校企合作共同完成教学任务,推进职业教育与民族特色产业、文化产业发展的双向互动。职业院校要结合地域民族特色技艺类型、文化产业发展情况,以地域民族技艺传承、保护、创新、应用产业链的形式,根据各自生源特点,从民族技艺感知、技艺体验、兴趣激发、专业学习、创新应用、数字化传播等方面进行教学改革。与地域文化传承与保护企事业单位共建民族技艺人才培养基地。从文旅产业融合新业态视角,进行专业课程教学改革思考,各专业的基础课、核心课及实践课都将打破独立分科教学的设计思路,将着眼于整个产业链来思考专业群组建是否符合国家发展战略,是否符合地域优势特色,是否符合产业升级需求,专业群人才培养是否符合区域经济转型发展所需。学生具有学生、学徒的双身份,院校教师与技艺传承人实行双导师制。基于上述思考,从服务的产业视角进行专业群内多维度、多方面的教学改革设计,带动地域文化创意产业上下游企业的发展,共同探索传统技艺与现代技术融合的创新路径,促进产教融合的高质量发展。将民族技艺融入地区职业学校专业建设,可以帮助职业院校动态调整专业设置,形成具有地域民族文化的特色品牌,深化产教融合深入发展。实现产业链、人才链、教育链和创新链的有机衔接,对提高教育教学质量、提升人才培养、对接职业岗位、促进产业发展具有重要意义。

三、四方协同推进，打造民族技艺品牌

职业院校要依托地域文化资源和民族技艺优势，对非遗文化传承与保护产业集群融合发展出现的新业态、新产业、新职业岗位进行深入分析，按照国家战略、区域经济发展定位、区域民族技艺特色，建立"政、校、企、行、多元协同、合作办学"的"四位一体"的发展机制，打造一批以民族技艺传承与创新发展为代表的特色产业集群，围绕民族技艺传承衍生出来的新型产业链，以专业岗位职业能力培养为主线，兼顾学生当前就业和未来职业发展需要，动态升级专业建设内涵，确保培养目标适应岗位要求，教学内容体现行业前沿，不断优化人才培养方案，培养复合型的高等职业教育现代设计服务领域的高端人才。扶持和推进与传统民族技艺有关的中小型企业的升级、转型和发展，结合行业新业态、新产业、新需求进行招商引资，鼓励新型文化企业的建立与发展。

四、产教协同育人，助推民族技艺薪火相传

根据教育部、文化部、国家民委《关于推进职业院校民族文化传承与创新工作的意见》教职成〔2013〕2号文件精神要求，全国各职业院校积极响应，结合地域民族技术文化资源开办了特色文化学院和专业。如咸阳职业技术学院成立了民族文化艺术学院，设立了民族传统技艺、刺绣设计与工艺两个专业，将景谷艺术、书法与篆刻、黑陶制作、葫芦雕刻、橡胶制作、皮影制作、泥塑制作、书画装裱等，具有地域特色的民族技艺纳入教学范围，实现技艺的传承与创新。在现有专业中融入民族技艺，如将扎染、刺绣、编织、钉珠、拼贴、做旧等传统民族技艺与现代服装专业、室内装饰、产品艺术设计等现有专业融合，促进传统民族技艺与现代设计方法的融合，创造出更具有时代性和现代消费审美性的产品，使传统技艺在当下生活情境中增加文化的底蕴和内涵[31]。

第六节　数字经济时代民族技艺产教融合的新需求

数字经济时代背景下，实施国家数字化发展战略，推进职业教育数字化转型发展，既是当下时代发展的要求，也是职业教育提高综合办学能力，实现转型跨越式发展的迫切需要。数字技术在职业教育中的广泛应用和全面推广，对于提升职业院校办学能力、推进职业教育高质量发展、提高技术技能人才培养水平、促进产业数字升级和经济社会发展具有重要意义。

民族技艺作为中华民族集体智慧的结晶，是特定时期推动社会生产和手工艺劳动的科学技术，是社会科学和生产力发展的体现，具有时代特征。数字经济时代背景下，民族技艺的传承要符合科学技术、消费审美、社会需求等时代特征，适应现代化消费生产和生活情景。数字化信息技术是中华优秀传统文化"活起来"的重要途径。职业教学的数字化转型，为民族技艺的传承保护提供了新的思路。民族技艺数字化的发展和应用，为传统文化更好地融入现代生活、为区域内职业院校专业结构整体优化、培养文化创意创新人才、打造高素质技术技能人才培养高地提供了新的平台。

政府层面，应以云计算、大数据、人工智能等数字化技术为手段，依托区域民族文化和非遗项目，搭建民族文化保护与传承创新产业平台，深化产教融合发展。积极推动5G、人工智能、虚拟现实等新技术在文化旅游场景的广泛应用，推进民族技艺沉浸式体验文化旅游体验项目。行业层面，应统筹协调各方资源优势，以深化文创产业供给侧结构性改革为主线，着力构建综合效益高、带动能力强的文化创意产业体系，制定民族技艺规范和标准及技术能力考评，打造基于民族技艺衍生的文化创意产品电商营销平台。企业层面，充分利用国家、省委省政府对地区民族技艺传承保护发展的战略定位，根据行业产业结构和市场需求，进行企业数字化转型，围绕新业态设置新岗位满足新需求。教育层面，应与校企合作企业共建技术研发平台及围绕文化创意产品的产品研发平台,为教师参与企业数字创新和研发工作提供途径。同时提升教师应用新技术、新材料、新工艺与传统民族技艺融合的能力,引领行业进步,促进产业发展。还要针对民族技艺的操作步骤、工作流程等通用性技术要点和知识,建立数字技术资源库,便于职业教育的日常教学。对于技艺的关键核心技术要坚持保密性原则,按照法律法规要求进行学习。

一、"老技艺、新匠人"适应新业态、新岗位发展的人才培养需求

职业院校针对新兴产业集群发展中出现的新业态、新岗位、新需求,要以学科专业群的人才培养模式,深化产教融合发展。专业群要清晰明确地域相关企业对人才需求的变化,包括专业技能变化、岗位能力变化、行业趋势变化、创新手段变化等真实的变化需求,充分融入专业设置及人才培养方案之中,促使教育链、人才链与产业链、创新链有机衔接,实现"所学即所用、毕业即就业"。由于民族技艺存在技能掌握耗时久,经验要求高,需要长时间的积累和重复的实践,缺乏配套产业创造经济价值及传统文化心理的缺失,这都是导致传统民族技艺传承难的原因。在当今快节奏的生活环境下,民族技艺存在从业人员老龄化、传承人后继无人、市场需求萎缩、相关产品设计陈旧等众多现实问题,众多优秀的民族技艺随着传承人的离世而遗失殆尽。现代工业化、城市化社会发展进程的加速,对经济发展相对落后地区的民族技艺产生了强势的冲击,产品的价值和市场需求脱节,使原本就相对弱小、零散的传统技艺更没有了消费市场。新形势下,民族传统技艺是否能流传下去,融入现代人的生活场景,让民族技艺"活起来、用起来"是促进产教融合发展的关键。"老技术、新匠人"的培育模式,结合当下消费需求,利用跨界融合思维,进行衍生品的创新发展,是专业教学适应产业发展、企业岗位需求及市场消费需求的创新手段。

党的二十大报告强调,传承中华优秀传统文化,满足人民日益增长的精神文化需求。这为我国文化建设事业的发展指明了方向。我们要抢抓机遇,从文化多样性和文化独特性上去运用好多样民族元素,保持优秀文化的鲜活生命力。民族传统技艺与现代创新设计的融合发展,通过整合多元民族技艺人才资源和设计力量,比如,工艺美术大师、民族技艺大师、非遗传承人、企业品牌专家、产品设计师、材料学专家等各产业链人才资源,以"非遗活化"为理念,结合新技术、新工艺和新材料,从设计、策划、生产、销售等方面,打造"传统工艺+设计+产业"全生态链体系,搭建好传统技艺与现代设计的桥梁[30]。在2019年工业和信息化部"十大设计扶贫"模式中,就有众多"非遗活化再造"案例入选。利用现代设计赋能传统民族技艺的创新发展,让传统工艺得到市场的认

可，实现了技艺的传承与创新。通过民族技艺振兴规划，产业化落地必须实现模块化、规模化、标准化。比如，深圳开物成务设计公司对湘绣"喜上枝头"系列产品进行了创新转化，针对目前湘绣技艺面临制作周期长、技艺经验要求高、产品缺乏创新设计、订单剧减的现实问题，建立了传统手工刺绣质控（QC）系统，将丝线配色、造型、形态、角度等方面做了标准化，简化了刺绣培训过程，降低了绣工前期配线的时间成本，效率

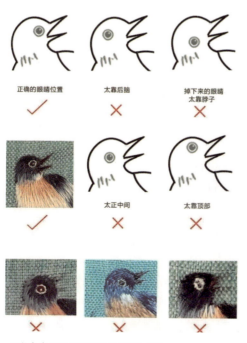

开物成务统手工刺绣质控（QC）系统

开物成务文创系列(音箱)

开物成务文创系列(指纹记事本)

得到大幅提升。织出来的绣品结合科技创新，展开相关衍生品的研发，通过标准化、模块化、产业化方式保证成本可控、产能有保，此外还可以根据客户的需求和用途，提供个性化定制化服务，满足了当下新的产品需求。民族技艺传承与创新模式在民族技艺推动职业院校产教融合发展上具有非常好的借鉴价值，职业教育的数字化转型，基于民族技艺相关学科专业群的建设，不仅可以满足政、校、企、行多元发展目标，实现民族技艺的传承保护还可以达到民族技艺扶贫，拉动经济的增长，是民族技艺创新转化的重要创新方式。

二、多种模式并举，促进产教融合实质性发展

伴随着近日国家轨道交通装备行业产教融合共同体的成立，标志着深化现代职业教育体系建设改革，一体两翼总体布局全面展开。目前产业融合的合作模式表现形式多样，主要有技术合作模式、科技攻关项目模式、现代学徒制模式、职教集团模式、共建实训基地模式和共建产业学院模式。如何实现产教全方位实质性深度融合是职业教育改革成败的关键，要想通过产业融合借助民族技艺真正为区域经济赋能，培养高素质技术技能型复合型人才，要以现代学徒制模式为主，其他模式为辅，多种模式并用推进。具体模式的选择可以从全产业链服务出发，在教育模式上，可以采用现代学徒制，该模式适用于专业面相对较窄的民族技艺专业教学，深入地落实"双主体办学"实践。在传统技艺创新转化上，可以采取技术合作模式，根据产业需求整合校企双方

资源,在技术研发上优势互补,成立民族技艺创新转化技术研发中心或技能工作室等,比如,针对湘绣技艺开发的传统手绣质控系统,用现代技术助力传统技艺的传承。在民族技艺订单班或委托培养上,可以采用共建实训基地模式,通过引企入校共建实训基地,学校负责提供实训场地,模拟工作环境,企业提供民族技艺产业所需的材料、工具、设备、行业导师,共同完成校企合作项目的实践教学,在实训基地培养学生直接上岗能力,实现教学与就业的对接与贯通。此外,还可以采用共建产业学院模式,前期校企双方充分沟通,院校根据企业的实际需要进行与之相匹配的教学环境设计与实施,企业投入部分的实训设备,并派遣一支常驻在院校的企业教师团队,与院校共同负责新建学院的招生与宣传。院校将企业教师与校内教师进行混编,共同完成常规的教学任务及年度考核任务等。校内教师负责常规专业课的授课,企业教师重点负责专业实训实践课的教授,从而实现校内的双主体运营模式。在国家级项目或省市级民族技艺相关学科项目申报上,可以采用科技攻关项目模式,以校企科研成果转化联合攻关,不仅可以提高企业的产业升级能力,带来直接的经济利益,还可以锻炼院校师生的科研能力、创新能力,积累实战的经验,进而提升职业院校对地方经济发展的服务水平。在产教融合试点城市建设上,可以采用职教集团模式,通过对政府机构、行业组织企事业单位、职业院校、研究机构和社会组织等进行资源整合,围绕地方的支柱产业或者特色产业,多方优势互补,资源共享,合作发展以组成职教集团,为职业院校与行业企业的发展提供全方位的保障。

通过以上介绍可知,单一的合作模式不能很好地满足产教融合的所有需要,各院校要根据不同区域的实际情况,由地方政府牵头,组织本区域重点发展产业的头部企业、中小微型企业、行业协会、院校共同商讨相关产业技术的相关标准、产业服务的标准、企业用人的标准、院校人才培养的标准。多种合作模式并用,灵活选择合适区域经济发展的合作模式,打造人才培养质量好、产教融合匹配度高、社会服务能力强的特色专业,紧抓创新型教学团队建设,校企合作共同推进课程建设、实训实习基地建设、技术技能平台建设,提升社会服务能力,带动产业集群和学科专业群建设,实质性地推动产教融合发展。

三、校媒融合促宣传,提升民族技艺文化认知

民族技艺的传承面临的核心问题是传承人缺失。民族技艺作为技术需要人作为载体呈现,作为艺术需要人作为媒介呈现,但由于欠缺对本民族的文化认同,大部分民族地区的民族技艺面临着无人传承、不愿传承的现状。地方政府应设置专门部门,详细走访民间艺人、民间手工大师,实地视察和听取情况,了解民族传统手工艺及其制作情况。

可以从风俗民情、手工技艺等方面，详细了解各区域民族传统文化传承保护工作情况，建立民族传统技艺保护基地，打造民族技艺传承人明星，搭建文化传播网络平台等加大宣传力度，提高地域整体文化观念，增强文化自豪感，让更多的人爱上民族技艺，引导广大群众主动参与民族传统文化、手工艺传承保护工作并以从事文化传承事业为荣。民族地区是民族传统技艺的重要集聚地，加大少数民族文化传承、保护与发展的专项经费投入，强化民风民俗等民族传统文化活动，加强民族文化传承人才队伍建设，进一步挖掘发现、保护和管理民族民间艺人，发挥其传、帮、带的作用，培养更多民族传统文化人才。

通过国家级、省市级及地方特色民族技艺项目统筹协调，营造良好的市场经济发展环境。吸引本地学子外出求学回家创业、外出打工返乡就业，鼓励和吸引更多中青年、学子、退伍人员加入民族技艺传承学习中，让技艺精湛、符合条件、具有代表性的人员加入非物质文化遗产传承人行列中，形成老中青技艺传承的合理梯队，利用"老技术、新匠人"的理念推进民族技艺传承，大力发展其中衍生出来的相关文化创意产业。进行跨区域经验互学互鉴，充分发挥职业院校、文化企事业单位、文化行业组织机构等资源，组织民族技艺管理者、从业者参加跨地域、跨门类的学习交流和经验互鉴，组织开展相关专业培训、巡回讲座、社会服务宣传，开阔技艺传承人的视野和创新思路，讲好民族故事，坚定文化自信。

在职业教育中将民族技艺融入专业建设，强化专业与产业结构的对接，提升产教融合制度创新度，健全以企业为主导、院校为载体、产业为关键的产教融合创新机制。在产教融合建设过程中，政府发挥主导作用，与企业、高职院校、行业协会共同研究建立有利于高职教育产教融合一体化可持续发展的全过程监管机制。高职类的应用技术型院校和企业是产教融合人才培养机制的实际参与者。政府制定和颁布相关保障、监督政策，能够提高企业对于校企合作的意愿，满足企业对于人才的需求，给予高职院校更多、更大的政策支持，促进双方形成良性互动，使当地形成完整的人才培育、就业共生共融的良好局面。政府应积极推动行业企业以设备投资、场地投资、资本投资的形式参与产教融合，配套相关政策法规，加强对高职教育产教融合过程中各方资源的监督和指导。保障行业企业对于高等职业教育资源投资的稳定性和可持续性及人才输送的回报性。

政府为职业院校设立相关特色专业建设经费，按照各地域民族技艺传承人才情况，结合生源特点给出相应的优惠政策，吸引更多的学生报考。结合地域特色课题项目研究，促进文创企业、文化传播公司、产业园区的建立，带动文旅产业发展，从而提高区域经济发展，有效整合文化资源，形成工艺美术、文化经营的群聚效应，提供更多的就业机会，结合市场需求开办新企业、设置新岗位。

第八章 民族技艺的"三教"改革实施路径研究

第一节 民族技艺专业人才培养目标和面临的问题
第二节 民族技艺专业"三教"改革实践策略
第三节 数字化赋能职业教育"活态"传承民族技艺
第四节 "三教"改革助力民族技艺区域品牌的建立

职业教育是我国现代教育体系中最接近经济产业发展和人们生活的教育类型，进一步深化职业教育改革是促进职业教育高质量发展，优化我国现代高等教育结构体系，提升职业教育人才培养与产业发展过程中岗位人才需求的匹配度和社会认可度的关键。2019 年《国家职业教育改革实施方案》中提出，把发展高等职业教育作为优化高等教育结构和培养大国工匠、能工巧匠的重要方式。民族技艺作为中华民族文明进程发展中手工造物经验的积淀，融入了特定地域和族群的文化价值、思想观念、审美倾向、生活习俗、社会生产及消费习惯的文化综合体，具有民族性、地域性和独特性。在现代生活情境中，日常的可观、可触、可用是民族技艺最好的传承和创新方式，然而传统与现代跨时空、跨观念和跨审美的时代差别，是民族技艺现代化转换和创新传承的难点。民族技艺与职业教育的融合使传统技艺的数字化记录和复制取得了很大的成效，让很多"日渐消失、人亡技失"的民族技艺得到了永久的保存。然而，复刻、记忆式的保存方式并不能达到技艺传承的真正目的，只有突破影像记录，走出博物馆陈设，改变家族式、师徒式口授相传的传承方式，深挖民族技艺的文化价值、社会价值和审美价值，与现代社会经济产业中新技术、新工艺、新材料、新需求融合，让民族技艺走进大众生活，通过产业化发展带动社会经济附加增值，才是提升民族技艺传承创新的真正目的。因此，对于现代职业教育提出了更高的要求，必须通过"三教"改革助推民族技艺高质量发展。

第一节 民族技艺专业人才培养目标和面临的问题

根据相关数据显示，2020年我国重点领域的技能型人才缺口为1900万人，2021年这个数据已经达到2100万人，预计在2025年人才缺口将接近3000万人[32]。当下，职业教育承担着双重责任，一是要担负起促进高等教育的跨越式、高质量发展，培养大国工匠、能工巧匠；二是要紧紧围绕行业产业需求，并以此来指导教育，突出教育的职业特性，做好人才培养和企业人才需求匹配的桥梁关系。技术技能型人才的缺口决定了职业教育需进一步地进行高质量发展。民族技艺因其手工造物的特点，是以高素质、高技术、复合型技术技能型人才培养为目标，技艺传承人是培养大国工匠、能工巧匠队伍的重要组成部分。为了深入贯彻国家对职业教育改革和人才培养的战略要求，进一步地深化职业教育的"三教"改革是职业院校结合地域民族文化，创办特色专业和特色院校，形成地域品牌的切入点。

一、民族技艺专业人才培养目标

民族技艺专业是近年来国家教育专业目录中新开设的专业，与国家弘扬民族文化，提高文化自信的战略紧密相连，是十分紧缺的专业，人才市场需求缺口巨大，未来发展前景十分广阔。如何切实地通过"三教"改革来助推民族技艺高质量发展，明确民族技艺专业人才培养定位和就业服务方向是改革的关键。民族技艺专业是培养德智体美劳全面发展，掌握中华优秀传统文化习俗、民族传统技艺和艺术设计基础理论等知识，具备民族传统技艺制作、设计造型和计算机辅助应用等能力，具有工匠精神，能够从事民族传统特色产业或文创企业（机构）的设计、制作、技术服务，传承、创新民族传统技艺等工作的高素质技术技能人才。在数字化经济背景下，以往对民族技艺的记录、复刻和保护已不符合当下时代背景和经济发展需求，民族技艺的传承，不单是传习继承更是融入当下，利用数字化技术和现代设计手段进行创新和发展。充分了解和掌握民族技艺人才培养的目标和就业方向，才能更好地开展"三教"改革，以此助推民族技艺的传承与发展。

二、民族技艺专业人才培养面临的问题

2019 年 1 月 24 日，国务院发布《国家职业教育改革实施方案》，提出了"三教"改革的任务。"三教"改革指的是针对教师、教材、教法在现代职业教育高质量发展背景下的改革方向，教师是改革的主体，教材是实施改革的基础，教法是推动改革的途径，它们共同形成了一个教育闭环，解决教学系统中由谁来教、教什么、如何教的问题[33]。民族技艺专业是 2013 年教育部、文化部、国家民委联合印发《关于推进职业院校民族文化传承与创新工作的意见》推出之后，各地市、各民族高度重视民族技术的传承与发展问题，国家和地方政府为支持民族技艺融入职业教育发展、加强民族技艺人才队伍建设而开设的专业。

民族技艺专业经过十余年的发展，取得了很大的成效，形成了许多优秀的典型案例，但存在的问题也非常明显。第一，认知和重视度不够。从全国范围来看，各地市、院校对于民族技艺教育教学的认识深度和重视程度不够，结合地域特色开设民族类专业和课程的学校少，民族技艺职业教学以技艺的延续和复制偏多，创新性传承方式研究相对较少。第二，专业人员较少。各地缺乏专门研究民族职业教育的机构和人员，缺乏在职业教育与行业产业之间统筹规划、支撑和协调的部门。再加上民族技艺属于某一地域族群的手工造物方式，各具民族和地域特色，难以制定统一标准、规范和考核体系，发展规模较小，配套的文创产业和工作岗位也不多，为职业教育教学和就业增加了难度。第三，学习交流机会少，办学理念滞后。国家或行业协会组织的跨地域交流、学习和培训机会少，开设民族技艺的职业院校都是摸着石头过河，办学理念和办学模式滞后，缺乏专项资金支持，教学环境、设施、师资"双师"素养、教材教法的针对性都不够。第四，民族技艺教学与产教融合不够深入。校内教师大多是相关专业领域高校毕业生，缺乏技艺实践经验，"双师"素养还需进一步提高。如果教师对民族技艺了解不够深入就很难找到创新的突破口，对传统技艺与新材料、新工艺、新设备、新技术等现代技术的结合创新性就不够。第五，缺乏科学合理的技艺评价体系。2019 年《职教二十条》提出，要推动"1+X 职业技能资格证书"制

度的实行，很多民族技艺还未形成相关的行业标准和考评机制，缺乏对人才能力认证的体系。自 2019 年"三教"改革政策实施以来，民族技艺融入职业教育涌现了一批国家级的特色院校和特色专业，但从经济产业发展和岗位人才需求角度来看，民族技艺教学还需要进一步深化改革。

第二节　民族技艺专业"三教"改革实践策略

一、"三教"改革视域下民族技艺专业教师的改革

"三教"改革是职业教育深化产教融合的切入点，也是"双高"院校评选和建设的依据，从"三教"改革推进情况可了解到学校的人才培养能力。对教师的改革，可组建行业大师、非遗传承人、民间匠人、学校教师，多元融合的结构化教学团队。通过多方协同，以"民族技艺＋现代设计""民族技艺＋信息化技术""民族技艺＋跨学科领域"的方式进一步提高教师团队的创新能力。民族技艺作为小众专业在职业院校中的专业教学开展时间短，虽取得一定的成果，但在民族技艺文化资源和配套的行业企业不足的情况下，学校办学经验不够丰富，在教师素养、教学资源、教学方法上还存在较大的提升空间。

1. 提升教师的"双师"素养

(1) 提升教师职业能力素养的基本要求

2019年8月，教育部等四部门印发《深化新时代职业教育"双师型"教师队伍建设改革实施方案》明确提出：分专业领域培养一批"双师型"专业带头人、骨干教师，在"三教"改革中打头阵、啃硬骨，有效解决"双师"素质不高、"双师"结构不合理等难题，并以此辐射带动全国职业院校高素质"双师型"教师队伍建设[34]。在"三教"改革任务提出之前，教育部自2006年起，已联合实施了三轮"职业院校教师素质提高计划"，为加快"双师型"教师队伍的建设奠定了坚实的基础。经过近年来的发展，已达到"双师型"教师占50%以上的目标要求，但由于各地认定的标准不一致，缺乏全国性统一的评定标准，仍存在教师水平不一，地区、专业不均衡的现象。

"双师型"教师教学能力提升

(2) 职业院校"双师"素养的提升可从以下几方面推进

一是成立职业教育"双师型"教师资格全国性认定机构，统一制定、完善认定标准和要求，在现行的教师资格能力认定基础之上，按照职业的分类细化专业"双师"认定标准。二是依托行业产业建立"双师型"教师素养提升培训基地，学院教师定期与非遗传承人、技艺工匠、行业大师等进行学术交流与实践能力探讨，打破教师从学校到学校、缺乏实践经验的现实问题。三是按照数字化时代背景下基于民族技艺传承创新衍生的新业态、新岗位需求，构建以实践能力提升为本的教师技能培养机制，提高教师技艺培训、学术交流、挂职锻炼等的有效性并推行相关奖励政策支持。

2. 提升教师的创新能力

《中国教育现代化 2035》和《国家职业教育改革实施方案》均明确提出建设高素质、专业化、创新型教师队伍。民族手工技艺是古代各民族人民为满足日常生活和经济发展的需求，发明和总结出来的。在手工业时代，手工艺人是促进经济发展的重要推动者，在历朝历代的政权更迭中，掌握手工技艺的人员往往是被保留、被争夺的对象。然而随着社会生产力的发展和科学技术的进步，传统的手工技艺已不能满足当下生产的需要，机械化、批量化生产代替了手工造物方式，手工技艺从业人员的岗位需求度越来越小，逐渐陷入发展的困境。

教师的创新能力是培养学生认识民族技艺在当代的文化价值，借助数字技术和跨学科、跨专业能力进行传承创新的先决条件。培养学生对民族技艺文化元素挖掘、工

国家教学名师在产学研用融合与创新研讨交流会上

艺解析、材料替换等创新再利用能力，创造出新生代对民族技艺的新需求，进而建立地域性民族文化品牌，使民族技艺绽放新的生命力。

二、"三教"改革视域下民族技艺专业教材的改革

随着我国进入新的发展阶段，产业升级和经济结构调整加快，各行各业对技术和技能人才的需求越来越迫切，职业教育作为最贴近生产实践，具有较大受众面的教育，在人才培养和产业服务上的重要地位和作用越来越突出。然而教师长期从事课堂教学，缺乏企业实训环境和实践经验，专业技能往往落后于产业发展。特别是民族技艺为小众专业，不管是办学经验还是配套发展资源都不足，各地教育文化部门、院校虽已经投入大量资源对民族技艺的课程、教材进行开发和改革，但仍存在一些问题，如课程、教材沿用本科院校知识结构的书写方式，中职和高职教学内容的梯度关系和衔接性不够明确。

1. 教材编写主体的多元化

目前教材的编写人员以学院教师为主，有着丰富的理论教学经验，熟悉教学设计，了解学生学情，但普遍缺乏企业背景和实践经验，导致教材内容与生产实际脱节，不能突出职业教育特色。面对行业企业新技术的发展，不能及时地进行教材内容更新，使教学内容与时俱进。针对民族技艺的传承与发展的教材改革，应按照区域经济文创产业集

群和民族技艺相关的学科专业群组建和融合的发展要求，加强组群专业共享课、专业基础课、核心专业课相关教材的制定标准，推动政、校、企、行多元参与教材编写。教材知识模块要打破传统以知识为中心的章节结构，突出培养民族文化素质为核心，以能力提升为本位的模块式设计，单元和单元之间知识结构独立，不能影响下一个任务的学习。多个单元完成多个小技能的掌握，最后完成一项系统专业技能的提升。政、校、企、行多元主体的参与，可以把知识点的任务描述、问题设计、活动设计、实施要求、评测方法都做精做细，为每个知识点开发配套的活页式讲义。

2. 活页式、工作手册式教材编写

目前职业院校在民族技艺的人才培养上常以"订单班、委托培养"等形式进行，因此在教学任务上常具有项目化教学的特点。针对产教融合的教学特点，活页式教材正符合了项目化的特点，按照民族技艺实训的项目化、模块化教学特点，把教材设计成可以替换的活页，使教材内容组织模式变得灵活，确保教材内容与行业企业和技术发展动态更新的时效性。教师可以根据企业项目的要求，打破原有学科体系编排的章节逻辑，变成以工作任务、职业能力的逻辑为准。以职业能力在工作过程中的特点组织安排，每个活页模块与职业能力清单对应，相互关联又相互独立，当技术工艺和规范更新时，可以灵活地去更换条目。技术落后了可以实时进行内容更新，打破学科体系束缚，突出应用性和实践性。

3. 数字化教材及资源平台建设

教材的数字化是职业教育数字化转型发展的重要组成部分，随着人工智能、云计算、大数据等数字技术在线上教育资源的应用，学生已习惯了教学数字资源库、在线精品课、中国慕课大学平台等线上学习方式。民族技艺的教材编写要融入数字化手段，从文字、音频、视频、图片、动画、微课演示文稿等多种方式，以二维码的形式呈现在书本上，学生扫描就可在教学资源云平台学习多维度教学知识的讲解，形成可观看、可体验、可练习、可互动的数字化教材。这不仅对民族技艺做了全方位的记录与保存，而且以教学资源的形式融入职

北京大学携手抖音集团打造"古籍智慧图书馆"

业教育，用现代化的讲解方式进行标准化的传播，使受众群体不受地域限制。数字化技术为中华民族技艺的传承与发展赋予了无限可能，如由北京大学携手抖音集团打造"古籍智慧图书馆"是一个互动性很强的数字教材。借鉴知识图谱理念，综合运用大数据统计、查询、分析、数据关联、机器标引等技术，将中国古典文献和研究成果图谱化、智能化，全面立体展现古籍内容，以人机交互的方式满足一站式查询、阅读与研究需求。民族技艺教材可充分借助数字化技术将工艺流程、关键技术点、难点以影像或3D展示的形式进行解析，降低学习难度，在技艺练习的实践环节，通过VR技术模拟真实实训场景进行反复练习，形成多主体、多维度、多层次的互动式教材。

4. 开展"岗课赛证"融通的教材建设

民族技艺的职业教育要紧紧围绕国家制定的"双高计划"目标进行三教改革。将岗位技能要求、职业大赛技能要求、职业技能等级证书考评标准等有关内容，融入教材编写中。将学生能力培养与教材知识内容相融合，从课程建设标准、课程整体设计、课程单元设计，自上而下地进行系统化设计，专业教材随信息技术发展和产业升级情况及时更新。

三、"三教"改革视域下民族技艺专业教法的改革

民族技艺作为中华优秀传统文化的重要组成部分，在新时代环境下要实现"活态"传承，必须赋予新的市场需求。传统的技艺传习方式可以实现小范围的传承，但不能满足新业态、产业民族技艺振兴的发展需要。职业教育民族技艺专业在教法的改革中必须体现现代化教育发展的要求，在教学过程中首先要以学生为中心，突出学生在学习过程中的主体地位；其次要充分利用现代化、数字化技术手段打破传统教学模式，实现教学过程的智慧化、互动化和网络化；再次要注重创新思维的培养，从多维度、多视角进行民族技艺的创新转化；最后要是多主体、多元化学习效果评价，以此来解决民族技艺发展的困境。

1. 培养目标

以学生为中心，健全德技并修、产教融合、多元主体的育人模式，民族技艺专业人才培养目标是使学生成为扎实掌握中华优秀传统文化、民族传统文化习俗、民族传统技艺和艺术设计基础理论等知识，具备制作、设计和计算机辅助应用等能力，具备工匠精神的高素质技术技能人才、能工巧匠和大国工匠的后备力量，同时实现思政教育与技

艺培养同步提升。

2. 教学策略

根据民族技艺工艺流程、技艺难点及对接的新业态产业需求,从全产业链服务出发,将民族技艺相关的知识进行项目化、模块化教学。通过现代学徒制深化校企合作,落实"民族技艺大师+学院教师"的"双导师"教学模式,建立基于岗位能力和行业需求的教学模式,全面深化产教融合,提升学生职业素养和能力。在民族技艺职业教育教学策略中运用探究法等凸显学生主体地位,依据难易程度设计递进式教学步骤的探究式教学模式。围绕"课前—课中—课后"三个阶段,从"文化意识启迪、创新观念形成、行为规范养成、传承技艺提升"四个维度提升专业能力,培养学生"树敬畏之心、育惜物之情、修精湛之技、筑工匠之魂"的思政教育,实现"润物无声"的育人效果。学生通过探究活动掌握技术技能,获得能力和技巧,通过探究中的各种亲身经历,增进对民族技艺的理解,提高发现问题、解决问题的能力和勇于创新的意识。

现代学徒制双导师育人模式拜师仪式

3. 教学组织

对接产业,服务地方,深化校企合作,通过横向课题等方式将企业中的真实生产项目融入教学组织过程,利用校企共建实训基地组织实训环节的教学,让职业教育适应这种项目化、模块化的专业课程学习方式,建设"校企互动、双向传送"的校企双元育人平台。推动相关专业核心课程以真实生产项目、典型工作任务案例为载体去组织教学单元。实现"岗、课、赛、证"的互联、互融、互通,实现学生的岗位能力、教学课程、职业技能竞赛、"1+X"证书四者齐头并进。激励学生将课程学习内容融入赛课融通的项目中,推动学历证书和职业技能等级证书有机衔接,提高学生的职业技能,进而提升其就业能力和岗位适应能力。

4. 教学设计

以学生发展为中心,以成果导向为依据,按照国家、地域经济发展的定位,结合区域民族文化特色和文创产业人才需求,结合特色学校和特色专业群的建设目标,制定专业人才培养方案,重构基于能力培养的模块化课程体系和教学内容。人才培养方案决定了课程体系,课程体系决定了课程整体设计,课程整体设计决定了单元设计,教学内容环环相扣,教学设计逐层递进,实现全程有效管理和保障人才培养质量。

5. 教学评价

通过校外导师、行业大师、校内教师,多元主体评价,通过线上教学资源平台、虚拟实训仿真平台学习数据、"1+X"职业技能资格证书考核、民族技艺职业技能大赛等,进行过程性评价。通过数据平台实时记录学生的学习行为和各项任务的评测结果。以民族技艺产业化推进情况、文创衍生品经济附加值增值情况、学生就业和上升空间、民族技艺社会服务等方面进行综合评价。"四联共融"的教学模式,有利于教师团队"双师"素养和产学研能力的提升,从"培训、竞赛、科研、下企"等方面多元赋能。

江西省"振兴杯"陶瓷行业技能竞赛　　江西省"振兴杯"技能大赛竞赛选手在创作

第八章　民族技艺的"三教"改革实施路径研究

2023年江西省陶瓷文物修复职业技能竞赛参赛选手实操竞赛

全面提升教师的综合素养和实践能力，培养一批具有科研能力、实践能力、教学能力、竞赛指导能力的双师型师资队伍。

　　我国是一个统一的多民族国家，各地拥有独特而鲜明的民族技艺文化。民族技艺作为地域群体的集体智慧结晶，延续着我们国家和民族的血脉，在过去促进了生活各个方面的发展，满足了人们的物质生活需求。在当下，千百年来人们积淀的文化瑰宝逐渐地被人们遗忘。习近平总书记在陕西榆林考察时特别强调，民间艺术是中华民族的宝贵财富，保护好、传承好、利用好老祖宗留下来的这些宝贝，对延续历史文脉、建设社会主义文化强国具有重要意义。国家自2011年成立了全国民族技艺职业教育教学指导委员会，对民族技艺职业教育教学进行研究并提供咨询、指导和服务，聘请了民间技艺传承人，加强职业院校民族特色学科建设，引导职业院校结合行业需求和地区特点，着力推动民族技艺人才系统化培养和培养体系建设，积极促进健全"产教协作机制"，促进专业与产业对接、教学过程与生产过程对接、人才培养与行业需求对接。积极引导民族职业院校师生深入民族地区，深入挖掘、梳理传统民族文化要素，界定传承内容，研究传承方式，运用现代教学手段，科学地融入时代元素，通过不断创新，保持民族性、体现时代性，使民族技艺教学和人才培养内容与时俱进。各地市十分重视民族技艺在社会经济发展中的作用，从目前发展来看，不管是职业教育人才培养还是配套产业、岗位的建设，还存在巨大的提升空间。我们要通过政、校、企、行多方协同，继续加强民族技艺人才队伍的建设，通过"三教"改革深化产教融合，对民族技艺文化进行挖掘、提炼、再创新应用，促进民族技艺的产业化发展。

第三节　数字化赋能职业教育"活态"传承民族技艺

习近平总书记在党的二十大报告中指出,要推进教育数字化,建设全民终身学习的学习型社会、学习型大国。2023 年 2 月 14 日,世界数字教育大会平行论坛之一"职业教育数字化转型发展"论坛在北京举行,会议强调职业教育作为与经济产业发展联系最为紧密、最为直接的教育类型,经济产业的数字化转型升级,对职业教育的数字发展和人才数字化素质的培养也提出了更高的要求。《职业教育专业目录(2021)》是为深入贯彻《国家职业教育改革实施方案》,加强职业教育国家教学标准体系建设,落实职业教育专业动态更新要求,推动专业升级和数字化改造,而由教育部组织进行全面修(制)订的。新目录的特点之一就是推动专业的数字化转型,在民族文化艺术类专业

"未来唐潮"数字化沉浸式体验项目 (1)

"未来唐潮"数字化沉浸式体验项目(2)

目录下,涉及民族技艺的传承、设计与制作。以数字化转型推动职业教育的创新发展是新时代赋予职业院校的历史使命,也是职业教育主动贯彻国家战略,服务经济社会数字化转型的必然选择。民族技艺在现代化传承中,面临着传统市场需求萎缩、制作难度大、工艺流程复杂、对传承人经验要求高、短时间内难以掌握等多重问题。传统手工制作的生产方式,不能实现大规模生产,大多以工艺品的方式呈现,不仅成本较高而且受众群体不够大众化。数字化赋能职业教育民族技艺传承与创新衍生出来的新生态,对于地域文化创意产业的发展,实现产业结构转型,深化职业教育的产教融合,构建地域政、行、企、校、产、教融合共同体,具有巨大的促进作用。

那么,数字化时代背景下该如何通过职业教育的改革推动民族技艺的传承发展呢?

(1)提升民族技艺数字化教育理念

目前5G、大数据、云计算、人工智能、物联网、区块链等新技术的发展及元宇宙互联网等新理念的提出,催生了一大批新的技术集成应用形式,沉浸式体验、多模态交互、AI数字人播报、生成式设计等逐渐进入了大众视野,同时也拓展了未来文创产品设计的产品品类。优秀传统文化的数字化创新设计具有极大的潜力,人们对优秀数字文创产品的需求日益提高,新时代的青年更加注重文化内涵的挖掘和审美趣味的提升,基于传统文化的数字文创产品成为全新的文化消费

故宫"数字多宝阁"

增长点。在民族技艺的"活态"传承中,要通过职业教育提升师生的数字化素养,实现数字化赋能民族技艺的传承创新。目前已涌现众多传统文化数字化创新案例,如故宫博物院联合腾讯开发的"数字多宝阁"小程序,利用云技术呈现了 600 件文物的三维数字模型,提升了用户的沉浸式体验。清华大学教师团队的"重返海晏堂"项目,在数字世界里建造了 2000 多座数字建筑模型,使消失的圆明园重现昔日全貌,重新呈现在观众面前。"数字中轴线"项目运用游戏引擎、物理仿真及云游戏技术实现了北京中轴线建筑的三维复原与互动式虚拟游览体验。除了在视觉形象上的复制孪生之外,还实现了听觉体验的数字还原,如湖北省博物馆开发的 AR 数字文创曾侯乙编钟,通过 AR 眼镜不仅可以观看编钟的各种形态,还可以听到敲打编钟发出的古音。

(2) 搭建民族技艺数字化资源平台

充分利用 5G、大数据、物联网、虚拟仿真等现代化技术,搭建民族技艺数字化资源平台和沉浸式虚拟实训环境,解决民族技艺地域分散,教育资源少,传承人年龄大、数量少、不便走进院校实地教学等现实问题。通过专业教学资源库、精品在线开放课程、虚拟仿真实训基地等,对民族技艺进行全流程的数字化记录与整理,编写适合职业院校学生学情的教材与课程,扩大传承人的受众面。学生在虚拟实训场地完成技艺的动作解析,对于难点和重点环节进行重复性练习,避免对资源的浪费或对文物的破坏。比如,陶瓷、书画、壁画文物修复技艺的学习,不仅耗时久、要求高、难掌握,而且在技艺掌握不够娴熟的情况下,会对文物产生破坏,虚拟仿真实训室就可以很好地避免这类问题[35]。

(3) 推进产教融合共同体的建立

职业教育的数字化转型是国家的战略定位,各地区、各民族在贯彻执行中要从政、校、企、行四个层面协同推进数字化的发展,建立民族技艺传承发展的产教融合共同体,从而推动民族技艺在职业教育中的"三教"改革,实现人才培养、产教融合、教师能力、

景德镇御窑博物馆古陶瓷基因库

青花云龙纹蟋蟀罐知识图谱

实训基地、学生素养、企业服务等，与基于民族技艺传承与发展的新业态、新岗位、新需求相匹配，提升学院教育对地域经济发展的服务能力。一方面鼓励政、校、行、企多方联动，深化校企合作、产教融合；另一方面鼓励行业企业与职业院校合作，开展文化产业趋势分析和未来岗位需求预测，探索数字时代民族技艺在职业教育中人才培养的新范式，满足产业数字化转型的需要。

江西陶瓷行业产教融合共同体成立大会(1)

江西陶瓷行业产教融合共同体成立大会(2)

第四节 "三教"改革助力民族技艺区域品牌的建立

高等职业院校"三教"改革是新时代深化产教融合的重要着力点,民族技艺是地域、区域的文化特色和优势。在文化软实力竞争的时代背景下,充分发挥政、校、企、行四方协同的作用,将民族技艺纳入高等职业院校,通过深化产教融合的形式进行民族技艺保护与传承的发展。强化区域产业、行业企业在职业院校专业设置和人才培养中的引导作用,是打造与地方经济、地方文化发展相吻合的地域文化品牌的重要手段。民族技艺教育有其特殊性,传统的口授相传、师傅传习的培养模式难以适应培养大国工匠、能工巧匠的国家人才培养战略,为实现新时代民族技艺专业人才培养的目标,需要有针对性地推进"三教"改革。从人才培养到就业创业和产业发展,充分利用政、校、企、行的资源优势统筹协调发展,结合地域民族文化特色及区域经济产业转型发展中出现的新行业、新业态、新岗位的人才需求,按照产业链的需求组建专业群协同发展,形成区域经济产业集群与学科集群融合发展的模式。"三教"改革过程中要按照专业人才培养目标,结合产业链的人才发展需求,培养学生综合职业能力、岗位胜任能力、可持续发展能力,配备最合适的师资,采用最适宜的教学方法,传授最新、最能满足民族技艺新业态发展所需要的知识、能力和素养,解决职业教育人才培养滞后于新产业发展需求的现实问题,实现职业教育与区域产业同步发展。通过"三教"改革促进大国工匠和能工巧匠储备人才的培养,提升新时代传承人的传统技艺与科技创新能力,为区域产业结构转型和高质量发展提供新型业态下需求的人才,从而助力各地域民族技艺品牌的建立。

一、结合区域民族技艺文化,打造特色专业

树立品牌意识,找准定位,突出优势,打造特色专业,是提高民族技艺专业发展

的有效手段。民族技艺作为一种带有地域特色和民族特点的文化存在，有着与众不同的鲜明特色，职业院校要深挖区域民族技艺的文化价值，找到自身的资源优势，借助"差异化、独特化、本土化"的模式，进行特色专业的设立与发展。

办学理念上，要深入贯彻落实"培养什么人、为谁培养人、怎样培养人"的指导思想和办学导向。打造民族技艺特色专业，是紧紧围绕地域民族技艺特色、地域产业发展需求和民族技艺传承与创新发展人才需求进行的专业建设与发展。通过深化产教融合和校企合作，为地域民族技艺品牌的建立和发展提供充足的"新匠人"传承人，运用新技术、新工艺、新标准共同打造具有地域性、民族性和独特性的民族技艺品牌，将古老的民族技艺进行"活态"传承与发展。特色专业理念的树立需要考虑两个方面的因素：一是以市场需求和产业发展人才需求为导向，了解本区域围绕民族技艺传承创新涌现出的新业态、新岗位中对传承人才的能力需求和技能要求，并以此作为建设特色专业或特色专业群的重要参考依据；二是民族技艺类专业属于应用技能型专业，在设立之初就要充分考虑到实践能力和就业能力的提升。现代学徒制的双导师育人模式，可以通过深化校企合作和产教融合提高学生的技能水平和职业素养，更好地把握民族技艺人才培养的方向并有效地提高办学水平。

二、找准定位，围绕地域特色组建特色专业群

树立特色专业办学理念，结合区域经济文化和学校自身的资源和优势，围绕民族技艺传承与发展过程中涌现的新业态、新产业链的发展需求，跨专业组建特色专业群。主要可以从以下两个方面考虑：一是以服务区域经济产业为目标。职业教育特色专业和民族技艺的共同特点之一是区域性，是专为区域民族技艺的发展所设立的人才培养专业，因此特色专业人才培养需要与区域的民族技艺产业发展相匹配，深入发掘各地域特有的民族文化资源，围绕地方产业经济结构设置专业。职业院校在培养民族技艺人才的同时，也在进行社会美育服务和文化价值功能的开发，要充分发挥政、企、行在特色专业建设与发展中的引导作用，共同提升地域形象，建立民族技艺品牌。二是以促进民族技艺创新发展为准则。每个职业院校都有其历史发展和学科资源优势，学校应该扬长避短，根据自身的优势，找到与民族技艺的结合点，加大优势学科的建设力度，促进特色专业群的打造。特色专业群的组建要以民族技艺的传承创新和发展为准则，如古陶瓷修复技艺，面对传统修复对传承人修复技艺要求高、经验要求丰富、修复难度大等技艺难点，要根据专业发展前沿和科技的发展，将数字化技术与传统技艺融合，提高修复效率、降低修复难度，更重要的是通过三维扫描、三维建模、3D打印等数字化技术的应用避免对文物的二次伤害。虚拟化的数字平台和展陈方式满足

中国国家博物馆虚拟代言人艾雯雯

虚拟讲解员艾雯雯在数字博物馆承担讲解员职责

了现代年轻人的参展习惯,打破了时空的距离和地域的限制,随时随地在数字博物馆中进行观展体验。民族技艺品牌在传播与展示过程中要充分利用数字化技术手段,采用新一代年轻人喜爱的方式进行传播。

三、对接新产业需求,提升教师"双师"素养和创新能力

教师的"双师"素养和创新能力是促进民族技艺运用新的技术手段和形式,赋予

民族技艺新的生命的基础,也是深化产教融合,提高产学研用能力的重要条件。现代学徒制和校企合作的人才培养模式,以及新时代民族技艺传承与发展的创新性和时代性,对职业院校教师的能力提出了更严格的要求。专业教师不仅要掌握扎实的民族文化理论知识,还要熟练地掌握民族技能,这样才能做到德技并修,充分发挥民族技艺文化优势,在技艺传承过程中提高学生的文化自信,深入贯彻落实立德树人的育人理念。

在加强"双师型"教师的培养上,一方面,教师要深入民族技艺类相关行业的企业实践活动中,以提高自身的技能水平和实践能力;另一方面,学校需要联合行业或者企业为"双师型"教师的培养提供场地、资源等,或者是聘请相关领域的教授和专家到校进行校本培训,借助各行各业和社会的力量提高民族技艺教师的教学水平和技能水平。

四、培养具有民族责任感的能工巧匠与大国工匠

民族技艺作为中华民族优秀传统文化的重要组成部分,积淀着中华民族五千多年来最为深刻和厚重的生活实践经验,经过世代相传和代代改进,而成为各民族和地区重要的文化象征和生存技艺,是最具代表性的地域名片。职业教育担负着新时代民族技艺现代传承人培养的重要职责,其重点不仅在于技艺水平的提升,还在于对传承人民族责任感和工匠精神的培养。在长期的艰苦实践和经验总结中,涌现出了众多的能工巧匠和技艺能手。在新的历史时期,优秀的民族文化依旧能产生巨大的文化价值和精神能量,是我们提高文化自信,培养新时代能工巧匠和大国工匠的底气。因此民族技艺人才培养应该意识到传承民族文化的责任使命,为了更好地传承和创新民族技艺文化,工匠精神是必不可少的优秀品质。

"工匠精神"在 2016 年第一次由李克强总理提出。工匠精神的核心追求在于精益求精的工作态度、一丝不苟的实践精神,以及尽善尽美的细节体现。目前众多地域民族技艺企业还处于传统的经营模式,还未在国内外形成具有影响力的地域文化品牌,急需高技术、技能型应用人才,为民族技艺传承和创新发展提供人才保障。职业院校作为应用技能型人才培养的摇篮,在人才培养时注重工匠精神的培养,既是民族技艺传承发展的内在要求,也是培养新时代大国工匠、能工巧匠的人才需求,更是打造地域民族技艺文化品牌的人才支撑。只有具备对技艺、对产品高度专注和极致追求,才能培育出技能高超、意志坚定和积极创新的应用技能型人才。

第九章 民族技艺进校园、进社区、进地区的策略研究

第一节　民族技艺进校园
第二节　民族技艺进社区
第三节　民族技艺进地区研学旅行

我国非物质文化遗产的保护、传承和发展是一项重要而紧迫的任务，"非遗"作为民族技艺的重要组成部分，在民族文化的传承中扮演着至关重要的角色。然而，随着现代社会的发展，许多民族技艺面临失传、衰退甚至消亡的风险。为了有效保护和传承民族技艺，有必要将其引入校园、社区和地区，使更多人了解、学习和体验这些宝贵的中国传统文化——民族技艺。

本章将深入研究并讨论民族技艺进校园、进社区和进地区的具体策略。民族技艺引入校园方式包括邀请大师进校园、引进大国工匠、开设第二课堂、建立大师技能工作室，以及开展职业技能培训和职业教育活动周等活动。这些策略将为学生提供与民族技艺"大师"面对面交流、学习和体验的机会，激发学生对传统文化的兴趣和热情。民族技艺进社区，通过对社区人员进行引导宣传和职业技能培训，将非遗项目融入社区生活，增强居民对民族技艺的认知和理解，并鼓励他们参与和传承这些宝贵的技艺，从而促进文化传承和社会发展。此外，在地区开展民族技艺研学旅行，结合地区特色和民族技艺项目，设计丰富多彩的研学旅行活动，使人们能够亲身感受并了解民族技艺的历史渊源、制作过程及与当地文化的紧密联系，从而提高群众对民族文化的认同感和自豪感。

通过对民族技艺的研究和讨论，为保护和传承民族技艺提供实践性的建议和策略，推动民族技艺走向校园、社区和地区，实现民族技艺的传承和发展。只有通过共同的努力，才能将非物质文化遗产传递给后代，才能让中国的优秀传统文化技艺在现代社会焕发新的光彩。

第一节 民族技艺进校园

民族技艺拥有独特的历史、文化和社会价值，然而，随着现代化的进程加速和全球化的影响日益加深，民族技艺面临着巨大的威胁和挑战。很多民族技艺项目逐渐消失或濒临失传，传承环境也受到了严重的破坏。因此，保护、传承和弘扬民族技艺已经成为当代社会亟待解决的重要问题。

校园作为培养人才和传承文化的重要阵地，具备巨大的影响力和资源优势，能够为民族技艺的保护和传承提供有力支持。将民族技艺融入基础教育、高等教育的校园文化建设，可以促进民族技艺得到更广泛的传播，提高公众对民族技艺的关注。丰富的校园文化对于提高学生的综合素质和促进个性发展至关重要。将民族技艺融入校园文化，不仅能够保护和传承传统文化，还能为学生提供全面发展的机会，培养文化自信和创新精神，为校园注入独特的历史和文化元素，丰富其内涵和特色。民族技艺承载着深厚的历史积淀和文化底蕴，是民族智慧和创造力的结晶。通过深入了解传统文化，学生们能够增强对传统价值观念、伦理道德和审美标准的认同感，提升文化素养和人文精神。

此外，民族技艺的融入还能培养学生的创新思维、跨文化沟通能力和社会责任感，积极推动民族技艺融入校园文化建设，不仅能够培养具有深厚文化底蕴和创新思维的学生，还能推动社会文化进步，此举具有重要的价值和意义。

一、民族技艺进校园的背景

1. 文化背景

非物质文化遗产的保护和传承是当前全球各个国家所面临的重要文化课题。对于拥有五千年文明史的中国来说,非物质文化遗产的保护和传承显得尤为重要。作为复杂多元的文化体系,中国的传统文化拥有丰富的内涵和独特的魅力,其中民族技艺作为非物质文化遗产的重要组成部分,更是中国传统文化的重要部分。如今民族技艺面临着被遗忘和失传的危机,而向学校传入民族技艺这一做法,有助于传承中华民族的优秀传统文化,弘扬中华文化精神,促进文化自信的建立[36]。

(1) 民族技艺进校园是文化保护与传承的需求

在过去的数百年中,由于战争、自然灾害、社会变革等多种因素的影响,中国的传统文化受到了很大的冲击和破坏。一些民族技艺因此失去了传承的环境和土壤,有的甚至濒临失传。将民族技艺引入校园有以下几点好处:

第一,保护和传承文化遗产,避免其消失在现代化的进程中。民族技艺作为传统文化的重要组成部分,蕴含了丰富的文化内涵和民族精神。对于学生来说,学习民族技艺不仅是技能的学习,更是一种文化的传承。通过学习民族技艺,学生可以更好地了解和体验本民族的文化传统和历史,增强民族自豪感和文化自信心。民族技艺在传承的过程中也得到不断发展和创新。

第二,可以促进学校教育对于传统文化的探索和创新,使其焕发出活力。通过学校民族技艺教育,探索传统文化与现代教育的结合方式,为未来的教育改革提供新的思路和方向。民族技艺作为民族文化的代表之一,对于促进社会和谐和文化自信有着重要的作用。

第三,增进不同民族之间的交流,促进各民族的和谐共处。通过学习和传承本民族的民族技艺,增强学生和教师对于本民族文化的认同感和自信心,进一步促进社会和谐和文化繁荣。民族技艺引入校园可以满足传统文化保护与传承的迫切需求。这样的举措有助于更好地保护和传承我国的非物质文化遗产,增进文化自信和社会和谐。

(2) 民族技艺进校园是素质教育提升的需求

第一,培养学生的综合素质和创新能力。民族技艺的学习需要动手实践和亲自操作,这不仅可以提高学生的动手能力和实践能力,还可以促进学生创新思维的发展。同时,民族技艺的学习也可以提升学生的人文素养和审美素养,帮助他们更好地理解和欣赏本民族的文化传统和历史。在民族技艺进校园的背景中,素质教育提升的需求是一个重要的方面。随着经济和科技的快速发展,教育已经不再局限于简单的知识传授，而是更加注重培养学生的综合素质和创新能力。

第二，培养学生的审美能力和艺术鉴赏力。学习民族技艺需要观察、模仿和创作，这培养了学生对美的感知和欣赏能力，提高了他们对艺术形式的理解和评价能力，从而拓宽了视野和思维方式。学习传统手工艺，需要学生亲自实践和操作，这锻炼了他们的动手技巧和空间想象力。通过创作过程，学生可以发挥自己的想象力和创造力，培养审美能力和艺术鉴赏的能力。民族技艺作为中国传统文化的瑰宝，具有丰富的艺术内涵和审美价值，将其引入校园，为学生提供多元化、全面发展的教育机会。

第三，培养学生的团队合作精神和社会责任感。在学习民族技艺的过程中，学生需要与他人合作完成一项作品或项目，这培养了他们的团队合作能力和沟通技巧。同时，传统民族技艺蕴含着丰富的文化内涵和社会价值观，通过学习和传承，学生能够了解并接受这些价值观，培养学生的社会责任感。

因此，将民族技艺引入校园能够满足当今教育中培养学生综合素质和创造力的需求。通过学习和体验民族技艺，学生能够在审美能力、动手能力和团队合作等方面得到全面发展，同时也有助于提高学生对传统文化的认知和理解，加深他们对中华优秀传统文化的自豪感和归属感。

(3) 民族技艺进校园是多元化教育的需求

如今，传统教育方式和内容已经不能满足学生全面发展的需求，多元化教育已经成为教育改革的重要方向。多元化教育是指在教育过程中注重培养学生的创新能力、实践能力、团队协作能力等，同时，针对不同学生的个性化需求，提供丰富多彩的教育内容和形式。而民族技艺的引入正好与这一目标相吻合。民族技艺的学习本身就具有多元化的特点。传统手工艺是我国传统文化的重要组成部分，涉及陶艺、纸艺、木艺、石艺、织艺等多个领域，且各种手工艺术又有着独特的风格和技法。学习这些技艺需要学生通过观察、模仿、实践等多种方式进行，从而培养他们多样化的学习方式和方法。民族技艺的学习可以满足学生的个性化需求。民族技艺不仅涵盖广泛，而且每种技艺都有其独特的风格和特点，学生可以根据自己的兴趣和特长进行选择学习。通过多元化的教育资源和形式，更好地满足学生的个性化需求和发展方向。民族技艺的学习有助于提高学生的实践能力和创造力。学生通过亲身体验和实践，学习并掌握民族技艺的技法和方法，提高动手能力和操作技巧。同时，在民族技艺的学习中，学生也需要发挥自己的想象力和创造力，进行个性化的创作和设计，从而提高创新意识和实践能力。因此，民族技艺的引入有助于满足多元化教育的需求，为学校提供多样化的教育资源和形式，丰富学校的教学内容和形式，促进学生的全面发展和个性化需求。

(4) 民族技艺进校园是社会与经济发展的需求

民族技艺进校园可以为社会和经济的发展做出重要贡献。

第一，民族技艺进校园可以为当地经济带来新的动力和机遇。许多民族技艺具有独特的地域特色和文化内涵，如苗绣、蜡染、壮锦等，将这些技艺转化为具有市场竞争力的文化产品和文化服务，可以推动文化产业的发展。例如，以苗绣为基础的设计品牌可以生产时尚服装和家居用品，以壮锦为元素的手工艺品可以成为旅游纪念品，从而创造经济效益。

第二，民族技艺可以促进文化交融和社会和谐发展。我国拥有丰富多样的民族文化资源，而民族技艺是重要的组成部分。将民族技艺引入校园，让不同民族的学生有机会接触和学习彼此的文化传统，培养跨文化交流的能力和跨越民族界限的友谊，这有助于促进我国各族人民的交流与合作，增进民族团结和社会的和谐发展。

第三，民族技艺对社会经济的发展具有重要意义。每个民族都有独特的传统节日、民俗和手工艺品，这吸引着大量的国内外游客，为旅游行业带来了巨大的经济收益。这种吸引力不仅提高了地区的知名度，还创造了大量的就业机会，促进了当地居民的经济收入，对社会经济的发展具有重要意义。

2. 政策法规背景

在当代社会，面对全球化和现代化的冲击，民族技艺和非物质文化遗产的保护和传承变得尤为重要。作为中华优秀传统文化重要组成部分的民族技艺，承载着丰富的历史、文化和艺术内涵，具有不可替代的价值。民族技艺的传承和创新发展面临着困境。一方面，传承由于家族纽带、性别局限和高龄化问题受阻。另一方面，先进生产力导致传统手工艺被机器制造取代。然而，民族技艺作为文化振兴的关键部分，可通过加强传承人培养、多元化传承模式、整合科技创新、增强保护意识和拓宽市场渠道等措施来促进发展。党和政府高度重视非物质文化遗产的保护与传承，并将其作为国家文化建设的重要内容之一，为鼓励和支持各级学校积极参与民族技艺的传承与发展，相关政策和措施陆续出台。这些政策的制定是出于对中华优秀传统文化的重视和保护，也是高等院校肩负起培养人才和传承文化责任的体现。民族技艺进入校园，为学生提供更广阔的学习空间和实践平台，弘扬民族文化，传承非物质文化遗产，培养优秀人才，促进文化多样性和社会和谐发展。

(1) 国家层面

我国政府已经采取了一系列政策法规来保护和传承非物质文化遗产和民族技艺。政策文件聚焦于推动非物质文化遗产教育、民族文化传承与创新工作、传统工艺振兴、"双高"学校专业建设等方面。政府通过制定政策、加强管理体系建设、推动非遗进校园、进社区、进网络等形式，努力促进非物质文化遗产的传承和发展。总体来说，政策文件反映了中国政府在非物质文化遗产保护方面的长远规划和务实举措，以期推动非物质文化遗产的传承与发展，促进中华优秀传统文化的繁荣。由此可见，在宏观顶层设计层面，政府把教育作为推进民族技艺传承和创新的重要途径。

国家层面政策法规保护和传承非物质文化遗产和民族技艺

时间	发布部门	政策相关内容	主要任务
2011年	国务院教育主管部门	《中华人民共和国非物质文化遗产法》第三十四条	学校开展非物质文化遗产教育
2013年	教育部、文化部、国家民委	《关于推进职业院校民族文化传承与创新工作的意见》	推动民族文化融入学校教育全过程，推动传统手工艺传承模式改革。加强非遗传承人才培养
2013年	国家民委办公厅	《中等职业学校民族技艺类专业教学标准制订》	以健全职业教育质量保障体系
2017年	中共中央办公厅、国务院办公厅	《关于实施中华优秀传统文化传承发展工程的意见》	推动非遗艺术"进校园进课堂"，实现全市青少年非遗知识普及，激发爱国、爱家乡的热情
2017年	文化部、工业和信息化部、财政部	《中国传统工艺振兴计划》	实现传统工艺振兴的路径和关键步骤
2019年	国务院	《国家职业教育改革实施方案》	启动实施中国特色高水平高等职业学校和专业建设计划
2019年	教育部、财政部	《关于实施中国特色高水平高职学校和专业建设计划的意见》《中国特色高水平高职学校和专业建设计划项目遴选管理办法（试行）》	指导职业院校专业建设
2019年	中共中央办公厅、国务院办公厅	《关于实施中华优秀传统文化传承发展工程的意见》	充分发挥中小学课程教材承载的中华优秀传统文化教育功能，制定本指南
2023年	中共中央办公厅、国务院办公厅	《"十四五"文化发展规划》	强化融入生产生活，创新开展主题传播活动，推进非遗进校园、进社区、进网络

(2) 地方层面

在地方政策层面，许多地方政府也积极推动将民族技艺引入学校教育中，通过制定相关政策和实施方案，加强与学校的合作，提供支持和资源，促进民族技艺的传承与发展。政策通知和实施方案集中体现了地方政府对非物质文化遗产保护和传承的重视，特别是在教育领域的推动。

一方面，地方政府鼓励学校在教育过程中融入当地的民族文化元素，开展相关的非物质文化遗产教育。通过与学校合作开展各种活动及制定相关课程体系和教材体系，地方政府努力营造浓厚的遗产传承氛围，激发青少年对非物质文化遗产的兴趣和认同，培养学生的文化传统和社会价值观念。这些举措有助于促进民族技艺、非物质文化遗产及劳模精神的传承和发展，为保护和传承优秀传统文化做出积极的贡献。

地方层面政策法规保护和传承非物质文化遗产和民族技艺

时间	发布部门	政策相关内容	主要任务
2015年	上海市相关部门	《关于开展"劳模精神进校园"系列活动的通知》	积极开展"走近劳模"系列活动。推进劳模精神进课堂，引导、启迪和鼓舞学生
2022年	扬州市文化广电和旅游局	《扬州市非物质文化遗产进校园活动实施方案》	增强学生对非物质文化遗产保护传承意识。联合开展"家乡文化我传承"活动，营造浓厚的非物质文化遗产传承氛围
2022年	江西省文化和旅游厅	《关于进一步加强非物质文化遗产保护工作的实施意见》	健全和完善非物质文化遗产课程体系和教材体系。鼓励传承人带徒授艺、组织传习和培训活动
2023年	辽宁省文化和旅游厅	《关于开展非物质文化遗产进校园、进社区公益惠民活动的通知》	挖掘非遗进校园、进社区优秀实践案例。加强非遗理论和技艺研究

另一方面，地方政府积极支持和培育民族技艺的传承人才和传承基地。在非物质文化遗产和民族技艺的保护和传承中，地方政府发挥着至关重要的作用。除了出台相关政策法规提供法律保障和政策支持外，地方政府还积极培育民族技艺传承人才和传承基地，以推动非物质文化遗产和民族技艺的持续发展。在传承人才培育方面，地方政府通过多种途径支持民族技艺传承人培养。

首先，制定了一系列针对培育民族技艺传承人的优惠政策，如补贴、税收减免等，鼓励传承人开展传承工作。2020年全国两会期间，全国工商联向全国政协十三届三次会议提交了"关于优化非遗政策引导非遗产业化发展的提案"，对于非遗传承人，提案建议地方政府实施所得税减免政策，降低非遗传承人的税负成本，提高非遗传承人的收入水平。根据政府认定的非遗传承人等级确定不同的税收减免标准。河源市委员会提交了"关于进一步做好我市非遗文化传承与发展的提案",对已经形成产业化的生产性非遗项目出台更优惠的政策,帮助企业做好生产、传承、展销、宣传等各项工作。进一步落实好非遗生产性保护项目税收减免优惠等政策。2021 年,《江西非物质文化遗产发展报告（2021）》中对"十三五"时期江西非遗保护的发展状况、取得的成效及思考进行总结,提出了科学保护、依法保护、非遗与旅游融合发展的有效途径。报告回顾截至 2021 年 6 月,现有国家级非遗代表性项目名录 88 项、省级 560 项,国家级代表性传承人 70 名、省级 477 名,国家级文化生态保护（实验）区 3 个、省级 1 个,国家级非遗生产性保护示范基地 4 个、省级 74 个,省级非遗研究基地 20 个、传承基地 25 个、传播基地 43 个,省级非遗传承小镇 17 个,初步构建起了符合江西省情的非遗保护体系。

其次,地方政府还为传承人提供了专门的培养计划和培训课程,包括技艺研修、文化讲座、技艺交流等活动,以提高传承人的技艺水平和文化素养。除了支持传承人培养,地方政府还十分重视传承基地的建设。如浙江新昌的"非遗工坊",主要围绕剪纸、竹编、泥塑等非遗项目展开,为公众提供了一个近距离接触和了解非物质文化遗产的场所。工坊不仅展示了新昌县丰富的非遗资源,还通过现场制作、传承教学等方式,让游客亲身体验非遗文化的魅力。河北的"非遗工坊",集合了河北省内的多项国家级和省级非遗项目,包括剪纸、泥塑、面塑等,工坊为非遗传承人提供了良好的工作环境和发展平台,促进了非遗技艺的传承和保护。南京的云锦博物馆,主要展示和传承南京云锦织造技艺。博物馆不仅展示了云锦的历史和技艺,还通过互动体验、传承教学等活动,让公众领略到了南京云锦的独特魅力。安徽徽州的文化博物馆,馆内的徽派建筑、石雕、木雕等传统技艺,以及徽墨、徽菜等传统文化的展示,都为公众提供了丰富的视觉和感官体验。

同时,地方政府还鼓励社会力量参与传承基地建设,形成政府与社会共同投入、共同建设的良好局面。在推动民族技艺传承方面,社会力量与传承人之间的合作至关重要。2019 年 6 月,文化和旅游部非遗司发布了 2019 非遗与旅游融合十大优秀案例,"江西景德镇——古窑让非遗'活'起来""江西婺源——非遗让中国最美乡村更有'味道'"名列其中。非遗与旅游融合发展持续加强,对于提高非遗的可见度、影响力,弘扬赣鄱优秀传统文化,丰富旅游业态,提升旅游文化内涵,发挥了重要作用。为了实现民族技艺的传承和发展,地方政府与社会企业、传承人等三位一体加强沟通与合作,共同制订传承计划和保护措施。通过开展技艺展示、推广活动,提升民族技艺的知名度和影响力,吸引更多人关注和参与非物质文化遗产和民族技艺的保护与传承。

此外,一些地方政府还通过举办各类比赛、展览和演出等活动,宣传和推广民族技艺。如2021年4月14日，张掖市文化广电和旅游局主办的"非物质文化遗产进校园"活动在甘州区西街小学、劳动街小学启动。活动以校内外、课内外相结合的方式进行，选择了地方戏曲、剪纸、刺绣等非遗项目，并邀请优秀传承人到校辅导。计划每周安排至少1节非遗课堂，并建立长效机制。中国石油大学举办第六届"点·石"美育周"非遗石光，芳华守艺"活动也在学校举行，邀请了多位国家级、市级、区级非遗项目传承人展示和介绍昆曲、京剧、京绣、绢花、手扎风筝、皮影等非遗技艺。通过这次活动，学校为学生提供了一个沉浸式的非遗体验，让他们更深入地了解非遗文化、感受民俗风情，同时也为校园增添了浓厚的文化氛围。

近年来，江西非物质文化遗产的传播和普及工作取得了显著进展。社会上形成了人人关注、人人参与的非遗保护氛围。每年的"文化和自然遗产日"和传统节庆期间，江西全省范围内都会举办丰富多样的非遗宣传展示活动。为了提高国民素质、传承优秀传统文化，江西积极推动非遗进校园、进课堂、进教材的活动，将非遗教育融入国民教育体系，贯穿于整个教育过程中。青少年群体对非遗保护的知识和理念有了显著提升，非遗成为传统文化和爱国主义教育的重要方式。以兴国县为例，该县将兴国山歌的传承和保护纳入本地国民教育体系，纳入中小学教育教学内容中，发布了《关于开展山歌进校园活动的指导意见》，编写了《兴国山歌进校园》普及辅导读本。兴国县实验小学作为兴国山歌传播基地，被评为2018年全国"非遗进校园"优秀实践案例。另外，赣州市章贡区在全区的57所大、中、小学校设立了非遗传习点，并组织编写非遗教材。他们还将采茶戏纳入音乐教学课程中，将赣南采茶戏的曲调和舞蹈改编成采茶韵律操进行推广。以上举措表明江西在非遗传承和普及方面取得了积极的成果，通过将非遗教育融入教育体系，青少年对非遗的认知和参与度得到提高，非遗成为传统文化和爱国主义教育的有力工具。

总之，地方层面对于将民族技艺引入学校教育起到了重要的推动作用。通过政策支持、资源投入和合作推动，实现了学校与民族技艺的紧密结合，促进了非物质文化遗产的传承、创新和弘扬。

3. 商业化背景

中国的非物质文化遗产保护工作在近年得到了广泛的重视和加强。《中华人民共和国非物质文化遗产法》《中华人民共和国国民经济和社会发展第十四个五年规划和2035年远景目标纲要》及《"十四五"非物质文化遗产保护规划》等政策的出台，为进一步推动非遗的保护传承工作提供了理论指导，并且，《"十四五"非物质文化遗产保护规划》特设"传统工艺高质量发展"专栏，给予传统工艺的振兴计划高度重视。

随着国务院批准并公布了第五批国家级非物质文化遗产代表性项目名录，我国国家级非遗代表性项目已达 1557 项，涵盖了民间文学、传统音乐、传统舞蹈、传统戏剧、曲艺、传统体育、游艺与杂技、传统美术、传统医药和传统民俗等各个领域。这些项目不仅代表了中国丰富多彩的文化传统和独特技艺，也体现了中华民族的智慧和创造力。我国政府对非遗保护工作十分重视，不仅在国家级层面上进行了大规模的项目申报和评定工作，各地政府也积极开展非遗保护和传承工作。2021 年，文化和旅游部共认定了五批 3068 名国家级非遗代表性项目传承人，各省（区、市）也公布了 16 000 多名省级非遗代表性传承人。这些传承人是非遗保护工作的重要力量，他们在传承和发扬各自的项目方面发挥了积极的作用。同时我国在非遗保护方面也取得了显著的成就。2022 年 8 月，全国列入联合国教科文组织人类非物质文化遗产代表作名录（名册）的项目有 42 项，位居世界第一。这些代表作不仅代表了中国非遗的最高水平，也体现了中国政府在非遗保护和传承方面的努力和成果。

非物质文化遗产在保护与传承过程中受到全球化、经济和政治网络的影响。同时受制于外来的经济、人力、技术和资本等因素，导致地方文化内涵在对外传播时发生了一定程度的改变和重塑。在当前全球化的趋势下，保护和利用非物质文化遗产有助于保持文化多样性，推动区域和国家的文化软实力建设。《中华人民共和国非物质文化遗产法》第四章第三十七条指出："国家鼓励和支持发挥非物质文化遗产资源的特殊优势，在有效保护的基础上，合理利用非物质文化遗产代表性项目开发具有地方、民族特色和市场潜力的文化产品和文化服务。"商品化是实现非遗的"活态"保护与传承的有效途径之一。从表现形式来看，非遗大致可以分为两类，"可进入市场"和"不可进入市场"。例如，剪纸、曲艺、年画、泥塑、刺绣等以传统技艺为核心的非遗项目，基本上属于"可进入市场"的非遗，他们历史上就是市场经济的一部分。在现代市场经济条件下，非遗具有自身的经济资源潜力，可以以商品的形式在市场上流通和交易。进入市场对于非遗的传承和发展是积极的推动力量，市场经济模式为这些非遗项目提供了更广阔的发展空间和更有利的平台，从而促进非遗保护与经济社会的协同发展。

然而，在商品化的过程中，难免会出现不同地方之间、地方与商业部门之间的文化资源竞争，例如，对非物质文化遗产的品牌、产权、市场等的争夺。随着现代化加工机器大生产的盛行和全球科技的迅猛发展，传统手工劳作作为谋生手段逐渐减少，机器生产的产品逐渐取代手工艺品。有学者认为，商品化将会对文化本身的原真性构成威胁，带来同质化和原始内涵被弱化的问题。因此，在保证非遗完整性的前提下，进行商业化经营，才有助于激活非遗的当代价值，促进乡村经济发展和吸引劳动力回流，实现非遗的保护、传承与乡村振兴的良性互动。

江西非物质文化遗产的商业化发展在推动脱贫攻坚工作中发挥了积极的作用。在"十三五"期间，江西非遗保护部门积极推进"非遗+扶贫"计划，使各地的文化资源在减贫工作中扮演着精神激励和智力支持的角色，为传承千年的文化遗产注入新的活力。例如，崇义县将独特的崇义南酸枣糕制作技艺成功打造成年产8000余吨、年产值3亿元、年利税4000万元的富民产业，带动当地农民增加收入3500万元。瑞金市通过合作社、电商平台与贫困户合作销售咸鸭蛋，实现了咸鸭蛋产业化发展，年销售量超过100万枚，大余县在11个乡镇建立了"文化 + 旅游"和"文化 + 电商"中心示范点，推动非遗的"活态"传承。例如，周屋村通过培训农户从事芋荷和烫皮生产，使70户农户年均收入达到13万元至20万元不等。江西非遗扶贫所取得的显著成效证明，非遗扶贫已经成为实现乡村振兴和农民致富的有效途径。

总之，保护和利用非物质文化遗产是一项具有重要意义的任务。在全球化的背景下，商品化可以为非遗提供更多的发展机遇，但需要注意平衡好文化保护与商业化经营的关系，以确保非遗的完整性和原真性。同时，应该重视地方与商业部门之间的文化资源合作与共享，以促进非遗传承与发展的良性循环。

二、民族技艺进校园的实践探索

民族技艺是一个国家和民族传统文化宝库中的瑰宝，承载着丰富的历史、文化和智慧。然而，在当今社会快速发展的背景下，民族技艺面临着流失、衰退和传承困境的挑战。为了保护和传承优秀的民族技艺，引导学生深入了解和体验传统文化，学校、社会和相关部门共同努力，进行了一系列民族技艺进校园的实践探索，如"大师"进校园、"大国工匠"进校园、第二课堂、大师技能工作室、职业教育活动周和相关比赛。民族技艺进校园的实践探索为学生提供了与传统文化深度互动的机会，培养了他们对传统文化的兴趣和热爱，提高了他们的文化自信和创新能力。这些实践探索不仅有助于促进传统文化的传承和发展，也为学生们的全面成长和未来职业发展奠定了坚实基础，能够让更多的学生从中受益，走进民族技艺的精彩世界，成为传统文化的守护者和传承者。

1. "大师"进校园

"大师"进校园是指邀请具有卓越技艺和经验的民族技艺大师来学校，与学生们进行技艺交流、展示和指导的一种教育实践活动。在这个过程中，学校组织大师示范展示，和学生互动交流，展示了自己的独特技巧与才华，给学生们带来视觉盛宴和启发。同时，学生们也可以向大师请教和交流，了解技艺的原理、历史背景和传承价值。

(1) 活动背景

早在2002年，北京举办了《中国高等院校首届非物质文化遗产教育教学研讨会》，

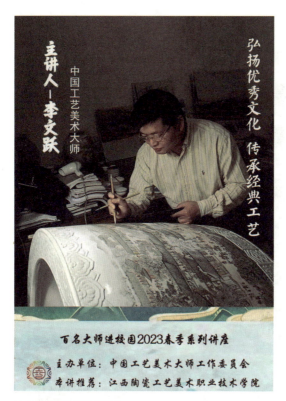
百名大师进校园系列讲座

会议强调了高校教育中需要充分融入非物质文化遗产的文化知识,并将其落实到课程教材中,以发挥高校在个体成长中的特殊功能和非物质文化遗产的文化性质。教育部于2014年印发了《完善中华优秀传统文化教育指导纲要》,要求将中华优秀传统文化有序融入课程和教材体系,推进中华优秀传统文化教育。2014年教师节前夕,习近平总书记在北师大看望师生时表达了对古代经典诗词和散文的赞同态度,强调不赞成将其从课本中去掉,认为应该将这些经典嵌入学生的思维中,成为中华民族的文化基因。2013年5月15日,教育部、文化部、国家民委等三个部门联合发布了《关于推进职业院校民族文化传承与创新工作的意见》文件,该文件鼓励民间艺人、技艺大师和非物质文化遗产传承人参与职业教育教学。文件提出了建立非物质文化遗产传承人的"双向进入"机制,即根据职业院校专业建设和发展需求,聘请非物质文化遗产传承人担任职业院校的兼职教师、专业带头人、学校顾问、名誉院校长等职务。此外,文件还提到成立大师工作室等一系列措施。这些举措旨在促进职业院校的民族文化传承与创新工作,保护和弘扬非物质文化遗产。

从"传统文化进校园"到"非遗进校园"的深入实施,我国教育部门一直在致力于将传统文化与教育相结合,以促进学生对传统文化的传承和理解。"传统文化进校园"注重将中华优秀传统文化有机融入教育课程和教材中,使学生在学习中接触、理解和传承传统文化。这一举措强调了传统文化对于塑造学生思维方式和价值观的重要性,倡导将古代经典诗词、散文等纳入学生的思维体系,成为他们的文化基因。而"非遗进校园"则更加专注于传统文化的实践与传承。通过聘请民间艺人、技艺大师和非物质文化遗产传承人等担任中小学校、普通高等学校的兼职教师和专业带头人,将专

国家技能大师工作室非遗教学

业知识与实践经验传授给学生。此外,还成立大师工作室等机构,为学生提供学习和交流的平台,激发学生的兴趣和创造力。这些举措的目的是通过教育的方式,促进传统文化的传承与发展,培养具有传统文化素养和创新精神的学生。同时,也为非物质文化遗产的保护和传承提供了重要的支持和平台。通过"传统文化进校园"和"非遗进校园"的实施,希望能够让更多的学生深入了解、热爱和传承中华优秀传统文化。

(2) 案例分析——"非遗制瓷技艺进校园"

"非遗制瓷技艺进校园"活动,是宣传非物质文化遗产的有效载体,是保护、传承非物质文化遗产的重要手段,是各省各级文化主管部门和相关单位深入开展活动的重要工作内容,在不同类型学校开展制瓷技艺进校园活动,包含大、中、小、幼和特教、职业技术学校，内涵丰富。在该活动中，选择具有代表性的制瓷技艺项目，通过与当地优秀的传统制瓷工艺"大师"合作，组织专家、老师和学生一同开展制瓷过程的学习和实践。学生亲自动手，学习陶土捏塑、胎型制作、上釉装饰等制瓷的各个环节，感受传统制瓷的工艺和魅力。通过"非遗制瓷技艺进校园"活动，学生们得以深入了解传统制瓷技艺的历史、技术和文化内涵，增强了他们对非物质文化遗产的认同感和自豪感。同时，这也促进了非遗传承人的培养和非遗技艺的传承发展。

浙江省义乌市在推动"非遗制瓷技艺进校园"方面取得了显著成果。该市已经建立了16个传承教学基地，让学生们有机会亲身参与非遗技艺的传承与学习。学校将非遗教育与美术等相关课程相结合，编写了专门的非遗校本教材，并邀请非遗"大师"、中国美术学院教授等专家学者来校园授课，培养和建立起一支专业的非遗教师队伍。同时，浙江龙泉青瓷博物馆在义乌市小学开展"非遗技艺进校园"的活动，让学生们亲身体验龙泉青瓷传统烧制技艺，通过互动和趣味游戏问答等环节增加学习的趣味性。这些活动为学生们提供了一个广阔的平台，让他们更好地了解、学习和传承非遗制瓷技艺。

学生制作建盏实训

福建省南平市农业学校在2014年年底引入了"传统建盏工艺烧制进校园"活动，旨在让学生们对传统文化有更深入的了解和认知。该校邀请了国家工美协会工艺大师，带领学生们亲身体验建盏烧制技艺，这引起了学生们极大的兴趣和热情。学校开设了多个传统文化兴趣班，学生们可以根据自己的兴趣选择参加，并利用课余时间到建盏基地进行学习。这种方式为学生们提供了一个自由灵活的学习环境，使他们能够更好地探索和学习传统建盏工艺。

广东省的广州彩瓷（简称"广彩"）非遗制瓷技艺正逐渐进入广州地区的院校。例如，广州市职业技术学校开设了为期三年的广彩专业，通过传承人与学校专业教师共同构建广彩课程体系、开发课程、编写教材，同时还建立了工作室和校外实习实训基地，以培养更多从事广彩制作的专业人才。此外，广州学院也设立了工艺美术专业，招收广彩创意和设计培养型人才。广州美术与设计学院，将广彩艺术方

广州彩瓷非遗制瓷技艺

向加入艺术硕士的课程体系之中,并实行"双导师"制,为学生提供更多深入探究广彩制作的机会。

江西省抚州白浒窑非遗制瓷技艺走进抚州职业技术学院,为学生提供了难得的机会,让他们亲自接触和学习到这一传统工艺的精髓。通过与白浒窑非遗传承人的亲密合作,学生近距离观摩和学习制瓷的各个环节,从陶土捏塑到装饰上釉,体验整个制瓷过程的乐趣和挑战。在白浒窑非遗制瓷技艺的传承过程中,学校注重培养学生的创新意识和实践能力。学生被鼓励运用现代科技手段,如计算机设计软件、3D 打印等,与传统技艺相结合,进行创新设计和工艺改进。这种融合创新的方式,使得非遗制瓷技艺不断与时俱进,保持了其活力和吸引力。

2015 年 10 月,江西陶瓷工艺美术职业技术学院举办了"国家非遗制瓷技艺进校园"暨"现代学徒制"陶艺作品展活动。这次活动有近 30 名经过层层选拔的优秀陶瓷专业学徒向导师献花,同时各位导师也颁发了收徒证书。随后,该学院开设了 11 个班级,包括非遗粉古彩特色班、非遗新彩特色班、非遗青花特色班、非遗综合装饰特色班、民族文化传承实验班等,共计培养了近 400 名学生。这些班级成立了江西省粉古彩研究院和中国工艺美术大师传承基地,并在省内开展了示范作用。此外,在 2021 年 7 月,中国职业技术教育学会陶瓷艺术研究院成立,也为该领域的发展注入了新动力。

2020 年 12 月,景德镇市开展了非遗知识进校园活动,分别在景德镇的各中学展开。这次活动的主要目的是让更多的青少年学生接触、了解并保护非物质文化遗产。活动以展板展示为主,展示了景德镇市的国家级和省级非物质文化遗产保护名录。同时,非遗中心还组织专人对展板内容进行现场讲解,以便让学生们更加直观、深入地了解景德镇市的非遗传统文化。这次活动成功地传播了景德镇市的非遗知识,同时倡导保护和挖掘身边的非遗资源,也为学生们带来了一笔知识财富。

2. "大国工匠"进校园

为了保护和传承这些珍贵的民族技艺,需要将其融入教育领域,使更多的人了解、学习和传承民族技艺。在这个背景下,民族技艺进校园的实践探索应运而生。"大国工匠"作为具有卓越技艺和深厚经验的优秀代表,被邀请来到学校,与学生们进行直接的互动和教学。他们带来丰富的技艺传授、教育培训和文化交流活动,为学生们提供一次难得的学习机会。活动旨在激发学生对民族技艺的兴趣和热爱,培养他们的创造力和实践能力。同时,工匠们也将获得宝贵的传承平台和人才培养机会,这种跨界合作的方式将推动传统技艺的发展,促进文化传承与创新的良性循环。

江西陶瓷工艺美术职业技术学院举办"国家非遗制瓷技艺进校园"活动

(1) 活动背景

2016年,教育部联合中华全国总工会宣教部发起了一项名为"大国工匠进校园"的活动。这项活动的目的是通过让大国工匠和地方工匠大师走进校园,与学生们进行面对面的交流和分享,以此诠释崇尚技术、敬业爱岗、勇于创新、精益求精的"工匠精神",并对学生进行技艺示范,教育和激励学生坚定理想信念、弘扬工匠精神、树立职业信心、提高职业素养。"大国工匠"是指在某些领域具有卓越技能和贡献的人。"地方工匠大师"则是指那些在地方上有一定知名度和影响力,具有一项或多项独特技能的手工艺人或传统技艺传人。这项活动自2016年以来,已经在全国范围内进行了多场次的活动。大国工匠和地方工匠大师们通过现场讲解、技艺展示和互动交流等方式，向学生传授了技艺和经验，并分享了自己的求学求艺经历和职业感悟。学生也通过与工匠大师们的互动，深刻地领悟到了"工匠精神"的真谛，并对自己的职业规划和发展方向有了更加清晰的认识[37]。

不仅如此，"大国工匠进校园"活动还具有更深远的意义。首先，通过与大国工匠和地方工匠大师面对面的交流，学生能够更好地了解自己所学专业的背景和应用领域，激发对所学专业的兴趣和热爱。其次，通过学习大国工匠和地方工匠大师们的技艺和经验，学生能够提高自己的技能水平和综合素质，为未来的职业发展打下坚实的基础。最后，该活动还有利于传统技艺的传承和发展，通过让学生近距离接触和了解传统技艺，激发学生对传统文化的兴趣和热情，为传统文化的传承和发展贡献力量。

总的来说，"大国工匠进校园"活动是一项非常有意义的教育活动，它不仅有助于提高学生的职业素养和技能水平，还有利于传统技艺的传承和发展。通过与大国工匠和地方工匠大师们的互动交流，学生能够更好地了解自己的专业领域和发展方向，增强自己的职业信心和职业素养。同时，"大国工匠进校园"活动对于提高中高职学生的职业素养和技能水平，培养高素质劳动者和技术技能人才，弘扬和传承"工匠精神"具有重要意义。

(2) 案例分析——常州职业技术学院劳模工匠进校园，弘扬"工匠精神"

常州职业技术学院通过邀请劳模工匠进校园，弘扬"工匠精神"，提升学生专业技能和职业素养。工业强国都是拥有大量技师技工的大国，职业院校是培养能工巧匠的主阵地。为发挥劳模工匠的示范引领作用，多年来，常州职业技术学院邀请劳模工匠走进校园，让"匠心精神"薪火相传。带领工作室团队攻克40多项技术难关，为企业创造近2000万元的经济效益，学院教师先后获得中华技能大奖、全国劳动模范、江苏大工匠等荣誉。

常州职业技术学院"大国工匠进校园"活动

近年来，常州职业技术学院积极推进大国工匠进校园、"工匠精神"进课堂，以"常工工匠"评选为抓手，借助劳模工匠的示范引领作用，弘扬"工匠精神"，厚植工匠文化，提升人才培养质量。其中，"大国工匠"带领学生实操演练，攻克技术难关，取得显著经济效益和多项荣誉。劳模班采用小班化教学，定期请行业专家传授技术，提升学生专业技能。劳模班作为常州职业技术学院卓越人才班，采用小班化教学，每班不超过30人，定期邀请行业专家和焊接大师现场教授，提升学生专业技能。在"大师们"的带动下，劳模班涌现出不少优秀学员，并多次在国内外的焊接大赛中取得优异成绩。通过"大国工匠进校园"活动，学生们受到劳模工匠的言行影响，锻炼职业素养，逐步适应社会和职场。

（3）案例分析——滨州职业学院注重匠心精神与企业合作，推动行业的人才培养与创新发展

近年来，滨州职业学院致力于将匠心、匠魂和匠人品质融入德育教育和课程教学中。学院与多家单位和企业深度合作，引进高技能人才和劳动模范，共建了20个技能大师工作室，并建设了2个省级劳模和优秀人才创新工作室。这些举措在技术创新、人才培养和科技服务等方面发挥了重要作用。滨州职业学院与有色金属工业人才中心、山东省铝业协会、海克斯康制造智能技术（青岛）有限公司、海纳川（滨州）轻量化汽车部件有限公司合作成立了"全国高端铝智造成教融合共同体"，整合各方资源，构建起政府、行业、企业和学校协同发展的机制，实现人才培养、技术创新、科技研发、成果转移和社会服务等全要素融合。这为全国机械冶金建材行业工匠学院建设提供了良好基础，有利于为行业技术进步和产业创新发展提供人才储备和技术支撑。

2023年5月，中国机械冶金建材工会和滨州职业学院联合成立了"全国机械冶金建材行业工匠学院"，这是国内高职院校首家挂牌成立的工匠学院。该学院的主要功

滨州职业学院：大国工匠进校园，首家"工匠学院"揭牌

工匠创新工作室

能是开展职业教育培训，提升学生的技术技能水平，以储备和培养更多高水平的技术技能人才，推动中国机械冶金建材行业的高质量发展。潍柴动力股份有限公司和中铝集团东北轻合金有限责任公司在滨州职业学院分别设立了"工匠创新工作室"，并参加了揭牌仪式。在仪式上，双方代表为各自的工匠创新工作室揭牌。

（4）案例分析——江西陶瓷工艺美术职业技术学院依托陶瓷行业产教融合共同体，注重陶瓷工匠精神进校园

江西陶瓷工艺美术职业技术学院以陶瓷行业产教融合共同体为依托，注重传承陶瓷工匠精神，推进陶瓷产业的创新和发展，培育高素质陶瓷人才。陶瓷行业产教融合共同体是由学院领导牵头组建的"教育部第二批示范性职业教育集团（联盟）培育单位"和"江西省示范性骨干职教集团"——陶瓷职业教育集团发起成立。通过共同体交流平台和系列活动的开展，全面深化校企合作，推进产教深度融合，提升共同体的发展活力，将共同体建设成为全国示范性产教融合共同体。打造陶瓷行业产教融合共同体是聚焦职业教育改革、深化产教融合，实现"一体两翼"的重要举措，有助于聚集职教产业政策资源，解决校企合作不深、校际协同不够、服务产业能力不足、学生发展受限等问题，推动职业教育链与产业行业链有效衔接，培养更多高素质技术技能人才、能工巧匠、大国工匠，打造职业教育新高地[38]。

学院积极推动"大国工匠进校园"的活动，邀请陶瓷工艺大师和劳模工匠等行业领军人物来校园进行授课和指导，传承和宣传陶瓷工匠精神，提升学生的专业技能水平和创新能力，培养高素质的陶瓷人才。在学校的大力支持下，该校结合景德镇手工制瓷业技艺传承的特点和传统，策划了陶瓷大师与优秀陶瓷专业学生的授徒拜师仪式，并邀请行业工匠来校园举办讲座，激发学生对传统文化的热爱，并提高学习积极性。此外，往届优秀毕业生也回校分享经验，以激励在校学生努力学习。为促进陶瓷专业学科发展，学院引入"现代学徒制"人才培养模式，开展了"轻工大国工匠进校园""一对一陶瓷大师与优秀陶瓷专业学生授徒拜师仪式"等活动，使学生得到来自行业大师的指导，专业能力得到显著提升。

陶瓷行业产教融合共同体成立大会

3. 第二课堂

第二课堂是指将传统的民族技艺教育融入学校教育中，让学生在课外时间参与各种民族技艺的活动，并通过专业的老师或行业大师进行指导和辅导，从而拓展学生的知识面和技能水平。这些民族技艺包括绘画、书法、剪纸、手工编织、陶瓷制作等。开展第二课堂的目的是弘扬中华传统文化，通过学习传统的民族技艺，提高学生的文化素养和审美能力。同时，促进学生的身心发展、增强学生的创新意识和动手能力，并为未来的职业生涯打下良好的基础。第二课堂通常在课余时间进行，可以是社团活动、工作坊、手工课程等形式，让学生在轻松愉快的氛围中学习和探索自己的兴趣爱好，并享受创作的乐趣。第二课堂的实施不仅可以促进学生的个人发展和文化交流，也可以使民族技艺得到更好的传承和发展。同时，这也是中国传统文化教育的一种创新形式，有助于培养学生的创新精神和科学精神，推动中国传统文化与现代社会的融合和发展。

(1) 活动背景

随着中国经济的快速发展，社会对高素质毕业生的需求日益增加。作为人才培养的主要场所，学校承担着培养学生全面发展的责任。因此，学校第二课堂成为学校教育体系中不可或缺的一部分，它承载着思政教育、美育、劳动教育、社会责任感培养及创新教育等多重功能。

国家相关政策文件也明确指出了加强学校第二课堂建设的重要性。《中长期青年发展规划（2016—2025年）》强调了提高学校育人质量的重要性，其中明确提到要通过探索实施高校共青团第二课堂成绩单制度等途径，帮助学生扩宽视野、了解社会、提升综合素质。《普通高校思想政治理论课建设体系创新计划》也提出了创新发挥第二课堂教育作用的重要性。此外，教育部高校学生司编写的《"普通高等学校学生管理规定"解读》中明确要求将课外活动纳入教育教学整体计划，全方位提升学生的素质和全面发展学生的个性和特长。因此，高校第二课堂的重要性不言而喻，它为学生提供了更加广阔的发展平台和机会，帮助他们拓宽眼界、了解社会、培养综合素质。这些活动以课余时间为主，涵盖各个领域，促进学生的全面成长和个性发展，为他们未来的职业生涯奠定坚实基础。

与民族技艺相关的活动也是第二课堂的一项重要内容。民族技艺是中国文化的重要组成部分，它包括了中国传统的手工艺、绘画、音乐、舞蹈、传统医学等多种形式。通过参加民族技艺相关的第二课堂活动，学生可以深入了解中国传统文化的内涵与特点，同时通过实践体验提高技能水平，增强对文化的认同感和自豪感。比如，高校可以组织学生参加传统手工艺制作的课程，如刺绣、剪纸、木雕、陶艺等。学生在这些手工艺制作中，不仅可以学习到技巧和方法，更能感受到传统文化的独特魅力，培养动手能力和审美能力。此外，高校还可以开设传统音乐、舞蹈、戏剧等课程，让学生了解中国传统音乐和表演艺术的精髓。学生可以通过演出和表演，展示自己的才华和技巧，同时也能够感受到传统文化的浓厚氛围。总之，高校第二课堂与民族技艺相关的活动，不仅有助于学生的全面发展，同时也能够帮助学生更好地了解和传承中国传统文化。

(2) 案例分析——天涯区开设民族传统技艺培训"第二课堂"

三亚市天涯区教育局相关部门在天涯区小学举办了"非物质文化遗产"进校园活动，旨在让学生们深入了解黎锦和黎陶的传统手工技艺，促进其传承和发展。此次活动不仅开设了黎锦和黎陶制陶技艺的培训班，还向学生们介绍了非物质文化遗产的基础知识，让他们了解黎锦和黎陶的历史、现状、制作工艺和艺术特点等方面的内容。通过学习这些传统技艺，学生们能够将其与现代设计、现代生活相结合，推动传统技艺传承和发展。

授课老师为学生们详细介绍了黎锦和黎陶的操作技巧，包括绕线、解经、单面织锦、双面织锦、反面织锦和双面绣等，以及泥条盘筑法和片条贴筑法等制陶技术。这次活动的开展具有重要的意义和影响，在激发青少年学生对本民族文化的热爱和保护意识方面起到了积极的推动作用。

黎族原始制陶技艺传承人手把手地教同学们黎陶技艺

未来，天涯区将继续推广黎锦、黎陶、黎族竹木器乐、黎族民歌、黎族和苗族舞蹈等海南本土民族文化项目培训，在保护和传承非物质文化遗产的同时，丰富学生们的"第二课堂"活动，让他们获得更多的课外知识。这也为培养优秀的民族文化传承人和传播者打下坚实的基础，让海南本土文化代代相传，蓬勃发展。

(3) 案例分析——廊坊师范学院深挖地方教育资源，打造高校第二课堂

学院教师认识到，充分挖掘、对接和整合地域文化中丰富而独特的教育资源，不仅是高等师范院校传承中华文化、创造文化的需要，也是为了全方位地育人和提高人才培养质量。廊坊师范学院教育学院小学教育系正在以应用型转型为契机，积极推进校地合作，致力于打造以"非遗廊坊"为主题的第二课堂。最终形成了"寻找课程资源—市域内场馆学习—传承人讲座展演—双师共筑工作坊—学生作品展示"的"五环"课程开发模式。这一举措让师范生能够感受地方文化的魅力，推动优秀传统文化在校园普及和传承。

为了深入挖掘非物质文化遗产中的教育元素，学院多次前往辖区内非遗资源丰富的霸州、永清、固安、安次等农村和乡镇地区，拜访非遗传承人，探讨将非遗项目引入课堂的可能性和可行方式。在充分调研的基础上，学院与廊坊市博物馆、廊坊市丝绸之路国际文化交流中心、廊坊市南汉村非遗展馆及漆器制作中心、廊坊市安次区文化中心、廊坊市九天非遗中心等进行了对接，组织学生参观并聆听讲解员的解说，初步形成了对"非遗"的轮廓印象。此外，小学教育系还多次邀请非遗传承人举办讲座，讲述项目的历史、影响和发展方向，同时展示传承人的作品，并提供相关材料和制作方法，让学生亲身体验，走近非遗，了解非遗，并激发学生深入接触非遗的欲望。

小学教育系特聘非遗传承人作为讲师，与学院相关教师一起组建了"非遗双师工作坊"，充分发挥非物质文化遗产的育人功能，打造高效的第二课堂。通过两位教师在课堂上的密切合作，正确解读传统文化，让学生在深度参与和融入中感受传统文化的博大精深。学期末，参与"双师工作坊"的学生将在非遗传承人和任课教师的指导下，创造性地完成自己的"非遗"作品，并在教育学院主体教学楼的公共空间进行展示或演出，以让自己的成长可见，同时接受广大同学和其他教师的评价。此外，丰富多彩的学生作品展示营造了全体学生共同参与保护文化遗产的良好氛围，增强了对文化遗产的保护意识。

通过充实课程内容，依托地方教育资源实施第二课堂，丰富育人载体，服务学生

教师在非遗"第二课堂"进行指导

成长，努力形成一批具有地方特色、满足学生需求并具有现实指导意义的研究成果，对于建设特色课程、培养学生教育情怀、服务地方发展及提升基础教育质量具有重要意义。

(4) 案例分析——贵阳市云岩区"非遗"文化技艺走进学校第二课堂

为深入普及贵阳市云岩区的非物质文化遗产，云岩区文化广电局和文化馆联合开展了名为"非遗文化传承课"的活动。此次活动在枫丹小学的第二课堂学习平台上展开，吸引了200多名学生积极参与。课程特邀了泥塑和剪纸领域的专业人士刘光祥老师和张天珍老师，他们向学生们传授了非物质文化遗产技艺的知识。在这次课堂中，两位老师精心指导，让学生们亲身体验了剪纸和泥塑的魅力，使用彩纸和泥土创作出了自己的作品。整堂传教课持续了40分钟，不仅拓宽了学生们的文化艺术视野，增长了知识，还通过亲身参与非遗项目，拉近了学生与传统文化的距离。

为了在校园中营造浓厚的"非遗文化进校园"氛围，云岩区计划通过举办一系列非遗文化进校园活动，打造以非遗为主题的特色学校。他们将非遗项目如刺绣、蜡染、京剧等引入校园，为学生提供更加丰富多彩的文化生活环境。通过这一系列举措，中华传统文化将在学生心中生根发芽，培养一批又一批的"传承人"，实现非物质文化遗产的保护、传承和发展。在校园中，传统艺术之花将迎来新的绚烂光辉。

云岩区"非遗"文化技艺走进学校第二课堂

4. 建立技能大师工作室

技能大师工作室是一个以高精机械加工、传统手工技艺传承和高新技术产业为重点的组织，其主要针对科技含量较高的产业、行业和职业，它由一些拥有绝妙技巧和技能的高技能人才创建，这些人依托大中型企业、事业单位、行业研发中心、技工院校（职业院校）和高技能人才培养示范基地等载体领办或创办。工作室可以设在企业的班组、工段、实训（研发）中心等场所，包括企业型、院校型、传统作坊型和联盟型技能大师工作室四种模式。职业院校技能大师工作室则指由掌握某项传统手工技艺的传承人（包括国家级、省级、市级、州级）领头，经申报后由相关部门批准成立，并获得专项资金支持，旨在在职业院校内形成一个实践共同体，同时致力于技术攻关创新与技能人才培养。职业院校技能大师工作室名称可以用传承人名字、学校名字或者直接用传统手工技艺项目命名。

(1) 建立背景

我国拥有众多民族，文化多样体现在民间音乐、民俗、传统手工技艺等非物质文化遗产上。《中华人民共和国非物质文化遗产法》提出学校应推广和传承这些文化遗产。很多学校积极响应号召，并通过形式多样的活动来实现文化进校园、进教材、进课堂。然而，一些学校只注重让学生学习某种技能，比如，练习空竹、剪纸、苗鼓等，而忽视了传统文化在育人方面的重要性，这反而会给学生带来压力。基础教育可以普及非遗知识，但要想传承精髓，培养传承人并解决他们的就业问题，需要有目的、有计划、有组织的措施，单靠开发教材和举办课外活动是不够的。

为了实现供给侧结构性改革和支持中国制造 2025，国家在"十三五"期间提出将人才优先发展战略和创新驱动发展战略放在重要位置。人才是我国经济社会可持续发展的重要资源，他们拥有专业知识或特定技能，通过创造性劳动为社会做出贡献。职业教育旨在培养"职业人"，因此应该将传统手工技艺传承与职业教育相结合。《国家中长期人才发展规划纲要（2010—2020 年）》提出以职业院校为基础，建设一批国家级高技能人才培养基地和公共实训基地。随后，《高技能人才队伍建设中长期规划（2010—2020 年）》和《中共中央关于深化人才发展体制机制改革的意见》（中发〔2016〕9 号）等文件提出鼓励各级政府、行业企业、职业院校通过重点建设技能大师工作室等项目来培养一大批具有高超技艺水平和工匠精神的高技能人才，以提升我国产业工人队伍整体素质，并发挥领军技能人才在传承技艺、保护与创新等方面的作用，文件明确了技能大师工作室的职责、参与主体和功能作用。从传承者的角度来看，职业院校技能大师工作室实现了从本校教师简单讲授到"非遗"传承人的偶尔客串再到传承人专业教学的转变。相比其他方式如"非物质文化遗产进校园"，职业院校技能大师工作室将职业院校人才培养与传统手工技艺传承、职业院校师资建设与传统手工技艺传承人培养、职业院校办学特色与民族文化资源挖掘与保护、传统手工技艺与专业建设、产业发展及职业岗位有机结合，成为一种新的教育实践，也是学校人力资源能力建设的重要内容。

(2) 典型案例——宝鸡职业技术学院之凤翔泥塑工作室

凤翔泥塑工作室是陕西省教育厅《高等职业教育创新发展行动计划（2015—2018年）》立项建设项目。凤翔泥塑工作室引进当地民间美术文化资源，整合凤翔泥塑、剪纸、刺绣制作技能，建设学前教育、小学教育、初等教育专业手工课程。让中华优秀传统文化焕发蓬勃生机、展现独特魅力、实现创新发展。

工作室技能大师团队由凤翔泥塑国家级非遗传承人胡新明、胡晓红（凤翔泥塑）、邰立平（凤翔木版年画）、张峰（凤翔剪纸）、杨林转（千阳布艺刺绣）、雪彩娟（剪纸艺术家）等多位非遗传承人组成。技能大师通过传、帮、带，定期举办技能大师讲堂，指导学生实训，指导青年教师专业成长，承担学院学前教育、小学教育、初等教育专业的民间美术教学任务。

宝鸡职业技术学院之凤翔泥塑工作室及作品

该工作室以省内一流传承与创新凤翔民间美术技能大师工作室为建设目标。创建以来，以弘扬民间美术为宗旨，以培养学生民间美术能力为基础，以师范专业教学技能训练为平台，以幼儿园、中小学校等行业标准与需求为导向，以创意设计为手段，建立了一个实训教学与行业交流紧密结合的教学体系，打造了一流的泥塑等民间美术工艺实训基地。工作室组织师生进行民间美术考察，开发整理凤翔泥塑、剪纸艺术、木版年画历史文化与工艺流程教学。该工作室以西府民俗艺术博览园为创新创业教学实践基地，由非遗技能大师与工作室成员合作指导实训教学。

(3) 典型案例——湖南工艺美术职业学院之刘爱云大师工作室

刘爱云大师工作室成立于2009年，由湖南省湘绣研究所的国家级非物质文化遗产代表性传承人刘爱云主持。刘大师自幼喜爱绣花，并在湘绣厂工作期间积累了丰富的刺绣经验。她以智慧、勤奋和创新精神致力于湘绣技艺的传承、创新和发展。湘绣作为湖南的非物质文化遗产之一，源远流长，技艺独特。刘大师以其卓越的创作能力和对传统民族技艺的深入理解，通过刺绣作品展示了湘绣的历史性、艺术性和技术性，她的作品被誉为湘绣的经典之作，赢得了广泛的赞誉和认可。为了推动湘绣的传承与保护，刘爱云大师工作室与湖南工艺美术职业学院合作，共同培养湘绣人才。刘大师担任湖南工艺美术职业学院的兼职教授，传授自己的湘绣技艺和经验给学生。这样的合作为湘绣产业培养了大量优秀人才，使湘绣技艺得到了传承和发展。

　　为了推动传统民族技艺的传承与发展，越来越多的民族技艺项目开始尝试代际传承的"大师工作室制"培养路径。刘爱云工作室依托湖南省湘绣研究所成立，自2006年开设湘绣设计与工艺专业，旨在为湖南地区的湘绣企业培养高素质的技术技能型人才。该专业的毕业生得到了企业的高度认可和重视，并通过建立大师工作室探索了一种"大师工作室＋项目＋产品"的工学结合现代学徒制人才培养模式，创新了传统民族技艺传承人才的培养方式。该教育模式涵盖了多个方面，旨在系统地传授湘绣的工艺、技法等技能，使民族技艺得以薪火相传。此外，该工作室还开展了国家艺术基金资助项目"湘绣鬅毛针技艺传承与创新人才培养"高级研修班、湘绣企业员工美术修养研修班等多类型、多层次的培训，提高了刺绣专业教师及刺绣从业人员的综合素质。刘爱云大师工作室的努力和探索为传统技艺行业的传承与发展注入了新的活力，为湘绣非物质文化遗产的传承和发展做出了卓越的贡献。

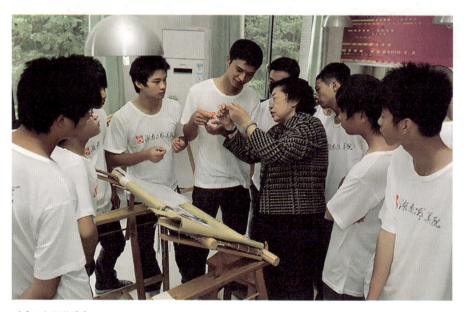

刘爱云大师教学中

第九章　民族技艺进校园、进社区、进地区的策略研究　299

湖南工艺美术职业学院刘爱云大师工作室传艺

非物质文化遗产的传承不仅需要保持传统技艺，还需要与现代生活相结合，并进行创意提升和创新研究，以实现"生产性保护"。通过建立大师工作室，将传承和创新结合起来，组建科学合理的研发团队，形成集传艺、研发和制作于一体的传承和研发体系。刘爱云大师工作室积极与产业对接，吸引了工艺美术大师、教授、艺术家和企业家参与创新工作，从设计、工艺技法、材料、装裱、衍生品等方面不断研发新技术，推出新产品。至今，刘爱云大师工作室已经研发了 10 项湘绣新技法，并致力于打造新湘绣。同时，他们研发了 300 余幅新作品，促进了湘绣产品的升级换代，提高了湘绣产品的经济附加值，拓展了湘绣产品的新市场，加速了湘绣产业的转型升级。

5. "职业教育活动周"推广民族技艺

(1) 活动背景

"职业教育活动周"的设立目的,一是要在全社会弘扬劳动光荣、技能宝贵、创造伟大的时代风尚,二是要形成"崇尚一技之长、不唯学历凭能力"的良好氛围。国务院决定自2015年起,每年5月的第二周为"职业教育活动周"(简称"活动周")。活动周主要活动形式如下:一是开放校园。各类职业院校开放校园,面向中小学生、家长和社区居民开展职业体验活动、观摩教育教学成果,组织师生开展技能竞赛或演示,让社会了解职业教育,培养职业兴趣和职业意识,扩大职业教育影响力。二是开放企业。组织有条件的行业、企业开展相关活动,介绍产业发展前景、企业产品研发等情况,激发全社会对于劳动和技术技能的兴趣爱好,增强创新活力。三是为民服务。各职业院校在市(区、县)的主要广场、主要街道上进行招生就业咨询,发挥专业特长,开展健康饮食咨询、家政服务、形象设计、园艺插花、家用物品使用与保养、民族文化、传统工艺、职业礼仪培养等服务活动,让人民群众体验到职业教育创造幸福生活、成就美好未来。

从活动周的内容上看,涉及民族文化和传统工艺等民族技艺的内容,旨在弘扬中华传统文化和促进职业教育的发展,同时提高人民群众的文化素质和创新意识。通过举办各种活动和比赛来宣传和普及传统民族技艺,以加强民众对民族技艺的传承和保护。在活动周期间,各地开展了丰富多彩的活动,包括展览、比赛、培训、推广等,活动覆盖范围广,形式多样。例如,在展览方面,展示非遗文化的精华和特色,展现不同民族的独特魅力。在比赛方面,邀请国内外知名专家评审,提高比赛的公正性和权威性,同时让更多的人了解和参与其中。在培训方面,邀请大师或专家进行授课,将优秀传统技艺传授给更多的学生和爱好者。此外,还开展了非遗产品展销和非遗文化体验活动,加强与市场的对接,推广非遗产品和文化,促进非遗产业的发展和转型升级。通过这些活动和措施,职业教育活动周有效地推广民族技艺和传承非遗文化,增强人们的文化素质和创新意识,促进非遗文化保护与经济发展的有机融合。

(2) 案例分析——安徽机电职业技术学院组织"走进非遗铁画,弘扬工匠精神"活动

安徽机电职业技术学院校团委组织了一次名为"走进非遗铁画,弘扬工匠精神"的活动,旨在让青年大学生深入了解芜湖铁画这一非物质文化遗产,同时传承和发扬工匠精神。活动中,安徽省工艺美术大师、芜湖铁画省级非遗传承人储铁艺现场进行非遗铁画情境式教学。

芜湖铁画以其巧夺天工的工艺和极高的艺术审美价值而著名,被誉为"中华一绝"。它独具一格的造型具有浓厚的民族艺术特色，主题丰富多样，包括山水、花鸟、人物、文化习俗等，寓意深远，是广大人民群众对美好理想追求和中华民族精神的集中反映。储铁艺大师以一件《梅山水库》铁画作品为例，详细介绍了铁画的制作步骤，如锻、钻、抬、压、焊、锉、凿等技巧。芜湖铁画以锤代笔，以铁作墨，这是与其他绘画艺术的区别之处。储铁艺大师现场展示了铁画技艺的独特之处，并鼓励同学们亲身体验铁画锻制技艺。学生们纷纷表示，作为新时代的大学生，他们愿意学习并传承发扬芜湖铁画的精湛技艺和工匠精神，深入了解铁画的艺术价值和不凡成就，并积极宣传中华传统非物质文化遗产。

该学院职业教育活动周举办的"走进非遗铁画，弘扬工匠精神"活动有助于大学生更好地认识和传承中华优秀传统文化和非遗技艺，提高艺术修养和实践动手能力。活动增强了学生们的文化自信，引领职业教育学子充分认识劳动的光荣、技能的宝贵

安徽机电职业技术学院"走进非遗铁画，弘扬工匠精神"活动

及创造的伟大，对于进一步推进学校文化素养培育与专业技术技能培养的有机融合起到了积极作用。同时，活动也激发了全社会对劳动的尊重和对技术技能的崇尚，具有重要的意义和价值。

(3) 案例分析——漯河职业技术学院开展"大师进校园"非遗技艺体验活动

2023年职业教育活动周以"技能：让生活更美好"为主题，旨在通过一系列活动来推广和弘扬技能教育。漯河职业技术学院艺术工程学院积极参与其中，以传承劳模精神、劳动精神和工匠精神为主题，强调劳动的光荣和技能的重要性，开展了名为"大师进校园"的非遗技艺体验活动。

非遗技艺作为传统文化的重要组成部分，代表着一个国家和民族的根脉，是一种珍贵的非物质文化遗产，承载着城市深厚的历史和人们丰富多彩的生活经验。在"博艺大师工作室"主办的活动中，沙画技艺传承人郭刚大师亲自指导同学们制作沙画，通过亲身体验传统民族技艺，让他们更好地了解非遗文化。

沙画是一种古老而传统的艺术形式，制作过程需要用针尖将沙子一粒粒精确地放置在特定位置，通过转换、创意和衔接，赋予沙画以艺术生命。根据制作工艺的不同，沙画可分为景泰蓝掐丝彩沙画、立体沙画和固态沙画。

在活动中，郭刚大师重点介绍了景泰蓝工艺，也称为掐丝珐琅工艺。这种工艺融合了各种美术技法，通过纯手工精心制作，使用氧化铝丝勾勒出画面轮廓，以天然石英石作为原料，镶嵌成各种精美图案。景泰蓝工艺具有独特的艺术特色，是文化创意艺术的巅峰之作，集工艺品和艺术品于一体，融合实用性和艺术价值。在活动中，学生们先在特制木板上设计自己喜欢的图案草图，然后粘铁丝、倒彩砂、调沙，最后将作品放置在阴凉处晾干。同学们用自己的创意和技艺创作出栩栩如生的非遗沙画。

传统非遗不仅代表了中国传统文化的精髓，也是中国文化的重要组成部分。保护和传承非遗有助于维护中国传统文化的完整性和多样性，推动文化的多元发展。同时，传承非遗也有助于增强人们对传统文化的认知和理解，提升文化自信，促进文化交流和文化产业的繁荣。学生通过参与这次活动，以直观且亲身体验的方式传播了中国优秀的传统文化，并结合工艺的改良和创新，为文化事业的进一步发展打下了基础。师徒相传，传承匠心，让非遗走进生活，焕发新的活力。

第二节 民族技艺进社区

在当代社会，传统文化的保护和传承是一项重要而紧迫的任务。随着现代化的进展，许多传统技艺和手工艺正在逐渐流失，使得我们失去了与历史深度连接的珍贵财富。为了唤起人们对民族技艺的关注和热爱，使其焕发新的活力，民族技艺进社区的活动应运而生。民族技艺进社区的理念就是将传统文化融入现代社区生活，通过各种形式的活动和项目，让居民亲身参与其中，领略传统技艺的魅力，感受中华文化的厚重与深远。民族技艺进社区不仅是传统文化的保护与传承，更是城市文化建设和社区发展的有力推动者。它为社区居民提供了一个展示才华、实践技能的舞台，促进了社区的融合与共享，增强了社区凝聚力和文化认同感。

一、民族技艺进社区的背景

1. 国家政策背景

2003 年，联合国教科文组织通过了《保护非物质文化遗产公约》（以下简称《公约》），标志着国际文化遗产保护实践的转变，从重视有形或物质遗产转向以人为本、以社区为中心的非物质文化遗产保护。根据《公约》的定义，非物质文化遗产指的是被社区、群体甚至个人视为其文化遗产组成部分的各种社会实践、观念表达、表现形式、知识、技能，以及相关的工具、实物、手工艺品和文化场所。这些非物质文化遗产在各社区和群体适应环境、与自然和历史互动的过程中不断再创造，为社区和群体提供认同感和持续感，从而增强人们对文化多样性和人类创造力的尊重。换句话说，非物质文化遗产是特定社区、群体或个人在特定地方环境中创造的文化实践。它不仅是人类共同的文化财富和人类文明的"活态"延续，而且也是维系地方社会历史和文化认同的重要组成部分。非物质文化遗产具有重要的历史、文化、艺术和科学价值，同时也具有一定的商业和使用价值，满足了人们的生产和生活需求。此外，非物质文化遗产存在于不同的社会空间中，从本土到区域、国家乃至全球，不同的地理环境对非物质文化遗产的构建起着作用，而特定的遗产也发挥着相应的影响。

中共中央办公厅、国务院办公厅《关于进一步加强非物质文化遗产保护工作的意见》提出了"全面推进'非遗在社区'工作"的重要指导方针。2020年，文化和旅游部将"非遗在社区"试点范围进一步扩大，支持在青岛、北京东城区、上海、温州、成都等地开展试点。非遗不仅是传统文化的精髓，也与现代生活有着密切的联系。因此，"非遗在社区"不仅需要打造示范点和建设传习场所，更需要社区居民积极参与非遗的传承和传播。在这种情况下，"非遗在社区"的意义更在于促使我们思考如何正确认识非遗的魅力，如何让非遗融入居民的社区生活，以使其不断焕发新的活力。通过宣传教育、培训和引导，提高社区居民对非物质文化遗产的认知和意识，使他们深刻理解非遗对社区历史、文化和身份认同的重要性。鼓励社区居民积极参与非物质文化遗产的保护工作，包括传承人培养、技艺传授和传统活动举办等。建立非遗传承人与社区居民之间的联系，使非遗在社区内得以持续传承和发展。要为技艺传承人提供必要的场所、设施和资源，支持非遗项目的展示、交流和传播。同时，鼓励社区居民从事与非遗相关的职业，创造就业机会。并要整合各级政府、文化机构、社区组织和非遗传承人等相关资源，加强协作合作。通过举办展览、演出、培训等活动，将非遗的精神内涵融入社区文化建设中，倡导尊重传统、鼓励创新的价值观，提升社区居民对非物质文化遗产的归属感和自豪感。加强非遗传承教育，在社区学校和文化中心开展非遗知识的普及和传授，培养年轻一代对非物质文化遗产的兴趣和认同，确保其传承发展的可持续性。通过全面推进"非遗在社区"工作，可以更好地激发社区居民的文化意识，促进非遗的传承创新，为社区发展和文化多样性的保护做出积极贡献。

2. 社区教育

社区教育作为相关政策的"落地者"，是一种特殊的教育体制，主要是指在一个特定的区域内，对社区所有成员进行多渠道、多层次、多方位的教育影响活动，担负着"为民众启蒙，为民众教育"的任务。社区教育活动应该面向全体社会成员，主动为社会居民服务。让一些无法正常接受正规教育的人，以及一些社会弱势群体受益。通过将民族技艺引入社区教育，可以让社区居民更好地了解、学习和传承传统文化，通过与民族技艺传承人的互动、参与传统技艺的实践活动，使社区居民深入了解传统文化的魅力。在社区教育中，传统文化的保护和传承是一个重要的内容，传统文化是社区的精神财富，是社区凝聚力和文化认同感的重要来源。

为加强社区文化传承、提升社区居民的文化素养和技能水平，促进社区内居民之间的交流与互动，对社区居民进行技艺培训活动。第一，民族技艺进社区会促进传统文化的传承。随着现代化进程的加快和城市化的发展，很多传统技艺逐渐被遗忘，通过开展民族技艺培训活动，可使社区居民重新认识和理解自己民族文化的独特之处，并将这些技艺传承下去，这不仅是对传统文化的保护，也是对社区历史文脉的延续，使社区具有独特的文化氛围。第二，民族技艺进社区会有助于提升社区居民的文化素养。通过参与培训，社区居民能够学习到不同技艺领域的知识和技能，提高审美情趣和文化修养，这不仅拓宽了居民的视野，而且还增强了他们的文化自信心，使他们更有可能在社交场合中展示自己的才艺和能力。第三，民族技艺进社区有助于促进社区内居民的交流与互动。通过参与培训活动，社区居民可以结识志同道合的朋友，建立起互帮互助的良好关系，可以在学习中相互交流经验和心得，共同解决问题，增进彼此的了解和友谊，这种交流与互动不仅丰富了社区居民的精神生活，而且还增强了社区的凝聚力和认同感。总之，对社区居民进行民族技艺培训活动是一种有益的社区教育形式。它可以促进传统文化的传承，提升社区居民的文化素养和技能水平，并促进社区内居民之间的交流与互动，这些活动不仅有助于社区的发展，而且也为社区居民提供了一个丰富多彩的学习和交流平台。

二、民族技艺进社区实践探索

1. 广州技艺进社区：回归生活，回归民间

2022年初，广东省广州市启动了名为"非遗在社区"的专项调研与孵化计划，旨在探索适用于广州的非物质文化遗产在社区中的保护和发展模式。广州市重点举办了五期"非遗在社区"主题孵化活动，旨在通过这些活动来支持基层社区发展，促进社区治理，实现非遗保护工作的全面提升。活动吸引了大量参与者，线下活动的参与人次达到20万人次，线上活动的参与人次超过800万人次。

在"十四五"时期，非物质文化遗产保护更加注重将非遗保护工作和城乡建设、社会治理及营商环境改善相统筹，实现系统性的保护。广州市非遗保护中心推进"非遗在社区"工作，旨在推动国家治理体系和治理能力的现代化。这一工作不仅注重在

社区中进行非遗的传承和保护,而且更加强调发掘非遗对社区的价值,并且通过推动新型城镇化中的社区建设,为基层社会治理提供支持,实现社会的良好发展。

为了深入探讨非物质文化遗产在社区中的实践和机制,广州市非遗保护中心与中山大学人类学系展开了合作。从2022年4月开始,他们开展了名为"非遗在社区"的专题调研,并举办了一系列以此为主题的活动。其中,他们组织了"非遗开放日"活动,还对车陂扒龙舟、广州非遗街区(北京路)、越秀山客家山歌墟、广州非遗街区(永庆坊)、沙湾古镇等案例进行了孵化和宣传。通过调研、展示、孵化、宣传等方式,他们致力于让非遗更好地回归到生活中、回归到民间。这一系列的努力旨在促进非遗的传承与发展,使其在社区中发挥更大的作用。

在广州市车陂社区,龙舟文化焕发出新的活力。2022年,车陂社区联合多方力量,探索了一种"党建引领 + 龙舟文化 + 社区治理"的模式,旨在传承非物质文化遗产。为了展示这种以党建为引领、社区传承龙舟文化的机制和成果,并更好地总结民俗类非遗项目的传承模式,车陂社区于2022年6月举办了主题为"党建引领,社区善治——发现龙舟民俗之美"的活动。这个活动为龙舟民俗文化赋予了全新的内涵。其中,"一水同舟 龙的传人"情景体验游是一个非常有特色的社区生活线路,它以探寻车陂人居空间中的龙舟元素为线索,串联了车陂龙舟的实践场景。此次活动主要是面向社区内中小学生设计,旨在为他们打造一条独具车陂人文特色的社区生活线路。

在2022年6月,广州的非遗街区(北京路)正式开放,以广州民

广州的非遗街区(北京路)民俗中的"行花街"

俗中的"行花街"为切入点，创建了一个永不停歇的花市，重新构建了广州人对于"行花街"的精神记忆。这条百米长的非遗街区通过精心保护和利用北京路历史街区，集中展示了广东省4项国家级非物质文化遗产项目。而且，这里还运用了5G云计算、全3D精细化沙盘、AR、VR等先进技术，打造了一个元宇宙的场景，让人们看到了非遗回归生活的另一种可能性。

广州非遗街区（永庆坊）开街两年以来，社区的文化旅游融合发展取得了显著成果。为了庆祝开街两周年，于2022年8月举办了名为"发现老城焕新之美"的主题活动，通过展示非遗跨界融合案例、推动再就业技能培训成果、举办非遗大师表演及提供"今日老城"体验游等形式，集中展示了广州非遗街区（永庆坊）成功将老城区进行微改造，商业品牌、潮流艺术和乡村振兴等与非遗资源有机融合的运营模式。

在2022年8月，越秀山客家山歌墟举行了名为"喜迎二十大，歌墟传心声——发现客家山歌之美"的主题歌友会。其中，一首名为《越秀山上好风光》的歌曲生动描述了每月12日在越秀公园举办的客家山歌会的热闹场景。作为广州市"非遗在社区"典型孵化案例之一，这场演出着重展现了广州客家山歌作为独立流派的特点和内涵，同时也展示了在社区传承和发展方面所取得的新成果。尽管受到新冠疫情的影响，广州各区的客家山歌团队近两年的交流演出活动减少了，但是却以更符合现代时代需求、更加规范有序的方式活跃于社会生活中，例如，开设社区培训班、校园教学和网络歌墟等。

这些案例展示了非遗在不同方面的引领和示范作用。首先，它们讨论了非遗如何促进基层党建和社区善治，关注非遗如何帮助老城商业社区实现城市更新。同时，这些案例也对非遗如何推动社区宣传党的政策、倡导文明新风，以及如何通过非遗促进古镇社区文商旅融合发展等方面进行探索。

通过举办以"非遗在社区"为主题的活动，广州市成功形成了一种工作模式，即"社区内发展，政府指导，学术引领，长效孵化，共建共享，社会善治"。这种模式集中展现了"非遗在社区"的三种机制。第一种机制是"非遗的社会功能与社区生活的交织"，第二种机制是"非遗的象征意涵与生命仪式的联系"，第三种机制是"非遗的普世价值与时代需求的契合"。这些机制生动地体现了将社区视为非遗保护的核心理念，并完整展示了广州市非遗保护工作从"非遗进社区"向"非遗在社区"转变的过程。

2. 天津市大港街道：体验传统技艺魅力，坚定文化自信

天津市大港街道在开元里社区举办了一场以"文物保护、利用与文化自信自强"为主题的"文化和自然遗产日"系列宣传展示活动，为辖区居民提供了一场沉浸式非遗文化体验，展现了非遗保护的风采与活力。活动设置了十多个非遗项目展台，打造

了一个非遗民俗集市,让人们更深入地了解和感受文化遗产的魅力。

(1) 逛集市赏民俗,沉浸式体验非遗文化

本次活动以舞蹈队表演的扇子舞揭开序幕,随后,徐派变脸等项目的传承人展示了他们的技艺,赢得了观众们的热烈掌声。此外,大港街道的多位非遗项目传承人带着他们的非遗作品和文创产品出现在集市上,吸引了广大居民的关注和兴趣。剪纸传承人现场展示的剪纸绝活勾起了不少孩子的好奇心,大家纷纷围观,并亲自体验起来。在面塑传承人手中,一团普通的面泥经过捏、塑、搓、揉、掀、刮、刻、点、切,眨眼间就变成了栩栩如生的艺术品。看似繁复缠绕的中国结,在非遗传承人的手中很快就呈现出来。传统糖画技艺传承人还邀请居民亲手体验制作糖画的过程,让人们更好地了解非遗文化……伴随着丝竹声声,面塑、剪纸、钩针编织、酿醋等 10 多位非遗传承人以非遗作品展示和现场展演等方式,为社区居民呈现了一场视觉盛宴。居民们在逛非遗集市的同时,亲身体验和感受到了传统非遗文化的魅力和特色。他们纷纷表示,与非遗传承人零距离互动交流,沉浸式体验传统非遗文化,让他们感受到了浓厚的文化内涵和生活气息。这种活动接地气,受到了居民们的好评。

(2) 青少年比技艺,增强参与文化遗产保护意识

此外,此次活动还邀请了近 80 名大港街道辖区的青少年参与面塑制作比赛,通过现场制作面塑作品并进行成果展示,为孩子们提供了与非遗文化等中华优秀传统文化互动的机会。在志愿者的组织下,孩子们按照年龄分为四个组进行面塑制作,经过简单介绍后,他们纷纷拿出材料开始制作。活动现场氛围热烈,各种栩栩如生的小动物、福袋、雪人及花草树木等面塑作品在巧手中诞生。活动后,评委对每位孩子的作品进行了评比打分,优秀的作品将会被送到街道及社区展览场馆进行展示。"真没想到,这么多孩子和居民都喜欢非遗绝活,我们以这样的形式走进社区走近居民,让居民认

大港街道辖区青少年参与面塑制作比赛

大港街道文化和自然遗产日（1）

大港街道文化和自然遗产日（2）

识非遗、了解非遗并传承非遗，是非常有意义的一件事。"天津市非遗项目"面人王"工艺第四代传承人王永艳说，"让青少年亲手制作面塑，是为了让他们在体验中了解中华传统优秀文化，同时提高自觉参与文化遗产保护的意识。"

(3) 接地气聚人气，营造保护文化遗产良好氛围

大港街道在"文化和自然遗产日"举办了传统文化展示活动，以走进社区的方式，将非遗文化送到群众家门口，让他们近距离、沉浸式地感受非遗文化的魅力。活动营造了人人关注、人人参与非遗保护传承的浓厚氛围，进一步激发了全社会的文化自信

心和民族自豪感，推动非遗的传承和发展。非物质文化遗产是一个民族生生不息的根脉，更是传统文化源远流长的精髓。此次活动将非遗文化与市集形式相融合，让非遗项目接地气、聚人气，让社区居民充分领略到了非遗文化的独特魅力。大港街道为居民提供文化保障，坚守非遗文化的传承，营造非遗文化保护的良好氛围，提高居民群众对非遗文化保护重要性的认识，让大家享有更加充实、更为丰富、更高质量的精神文化生活。

彝族手工刺绣

3. 四川民族技艺：回归生活，扎根社区

2023年4月10日，四川省第六批省级非物质文化遗产代表性项目名录正式公布，其中包括207项新增项目和127项扩展项目。本次省级非遗代表性项目认定工作着重于完善和优化保护传承体系，实现了在非遗融入经济社会发展、县级全域覆盖、补足短板弱项等方面的重大突破。在过去的两年里，四川采取了一系列切实可行的措施，推动非遗融入当代生活，取得了显著的成效。

岳池县作为中国西部首个曲艺之乡，其岳池灯戏、岳池曲剧、岳池高亭、岳池清音、渠江船工号子等省级非遗代表性项目在群众精神文化生活中占据重要地位。九龙镇已经建立了一系列曲艺文化活动场所，包括曲艺大牌坊、曲艺文化主题公园和戏曲苑等，岳池县文化馆也在当地开设了曲艺茶苑，日常开展曲艺演出，丰富了群众的精神生活。

在四川，非遗进入社区不仅体现了其扎根民间、回归生活的本质意义，而且促进了其"活态"传承。自2017年成立以来，成都市青羊区的清源社区通过"展、演、传、教、创"等方式，积极培育非遗社群基础，如刺绣中心、龙门茶艺、同音琴社等五个非遗品牌项目。数据显示，社区每年开设的蜀绣、古琴、长嘴壶入门等公益课程，年均受益群众近2000人次，形成了浓厚的社区底蕴与人文氛围。

南昌市"非遗在社区"成果展示展演活动

在一些民族地区，非遗技艺转化为产业优势，带领社区群众脱贫致富。乔进双梅，四川省级非物质文化遗产代表性项目——彝族手工刺绣的县级代表性传承人，自2015年开始在马边县高卓营乡、大竹堡、烟峰风情小镇等社区成立马边花间刺绣专业合作社。通过"刺绣+妇女+专业合作社"的模式，七年来合作社吸引了800余名绣娘加入，培训了3万余人次，人均年纯收入超过1万元，订单远销北京、广东、上海等地。

4. 南昌市"非遗在社区"成果展示展演活动

夜幕降临，南昌市青云谱区的洪都夜巷热闹非凡。五彩斑斓的龙灯腾空飞起，汉服展示华夏之美，民族音乐奏响时代之音，川剧变脸尽显戏曲韵味……这里正在举行"非遗在社区"成果展示展演活动。在夜幕下，众多非遗项目的代表性传承人亲临现场，为观众详细介绍非遗项目。这些项目包括省级代表性名录项目"城南龙灯"及市级代表性名录项目青云谱面人刘、万家绘染布画、南昌国画写意绣、青云谱剪纸、青云谱腐乳制作技艺、幽兰画糖人制作技艺等。他们向观众展示了非遗文化的魅力，以及背后的工匠精神。观众近距离感受到了这些非遗项目的精彩之处，纷纷赞叹不已。

南昌市近年来一直致力于非物质文化遗产的保护和传承工作。他们积极构建优秀传统文化的传承体系，其中南昌瓷板画、西山万寿宫庙会、文港毛笔制作技艺等5项非遗代表性项目被列入国家级保护名录。此外，该市还拥有10个非遗研究保护中心和12个市级生产性保护示范基地。

5. 大连沙河口区白山路街道：传统插花技艺进社区

初冬时分，暖阳照耀在白山路街道的大连太一非遗项目碧海社区传承基地，屋内香飘四溢，满是茶香与花香。社区居民与大连理工大学的大学生齐聚一堂，他们环绕在谢女士的身边,聚精会神地听她讲述并传授传统插花技艺。这一幕,正是大连太一非遗传承基地为弘扬民族优秀文化精神,举办的常态化非遗项目口传心授系列活动。

碧海社区传承基地作为大连太一非物质文化遗产的重要载体,自成立以来,始终以"传承民族优秀文化遗产,弘扬民族优秀文化精神"为使命,遵循"坚持、守护、继承、推广、完善"的原则。在此原则的指引下,基地举办了各种保护和宣传非物质文化遗产的活动,其中包括征集、收藏、展览、展示非物质文化遗产技艺及作品。同时,加强了与国内外非物质文化遗产相关部门单位及传承人的交流学习。

在这个传承基地里,不仅有传统插花技艺的传授,还有甲骨文书法写作的讲解。此外,传统手工布艺传承人也曾亲自传授布艺技艺。复州皮影传承人曾在这里展示皮影戏的魅力,吹糖人、捏面人传承人也曾亲自传授相应的技艺。

参加学习的市民、大学生、留学生们热情高涨,他们积极参与到这些非遗项目的活动中来,通过亲身体验,感受着非物质文化遗产的独特魅力。超过4000人次的市民、大学生、留学生和工作人员参加了这些活动,对非遗文化有了更深入的了解和认识。碧海社区传承基地已经逐步发展成为具有一定规模实力、较高知名度的非物质文化遗产传承基地。

6. 陕西省:情系社区,艺暖群众

(1) 神木市文化馆——传统钩织技艺走进惠泉路社区

神木市文化馆在惠泉路社区举办了一场名为"情系社区·艺暖群众"的传统钩织技艺培训活动。活动中,大家按照老师的教授,认真学习钩织方法,积极制作钩织作品。一些有经验的学员迅速掌握了技巧,手中的钩针快速穿梭。而一些没有经验的学员则虚心向老师请教,力求做得更好。这次活动不仅为社区居民提供了一个交流和学习的平台,让他们在互相学习的氛围中掌握了简单的钩织技术,而且也丰富了他们的日常生活,激发了传统文化的生机与活力。

(2) 秦绣小院——传统民族技艺艺人用活灵活现的精彩面塑喜迎"二月二"

2022年3月3日,铜川市耀州区民间艺术家协会副主席的秦绣小院迎来了一群热衷于传承民间传统优秀民俗和非遗技艺的民间艺人。在这个特殊的日子,他们欢聚一堂,共同庆祝"咬食节",这个传统节日也被称为"龙抬头"。

活动邀请了多位耀州区民间面塑艺人参与其中,在现场,各位艺人们展示了自己提前制作的面人作品,这些面人作品色彩斑斓,形态各异,引起了大家的惊叹。艺人们还详细介绍了各自作品的寓意,都表达了对美好生活的向往。

耀州面塑代表性传承人崔百来老师对每位艺人的作品进行了点评,指出了其中的

第九章　民族技艺进校园、进社区、进地区的策略研究　313

秦绣小院——传统民族技艺艺人用活灵活现的精彩面塑喜迎"二月二"

不足，并提出了一些建议。他还现场制作了蝎子馍馍，传授面塑制作技巧，让大家收获颇丰。

最后，95岁的许奶奶和崔老师将做好的蝎子馍馍掰成碎块，分给大家食用，让大家真正体验到了"咬蝎子"的传统习俗。这场活动在品尝花馍的过程中达到了高潮，大家感受到了浓厚的民间传统文化氛围。

第三节　民族技艺进地区研学旅行

多元而丰富的民族技艺是中华民族文化宝库中璀璨的明珠，是千百年来先民智慧和创造力的结晶。传统民族技艺通过手工艺品、舞蹈、音乐、绘画等形式，以其独特的美感和精湛的技巧，深深吸引着我们的目光。然而，在现代社会的快速发展与变革中，传统民族技艺逐渐被遗忘与边缘化。随着城市化进程的加速，许多传统手工技艺岌岌可危，它们面临着日益减少的传承人而濒临消失的局面。因此，传统民族技艺作为重要的文化要素和独特的地域文化资源，对于促进民族技艺与研学的深度融合具有重要意义。深入挖掘和保护非遗文化，以文促旅、以旅兴文，可以推动"民族技艺 + 研学旅行"的全面深入融合，实现传统民族技艺的保护与传承，促进旅游与教育事业高质量发展。

一、民族技艺进地区研学旅行活动背景

1. 国家政策支持

近年来，我国正大力推动青少年研学旅行的实施，并将其作为青少年素质教育的重要组成部分。国务院办公厅于 2013 年发布《国民旅游休闲纲要（2013—2020 年）》，提出了逐步推行中小学生研学旅行的构想。研学旅行是一种校外参观体验实践活动，学生以班级或年级为单位参与，强调研究性学习与旅行体验相结合。在教师的带领和指导下，学生分组活动、相互讨论，通过实际操作和记录研学日志，最终形成研学成果。同年教育部发布《关于开展中小学生研学旅行试点工作的函》，在河北省等十地进行试点，我国研学旅行进入局部试点阶段。2014 年，《国务院关于促进旅游业改革发展的若干意见》将研学旅行作为拓展旅游发展空间的重要举措。2016 年，教育部、国家

旅游局等十一部门联合发布《关于推进中小学生研学旅行的意见》，首次明确提出"研学旅行"的概念，并将其纳入中小学教育教学内容中。这一举措强调各地应更加重视研学旅行，推动其健康快速发展。我国正不断加强对研学旅行的重视，将其纳入教育体系，旨在通过学生参与实践活动、独立思考和团队合作等方式，提高学生的综合素质并促进全面发展。这种教育模式与传统课堂教学相辅相成，为学生提供更广阔的学习空间和发展平台[39]。

非物质文化遗产研学旅行是一种将非遗资源与教育旅游相结合的创新方式，体现了文化和旅游的深度融合。在《中华人民共和国非物质文化遗产法》的指导下，我国非遗保护以"保护为主、抢救第一，合理利用、传承发展"为指导方针，突出保护与传承并举，注重向学生们传授非遗知识，培养潜在传承人的同时，开拓非遗旅游的潜在消费市场。在当代社会快速发展的背景下，传统文化的保护与传承面临诸多挑战。对于非遗而言，"旅游化"成为其生存与发展的重要途径。将非遗与研学旅行相结合，不仅有利于响应国家政策、传承中华优秀传统文化，同时也是文化和旅游深度融合的体现。合理地开发研学旅行能够充分发挥非物质文化遗产的历史、文化、艺术和经济价值，并拓宽其在当代生存与发展的空间。因此，我们应该积极推动非遗研学旅行的开展，将非遗资源与研学教育相结合，为学生提供更广阔的学习和体验空间，培养他们对非物质文化遗产的认知和兴趣，促进中华优秀传统文化的传承和发展。同时，这也能够为地方旅游经济带来新的增长点，推动文化和旅游产业的融合发展。

2. 民族技艺与研学旅融合的重要性

自我国开始非物质文化遗产保护工作以来，已经取得了显著的成果，使得更多的人开始关注传统民族技艺。然而，目前仍面临着许多挑战，如技艺传承人存在年龄断层、老龄化严重、后继乏人等问题，同时青少年群体对民族技艺接触较少，仅通过观赏性活动很难深入理解技艺文化的内涵。

研学旅行是一种教育模式，可以让学生跳出课堂，通过亲身参与实践活动，全面发展自身素养和能力。通过研学旅行，学生可以了解不同传统文化，并通过现场观察、实践体验等方式，加深对所学知识的理解和记忆。此外，研学旅行还可以培养学生的团队合作能力、创新思维、领导能力等。

将民族技艺与研学旅行相结合，不仅可以保护和弘扬传统文化，而且可以为学生提供一个更广阔的学习平台和发展空间。学生可以通过亲身参与民族技艺制作、了解其历史渊源和文化内涵，更好地认识和理解传统文化，同时也能够锻炼自己的实践操作能力和团队协作能力。此外，研学旅行中的民族技艺体验还可以激发学生对于创新与发明的兴趣和想象力，培养创造性思维和实践能力。

因此，如何更好地将民族技艺推向大众，特别是在青少年群体中普及，值得深思。传统民族技艺与研学旅行的结合，不仅丰富了研学旅行的主题选择和内容层次，而且大多数中小学生参加以传统民族技艺为主题的研学旅行，更深入地理解非遗文化的内涵，可以增强保护和传承非遗文化的自觉性，对培育潜在的非遗传习人也起到了积极的促进作用。

二、民族技艺研学旅行基地建设

非遗与旅游融合发展是指将非物质文化遗产与旅游业相结合，在保护和传承非物质文化遗产的同时，将其融入旅游规划和开发中，以提升旅游的文化内涵和特色。以践行开放共享、尊重互利、科学创新、弘扬价值为原则，共遴选出 200 个非遗与旅游融合发展优选项目，它们有非遗旅游景区、非遗旅游小镇、非遗旅游街区、非遗旅游村寨四种类型。

1. 苏州苏绣技艺小镇

2022 年，苏绣小镇被中国非物质文化遗产保护协会公示为"全国非遗与旅游融合发展优选项目名录"中的"非遗旅游小镇"。这个小镇是由苏高新集团与西部生态旅游度假区联合创建的，长期致力于发展非遗文化，并以苏绣为主要的发展驱动力。

(1)"非遗 + 文化"

苏绣小镇注重江南文化的传承和发展，以苏绣为乐享非遗 IP，开发了系列的研学课程，并成功举办了多次苏绣等非遗主题的特展。同时，还将苏绣文创引进酒店和民宿，并打造了苏绣非遗主题地铁站，让非遗文化更加贴近人们的日常生活。

(2)"非遗 + 旅游"

苏绣小镇通过多样化的方式串联旅游线路，推出非遗主题路线，并联合生态游学、假日慢生活等活动，让游客在旅行中深入体验非遗的魅力。

(3)"非遗 + 数字化"

苏绣小镇依托腾讯云的技术，开通了"云上苏绣小镇"数字人民币在线支付功能，并完成了首单交易。还通过绣创空间（双创平台），打造了苏绣数字化基地，为苏绣从业者提供一站式服务，包括办公、交流、市场拓展等，用数字新场景来展示文旅活动的新形式。

(4)"非遗 + 产业"

苏绣小镇近年来打造了多个苏绣文化载体，形成了集文博展、研、游于一体的苏绣文旅街区，并深化了苏绣全产业链的协同发展。这为激活非遗的经济属性和产业价值

第九章　民族技艺进校园、进社区、进地区的策略研究　317

苏州苏绣技艺

营造了一个多赢的发展新格局。

2. 山东菏泽非遗技艺产业集群

菏泽市是中国牡丹之都、书画之乡、戏曲之乡、武术之乡和民间艺术之乡，拥有深厚的文化底蕴和丰富的文化资源，包括31项国家级非物质文化遗产和众多各级非物

山东菏泽非遗技艺产业集群——东明县元宵节非遗月展演展示活动

质文化遗产。2022年，菏泽市已经建立了完善的非遗传承教育实践基地和传习场所，其中包括2处省级非遗研究基地、8处省级非遗传承教育实践基地、103处非遗传习场所（馆）和24处市级非遗传承教育实践基地。

为了加强"山东手造"推进工程的实施，在2022年菏泽市发布了首批手造主题非遗研学旅行线路。这些线路包括曹州牡丹园瓷艺研学体验游、牡丹区刻瓷艺术研学游、定陶绳编技艺研学体验游、高新区黄河窑陶艺研学体验游、成武月光水城手造体验游、巨野工笔牡丹画研学体验游、郓城水浒文化手造主题游、鄄城鲁锦研学体验游、东明粮画研学体验游等。这些线路涵盖了刻瓷、陶艺、汉服、工笔牡丹画、鲁锦、木雕、绳编、剪纸、粮画等多种非遗体验项目。这些研学旅游线路充分利用了菏泽市丰富的非物质文化遗产资源，推动了文化旅游融合发展。然而，在涉及项目、受众群体、研学深度等方面，非遗与研学旅游融合程度还有进一步提升的空间。

3. 瑞安非遗技艺研学旅基地群

浙江瑞安非遗研学场馆（所）资源丰富，共有非遗传承基地18个、非遗教学基地1个、非遗体验基地12个、非遗博物馆5个（其中4个为民办博物馆）。

(1) 非遗传承基地

要有效地保护、传承和发展非物质文化遗产，首先需要充分发挥非遗传承基地的示范效应。非遗传承基地是非遗传承与发展的坚实载体。瑞安共有18个非遗传承基地，这些基地系统地展示了瑞安的非遗文化，并开展了非遗传承与研究的实践。其中，温州市采成蓝夹缬博物馆和瑞安平阳坑镇东源村活字印刷展示馆这两个非遗传承基地展厅面积较大，各项设施较为完善。它们不仅具备展示、演示的功能，还拥有教育教学的功能，是瑞安非物质文化遗产实践的优秀阵地，具有很强的知识性和教育性。

非遗传承基地主要有温州市非物质文化遗产传承基地、瑞安市馨馨中草药家庭农场、温州市少林骨伤研究所、瑞安市南拳协会吴严耀武术学社、蓝夹缬技艺（花版雕刻印染）传承基地、瑞安市飞云江瓯剧高腔剧团传承基地、温州内家拳武术学社、温州鼓词演唱艺术培训基地、王燮薪堂中医整骨疗法传承基地、藤牌舞传承基地、湖岭东元村"六地"、瑞安市凤玉旗袍绸缎楼、瑞安市潘瑞源食品有限公司、瑞安市艺连碓、温州市"王氏雕塑"泥塑彩绘厂、温州市采成蓝夹缬博物馆、瑞安市曲艺家协会、瑞安市平阳坑镇东源村活字印刷展示馆。

(2) 非遗教学基地

瑞安成立了一所非遗教学基地，即瑞安市开元职业中等专业学校。该校在教学楼六楼设立了特色教学区，装饰布置了六间教室，专门用于四个非遗项目的教学。学校已投入 20 万元专项资金购置竹编、瓯绣、米塑、木活字印刷术等非遗传承教学项目设施。此外，该校还建立了联合国急需保护的非物质文化遗产——瑞安木活字印刷传承人培训基地，高薪聘请李道永、贾少霞、陈贻春、王钏巧和王志仁五位国家及省市级项目传承人来校指导四个非遗项目的传承教学工作，同时每个项目安排 1~2 位本校教师跟班学习和辅助教学。

(3) 非遗体验基地

瑞安非遗体验基地为了适应文旅融合的发展趋势，针对不同群体开设多种具有知识性、趣味性的非遗主题研学体验项目，配备专业人员现场进行指导，为非遗的宣传推广提供了长期的场所。

瑞安非遗体验基地

序号	非遗项目	体验基地	地点
1	汉服、旗袍制作技艺	瑞安市传统文化服饰协会	莘塍街道
2	蓝夹缬印染技艺	温州采成蓝夹缬博物馆	马屿镇
3	木活字印刷技艺	瑞安市毕昇文化发展有限公司	汀田街道
4	瓯窑制作和烧成技艺	温州汉臣陶艺文化有限公司	陶山镇
5	蓝夹缬技艺、木活字印刷术	未见山非遗研学体验基地	平阳坑镇东源村
6	旗袍制作技艺	瑞安市凤玉旗袍绸缎楼	玉海街道
7	乾盛康中医药秘方秘法丹药	瑞安市乾盛康中医药研究所	锦湖街道
8	周氏堂骨伤膏贴疗法	温州市少林骨伤研究所	云周街道
9	传统手工艾条制作技艺	瑞安市馨馨中草药家庭农场	塘下镇
10	瓯窑制作技艺	喜文化创业园——非遗文化体验馆	东山街道
11	中国活字印刷术	王法万木活字研学体验馆	平阳坑镇东源村
12	木活字印刷术技艺	瑞安市东源木活字印刷展示馆	平阳坑镇东源村

(4) 非遗研学基地建设

瑞安已全面落实"劳动育人""实践育人"的要求，积极打造学生研学实践基地，按照温州市"1+X+Y"的布局进行建设。其中，瑞安博物馆研学基地和瑞安忠义街研学基地已被选为温州市中小学生研学实践教育基地。近年来，瑞安博物馆利用丰富的馆藏文物资源，精心设计并开发了根植于中国传统文化、独具瑞安地域特色的博物馆研学课程。这些课程涵盖了传统技艺、历史文化、文物知识、文博职业技能体验、革命传统及爱国主义教育等方面，内容广泛而深入。截至 2022 年 10 月，瑞安又新增了六家温州市级的研学实践基地，这些基地的建设为学生提供了更加广泛的实践和学习机会，也为瑞安的文化和旅游事业的发展注入了新的动力。

(5) 瑞安非遗技艺研学基地项目

① 马屿镇蓝夹缬印染技艺研学项目。

浙南地区独有的传统工艺——蓝夹缬，可追溯至秦汉时期，曾广泛流传于温州各县（市、区）。蓝夹缬，以靛青为染料，采用木板雕版印染技术，被誉为"中国雕版印染工艺的活化石"。

蓝夹缬博物馆一楼展示了蓝夹缬技艺的衍生产品，如蓝布花系列的桌布、服饰、围巾等。二楼展厅则展示了蓝夹缬印染技艺使用的原材料、工具等实物展品，以及明清时期的蓝夹缬印花布，上面的花鸟与人物图案栩栩如生。

马屿镇蓝夹缬印染技艺

马屿镇蓝夹缬印染技艺

在蓝夹缬传承人王河生大师的指导下，学生可以亲身体验蓝夹缬的制作过程，包括夹缬夹板、染料浸染、上靛漂洗、晾晒到成品的过程。通过亲身感受非遗文化的乐趣，进一步促进非遗文化的传承和发展。

②陶山镇瓯窑制瓷技艺研学项目。

瓯窑，作为浙江青瓷的重要发源地之一，制瓷历史始于东汉时期的温州。瑞安陶瓷制作历史悠久，以其"百工之乡"的美誉而闻名。在瑞安的飞云江沿岸，分布着众多的瓯窑烧制工坊。

展示馆收藏了瓯窑藏品，这些藏品充满了艺术气息，数量大约有120件，种类繁多。通过参观，可以了解瓯窑的品种及其特点，如多彩釉等，并对瓯窑的颜色有更深入的认识。在古瓯窑标本馆，馆长为学生讲述瓯窑的历史和传承，从东汉到三国两晋，每个朝代的瓯窑都展现出特色。

此外，还可以在瓯窑手作坊进行拉坯、彩绘等制瓷工艺体验，亲身感受制作瓯窑的乐趣。学生还可以跟随老师参观土德窑，了解瓯窑的烧制流程及注意事项，更深入地感受陶瓷匠人的思想和情感，对瓯窑古瓷的历史文化底蕴有更深的感悟。

第九章　民族技艺进校园、进社区、进地区的策略研究　323

陶山镇瓯窑制瓷技艺

③ 湖岭镇古法造纸技艺研学项目。

湖岭镇的南屏纸制作技艺是一项历史悠久且传承时间较长的传统手工艺。湖岭东元村作为造纸技艺的发源地之一，保留了一个完整的造纸作坊群，名为"六连碓"，这个作坊群甚至可以追溯到明代永乐初年。

研学活动中，南屏纸技艺的传承人会向学生介绍南屏纸制作的悠久历史和传承演变的过程，详细介绍水碓制纸作坊群（六连碓）的古法造纸工艺流程，这个过程共有100道工序。

在老师的示范下，学生可以亲自动手实践，体验造纸的全过程，感受古法造纸文化的深厚乐趣。活动不仅可以让学生们了解和体验非遗文化，也可以让他们将非遗文化的根源深深扎于心中，这对于保护和传承非遗文化具有重要意义。

第十章 民族技艺融入"岗课赛证"综合育人模式探究

第一节 民族技艺专业岗位技能的标准
第二节 民族技艺融入"岗课赛证"课程体系建设的路径
第三节 职业技能竞赛助力民族技艺传承与创新
第四节 职业技能等级证书与民族技艺专业融合发展
第五节 高职院校民族技艺"岗课赛证"融合策略分析

2021年4月，全国职业教育大会提出职业院校作为实施"岗课赛证"技术技能人才的培养基地，需要大力推动职业教育"岗课赛证"综合育人研究，对培养出高素质技能人才具有重要的现实意义。民族技艺融入"岗课赛证"综合育人研究，是从理论上探讨民族文化与"岗课赛证"融通的高技能人才培养模式，也是新时期我国职业教育深化产教融合的新形式。"岗课赛证"是融合育人模式的有效路径，"岗"是工作岗位、"课"是课程体系、"赛"是职业技能大赛、"证"是职业技能等级证书，其中，设置岗位需求是综合育人模式的标准，构建课程体系是综合育人模式的核心，促进课程标准与职业技能等级证书的融合发展，坚持以赛促教，以赛促学，切实提高学生的理论知识水平和实践技能水平。

第一节 民族技艺专业岗位技能的标准

"岗课赛证"之"岗",从广义的角度而言,即岗位能力需求。从狭义的角度而言,岗位是由知识、素养和实践技能构成。在目前职业教育课程教学模式下,通过市场调研明确行业对人才能力需求变化的最新技能标准,以企业真实岗位能力需求为基点,结合企业与学校资源,实现行业需求与专业设置、岗位准则与课程标准的对接。通过设置不同课程使学生融会贯通后,才能实现课程与岗位的无缝对接。

为推动现代职业教育高质量发展,将弘扬中华传统文化的使命落实到职业教育的根源上,全国各职业院校纷纷设置民族技艺相关专业,建设民族文化传承创新基地,近百所学校开设了包含艺术陶瓷、工艺雕塑、工艺家具等八大类民族技艺专业。民族技艺相关行业与职业教育的结合,不仅是从专业的设置、课程的安排上进行统筹,还要考虑到学生的就业,只有不断关注动态,把握民族技艺专业人才的需求,增强民族技艺培养的适应性和专业性,才能扩大民族技艺的影响力。为了保证学生毕业后的就业率和就业质量,职业院校需加快与企业共建民族技艺专业产学研联合体,坚持校企协同育人,以学生为中心,实施"岗课赛证"融通的高技能人才培养。通过校企合作的开展,让学生提前进入工作岗位进行实地学习,真正地掌握在工作岗位中的理论知识和实践技能,牢牢抓住企业岗位能力这一核心要素,以"岗"促教,以"岗"促改,从而让学生明确在学校学习期间的发展方向,不断提升职业院校学生的职业认可度和岗位适应能力,推动民族技艺专业岗位技能标准的教学机制建立。完善的教学机制应包括以下三个方面:一是具有国家要求的上岗证书,达到企业对专业素质、知识和能力的实际需求。二是科学、规范地掌握民族技艺专业的基本技能,能独立胜任岗位的实操工作。三是强化民族技艺专业的职业意识、水平意识,不断加强传统文化知识的全面学习。

综上所述，我们需要开创实践教学模式，引入真实的传统文化传承项目，设置以专业知识和实操技能为本位的全过程岗位技能标准，使学校教学课程与企业实习工作内容相融合，课堂教学标准与岗位要求相一致，深入分析民族技艺专业岗位工作所需的知识、技能、素养，从而深化学生对所学知识的理解和应用，培养学生的理论创新和实践能力。

第二节 民族技艺融入"岗课赛证"课程体系建设的路径

"岗课赛证"融合中的"课"代表职业院校专业课程,强调专业知识的综合性和系统性,是对教学内容进行的科学规划。民族技艺融入"岗课赛证"课程体系建设是国家战略发展需要,2019 年国家发展改革委、教育部发布了《国家产教融合建设试点实施方案》,要求建设校企融合育人、协同创新的机制,推动传统文化产业需求更好地融入职业教育高素质人才培养过程,从而构建满足传统民族技艺行业发展需求的技术技能人才和创新人才培养体系。探索民族技艺融入"岗课赛证"课程体系建设,可以为职业教育高素质技能人才培育模式提供指导方向,真正落实教育教学深度融合,为实现职业院校学生更高质量就业和更高质量发展发挥重要作用。

一、改革课程设置方式,强化民族技艺专业特色

民族技艺专业的学生掌握技术技艺能力是培养的主要方向,在培养过程中应以实践操作为主,注重教育教学与实践劳动相结合,推动民族技艺专业的课程设置改革。根据民族技艺专业的特点,合理设置理论课和实践课的课程类型和学时安排。其中职业院校主要负责基础知识和专业知识的教学,企业主要负责提供实训场所和实践指导,共同为学生营造良好的学习和实训环境。

此外,民族技艺的实践教学是基于情境的,学生学习是在实践中不断吸收养分和能量,课程体系建设的路径需要校企合作共同制定,通过对专业类型与职业类型的分析,改革课程设置方式,具体包括以下两点:第一,是根据社会的需求、市场的要求和地域的特点,对课程教学方式进行改革,主要以提高学生实践能力为目标;第二,理论知识

应该与实践能力相匹配,理论与实践又是相互独立的,依据民族技艺专业特点合理设计课程标准,有助于培养学生的综合能力和专业素养[40]。

二、优化更新课程体系,创新民族技艺教学内容

课程体系和教学内容的制定需要由学校、企业和行业三方共同进行商议评定,在进行需求分析和人才开发分析时,制定课程大纲、课程计划和课程内容,必须注重课程计划的实用性、超前性和有效性。职业院校高素质高技能人才培养模式以民族文化传承结合教育教学为核心,理论与实践相结合,从新技术、新技艺角度优化民族技艺专业课程体系,科学设计教学方案。在实践教学层面,职业院校依托现代学徒制教育,通过岗位特点和职业属性反推制定专业教学标准、课程标准、实训标准,以院校导师与工匠导师为基础设计实践教学方案。在理论教学层面,构建专业课程教育与工匠精神深度融合的人才培养方案,致力于将学生培养成为高素质高技能型人才[41]。

民族技艺是具有文化价值、历史价值的技能,在民族技艺的教学过程中,需要增加历史和人文的内容,确保教学内容的丰富性和深刻性,这决定了人才培养模式的厚度和坚实度。民族技艺教学内容的丰富性体现在量上,不断提高专业内容的人文内涵,不仅保证了基础理论知识和技能的学习程度,还能引导新时代青年建立良好的人际关系,培养良好的品行和意志力。民族技艺教学内容的深刻性体现在质上,即让学生最大限度地将所学的知识转化为实践技能,确保学生学以致用,进一步增加学生的民族自豪感、社会责任感和文化认同感。

三、落实民族技艺基本内涵,提升民族技艺审美素养

民族技艺的基本内涵及艺术特征有机地融入职业院校专业课堂教学活动,使学生能够充分掌握社会历史背景、人民群众实践经验,这不仅使学生加深理解民族技艺相关理论知识,而且能够使学生感知其体现出来的美学艺术特征。在民族技艺理论体系下,创新民族技艺专业课堂教学形式,使之产生更加丰富且深刻的知识内容,通过更加科学的教学模式融入多种艺术形式及思想内涵。

民族技艺融入职业教育最独特的贡献之一,即继承和弘扬了具有民族特色的传统技艺,同时民族技艺是传统技艺的一种,蕴含着丰富的经济、艺术、历史、人文及教育价值。因此,在创新民族技艺专业课程学习活动的过程中,可以充分培养学生的审美素养和审美意识,使学生能够自主发现美、创造美、欣赏美。

四、深化校企融合育人，建立课程建设评价体系

基于职业院校与企业之间育人模式的不同，培养高素质技能人才需要对专业课程建设进行设置和改革，需要紧扣民族技艺行业发展需求，落实校企融合育人的基本准则，围绕以学生为中心，完善民族技艺专业课程评价体系。因此，职业院校需与企业各平台共同开展民族技艺专业课程建设、课程评价、师资培养和实习就业等方面的工作，不断提升职业教育人才培养的规格和质量，为深化校企融合育人夯实基础。

在建设技能强国背景下，职业院校从专业基础课和公共选修课角度开展民族技艺专业"岗课赛证"课程建设评价。在专业基础课方面，以职业院校高素质高技能建设为核心，通过健全专业理论知识评价、专业技能实训评估及劳育品质评价，对民族技艺专业人才培养成效进行全面评价。公共选修课方面，从工匠精神领悟、艺术审美素养和企业文化评价等角度切入，对民族技艺专业人才培养质量和传承人才需求进行综合评价。

第三节　职业技能竞赛助力民族技艺传承与创新

一、职业技能竞赛的意义

职业技能竞赛主要是指按照国家职业技能标准，以展现个人或团队操作技能和解决具体实践问题能力为主的技能竞赛活动。职业技能竞赛按照管理等级划分，分为国家级、省级和地市级三级，其中国家级职业技能大赛是由教育部组织的全国性竞赛活动，其涉及的专业覆盖面最广，社会影响力最大。因此，为充分发挥职业技能竞赛在促进技术技能人才培养、激发人才创新活力等方面的重要作用，全国各地陆续开展各种层次的职业技能大赛，通过职业技能竞赛可以选拔和培养一批高素质技能人才，也可以有效地提高职业院校学生掌握技艺技能的积极性[42]。

职业院校参与职业技能竞赛不仅能将行业、企业、学校等多方优势资源进行有效融合，也能为学生提供一个参与互动交流的平台，对产教融合、岗位适配等具有推动作用。由此可见，职业技能竞赛在推动职业院校发展进程中有着重要的作用。第一，持续推动教学改革，实现以赛促教、以赛促改，鼓励学生参与各级职业技能竞赛，能更好地激励学生刻苦钻研技术技能，培养学生的实践创新能力和团队合作素养。第二，鼓励教师积极参加教学能力、教材编写、教学方法等方面的比赛，学习和掌握新的教学理念，在竞赛中提升自身专业水平和技能水平。第三，促进教育教学与职业资格证书的有效链接，将竞赛项目与职业资格证书相融合，使得职业教育更适应社会需求和企业需求。综上所述，职业院校做好职业技能竞赛的各项工作，不仅可以促进职业教育的改革和发展，还可以提升师生的个人技能和综合能力。

二、职业技能竞赛培育民族技艺能人

为落实教育优先发展战略，推动职业教育发展的重要举措，党和政府不断促进职业教育发展，给予具有精湛技艺的院校学生展示自己和学习交流的机会。从某种意义上说，"以赛促教、以赛促学、以赛促改"是对接职业技能竞赛界培养技术技艺能人的试金石，以相互切磋技艺的平台展示高端技能引领教学改革。开展职业技能竞赛，是加强民族技艺人才培养选拔、促进传统文化传承发展的重要途径，是推动产业发展、经济增长的重要保障，是弘扬工匠精神、培育民族技艺能人的重要手段。

随着经济社会的不断发展，我国近年来做了大量的工作推动民族技艺文化建设和保护，注重对精神生活层面的追求，为弘扬民族技艺文化带来了新的发展契机。例如，全国陶瓷职业技能大赛，能充分展现当代民族工匠的精湛技艺和良好精神。展示传统民族技艺，是对近年来在职业院校推广民族技艺文化学习成果的检验，也为加强传承与创新，深化校企合作和产教融合提供机会。通过职业技能大赛，深度挖掘民族文化技艺的潜力，同时职业院校可以大赛为契机，相互借鉴，让大赛成为发现人才、挖掘人才和造就人才的出彩舞台[43]。

三、传承工匠精神，推动技能型人才培养

为贯彻党的二十大精神，推动全国民族技艺文化项目高水平发展，为民族文化保护与传承事业发展贡献力量，民族技艺传承人将继续秉持精益求精的工匠精神，立足岗位，在民族技艺的领域力争上游，锤炼过硬本领，以实际行动推动民族技艺创新性发展、创造性转化，彰显民族技艺工匠的时代担当。组织开展职业技能竞赛，以助力创新发展，引领生态文明新潮流，为建设美丽乡村做贡献为宗旨，培养选拔了一大批高素质高技能人才，这对国家推进技能人才队伍建设，激发技能人才创新发展发挥了重要作用。与此同时，技能大赛的主办方也希望通过大赛的举办让更多的人了解到技能工人也能有良好的发展前景，鼓励传承人以加强技能人才队伍建设为目标，以传颂工匠精神为己任，实现新时代青年的历史使命和责任担当。

1. 贵州省职业院校技能大赛"小绣娘"绣出新风采

2024年贵州省职业院校技能大赛特色项目（苗绣赛项）以个人赛形式进行，以"为贵州村超·献礼"为主题，主要围绕对苗绣进行设计、搭配、刺绣，以推进手工刺绣产业高质量发展。此次竞赛学生们以娴熟的针法技艺和创新创意设计绣出了新风采，充分展现了参赛学子精益求精、勇于挑战的精神风貌和扎实的技术技能。

贵州省职业院校技能大赛特色赛项（苗绣·贵银）

2. 安徽省职业院校弘扬中华茶文化

2023年"中银杯"安徽省职业院校技能大赛（高职组）举办了"中华茶艺"赛项，该赛项以"弘扬中华茶文化、创新徽茶产业"为宗旨，展示高等职业院校大学生热爱中国传统文化的精神风貌和创新徽茶的愿景。此次茶艺竞赛需要考查学生专业知识水平、茶叶冲泡技艺、创新设计能力等职业技能，充分展示学生对传统茶文化传承与创新的能力，以弘扬和传播中国优秀传统茶文化。

安徽省职业院校技能大赛（高职组）"中华茶艺"赛项

3. 新疆维吾尔自治区职业技术院校展现非遗服饰风采

2024年新疆维吾尔自治区职业院校技能大赛（高职组）组织了服装创意设计与工艺赛项。此次竞赛参与的10支队伍来自新疆维吾尔自治区各职业院校，这些学生经过严格的培训和专业知识的积累，拥有出色的创意思维和巧妙的工艺技巧。在竞赛过程中，学生们专注而认真地进行裁剪、缝制、装饰等工艺环节，展现出对技术细节的把握和精湛的手艺。通过此次竞赛，也让学生更加深入了解展示非遗服饰风采，弘扬传统民族文化，传承设计技能和工艺水平的重要性。

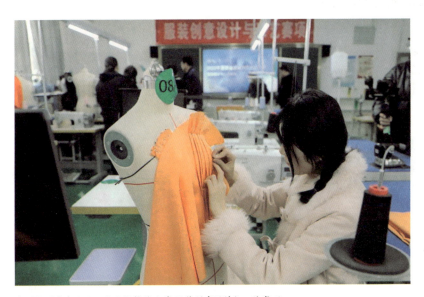

新疆维吾尔自治区职业院校技能大赛服装创意设计与工艺赛项

4. 潍坊市职业技能大赛弘扬风筝文化

2024年潍坊市职业技能大赛民间工艺品制作（风筝绘制）项目比赛在潍坊市技师学院举行，旨在弘扬风筝文化，传承民间工艺。在竞赛过程中学生们纷纷展现出精湛技艺，用巧手绘制出了一幅幅精美的风筝图案，更体现了潍坊风筝文化的深厚底蕴。此次竞赛不仅是对风筝绘制技艺的弘扬与传承，更是对传统文化与现代审美相结合的一次有益探索。

潍坊市职业技能大赛民间工艺品制作（风筝绘制）项目比赛

山东潍坊职业教育活动周（1）

山东潍坊职业教育活动周（2）

第四节　职业技能等级证书与民族技艺专业融合发展

一、职业技能等级证书

2019年12月，国务院决定分步取消水平评价类技能人员职业资格，推行社会化职业技能等级认定，对合格者授予相应的职业技能等级证书。至此，以国家职业资格、职业技能等级和专项职业技能为核心的多元化职业评价体系正式确立。《中华人民共和国职业教育法》指出，职业教育必须按照专业的职业发展方向确定教育教学标准，实行"学历证书+若干职业技能等级证书"（简称"1+X"证书）制度，由此开启了职业教育改革的新篇章。其中"岗课赛证"中的"证"既包含职业资格证书，又包含职业技能等级证书，由职业资格标准与职业技能等级标准共同构成的职业标准，成为职业院校的教学资源建设、专业课程标准制定等的关键指标。

目前，我国正在推行"1+X"证书制度，能够将专业知识和职业能力培养相结合，实现育人的综合化。职业技能证书丰富了专业课程中的实践活动，能够实现专业课程与职业岗位技能需求的无缝衔接。例如，民族技艺类专业职业技能等级证书，能够推动培养民族技艺人才，推动民族技艺职业技能等级证书的创设，提高培养对象的就业能力，规范民族技艺行业，提升产教融合的教育质量。

民族技艺类专业证书融入职业技能等级证书工作领域示例

民族技艺类专业证书	融入职业技能等级证书工作领域
陶瓷工艺师	从事陶瓷产品生产工艺参数、工艺流程和控制标准的制定，并对生产过程进行监控
陶瓷产品设计师	根据功能及审美需求，对陶瓷产品进行设计

民族技艺类专业证书融入职业技能等级证书工作领域示例　　续表

民族技艺类专业证书	融入职业技能等级证书工作领域
陶瓷装饰师	进行陶瓷表面印制花纹用花纸的制版及印刷,对陶瓷制品表面进行艺术雕刻
服装设计师	对服装的材质、配色、造型等进行构思设计,通过对线条、色调、质感等进行艺术处理与表达,使之符合并提升穿着者的形象与气质
轻工设计师	从事皮革制品设计、家具设计、珠宝首饰设计、家用电器设计、陶瓷制品设计等不同行业方向
茶艺师	具有茶叶专业知识和茶艺表演、服务、管理技能等综合素质的专职技术人员
美术设计师	较高的美术欣赏水平及对游戏美术的鉴赏能力,优秀的创新意识和视野,对产品的整体美术风格、交互设计、界面结构、操作流程等做出设计

二、民族技艺专业融入职业技能等级证书

在党和政府的大力支持下,职业院校将继续加大推进"1+X"证书制度改革工作的力度,深化民族技艺产教融合,能够有效地促进职业技能等级证书与"岗、课、赛"全方位融合,以证促改、以证促学、以证促教,将职业技能等级证书融入民族技艺专业人才培养方案,提高教师专业水平,提升学生一专多能的技术水平,实现高质量就业。职业院校积极开展"1+X"试点工作的良好氛围,使民族技艺专业技术中的技能点无限扩充,有利于学生将理论与实践融合,在反复实践中巩固理论知识,增强技能型人才培养的灵活性和有效性,努力办出人民满意的职业教育。

1. 含金量高的职业技能等级证书是民族技艺专业岗证融合的前提

"1+X"证书制度为学生掌握一技之长奠定坚实的基础,扩充了学生就业的多样性,增强了学生的职业适应能力和岗位迁移能力,且含金量高的职业技能等级证书需适应民族技艺专业的岗位特征。一是工作领域的相似性。工作领域是指在一定岗位基础上,按照工作特点的一致性、行动维度的相似性,实现较强的实践及动手能力,优质的职业技能等级证书能够印证学生具有民族技艺专业的技术技能。二是工作内容的整体性。工作内容是指学生在实际工作岗位中,具体的实践项目和工作任务,学生通过在实际工作岗位中的学习,充分获得社会工作的整体感知,提升综合职业能力。三是职业技能的匹配性。提升职业院校民族技艺人才培养目标岗位与"1+X"证书制度的适配性,不仅要注

重学生的实践技能的培养,更要重视学生学习方法和综合能力的培养。

2. 科学的路径是民族技艺专业课证融合的关键

"1+X"证书试点工作经过多年的实践探索,在民族技艺专业课程体系建构过程中,需要更科学地设计融合路径。一是要构建课证融合的人才培养体系。清楚掌握学生的学习基础、学习能力与意愿,选择难度适宜的考证要求,并将其标准纳入民族技艺人才培养体系中。二是要探寻科学的融合策略。在构建民族技艺专业课证融合路径时,职业院校须立足自身实际,设计适用于自身特色专业的融合策略,有效推进民族技艺人才科学培养方案。三是要进行有效的监测。职业院校应对课证融通进行统筹规划,确保掌握民族技艺专业课证融合的关键环节和步骤。

3. 健全的机制是民族技艺专业赛证融合的保障

职业技能等级证书有机融入民族技艺职业技能竞赛,是一项需要长期坚持和创新的工作,需要充分调动教师及学生参与的积极性,也是职业院校实行赛证融通必须思考的问题。可从以下几方面着手:一是建立教学技能大赛制度。鼓励教师以个人或团队的方式参与教师教学技能大赛,提升自我实践能力,实行奖励制度。二是完善学生竞赛评奖制度。参与民族技艺职业技能竞赛项目的学生,根据获得奖项的名次,给予不同等级的奖励分数,对学生学期的评奖评优有直接作用。三是改革教师考核考评制度。为充分激励教师带领学生参与民族技艺职业技能竞赛的研究与实践工作,可依据考核要求评定相应工作量,在教师考核中适当增加奖励,以此激发教师积极参与的动力与活力。

第五节　高职院校民族技艺"岗课赛证"融合策略分析

一、高职院校"岗课赛证"融合现状分析

职业教育作为人才培养的主要教育类型之一，对深化职业教育高质量人才培养，完善职教融合育人机制具有重要战略意义。"岗课赛证"作为职业教育领域高质量技能人才培养的新探索，逐渐成为职业院校学者们研究的热点之一[44]。根据中国知网文献检索平台显示，以"岗课赛证"为主题，文献类型为学术期刊，2010—2022年期间"岗课赛证"相关文献共计516篇。从图中可以看出2010—2020年"岗课赛证"相关研究成果的期刊发文量总体偏少，且质量普遍偏低，表明在这期间教育领域对"岗课赛证"相关研究关注度较低，2022年，"岗课赛证"相关主题研究达到前所未有的发展规模与数量，发文质量也较之前有大幅提升。

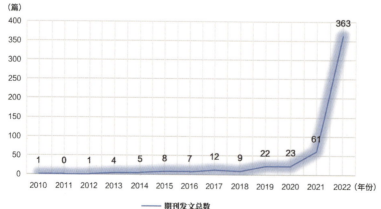

2010—2022年"岗课赛证"研究的总体情况

这些数据结果与近年来国家发布的《关于推动现代职业教育高质量发展的意见》《"十四五"职业教育规划教材建设实施方案》等文件对"岗课赛证"的大力倡导密切相关。对高职院校"岗课赛证"融合现状研究分析，使现有研究成果更好地服务于"岗课赛证"内涵式发展的需要，并且进一步了解"岗课赛证"研究热点与未来发展趋势，为民族技艺融入"岗课赛证"后续研究提供参考。

为了积极响应全国职业教育大会上提出的"岗课赛证"综合育人精神，持续推动职业院校"课堂革命"的政策，全国高职院校开始不断开展"岗课赛证"融合人才培养策略，以"岗课赛证"融合为契机，实现地域文化经济、产业经济的全面发展。

1. 河南职业学院艺术设计学院

河南职业学院艺术设计学院通过"订单培养""1+X 培养"和"双证书培养"等，对学生进行系统的技能培训，使之能够获得高质量的等级认定。在"人人持证，技能河南"的政策支持下，学院对于教师技能的重视程度越来越高，通过系统的职业技能培训及等级认定的方式，使参与者对专业技术岗位有了更加深刻的认识和了解，完善了高技能人才师资队伍建设。该学院成为培养适应能力强、综合素质高的商科类艺术设计高级实用设计师人才的基地，为河南文化艺术产业经济发展做出了令人瞩目的贡献。

2. 郑州信息工程职业学院

为使学校所学知识与企业岗位需求高效对接，郑州信息工程职业学院重构以"岗课对接，课证融合，课赛融通"为核心的课程标准体系，将企业真实项目引入课堂教学中，引导校企合作共建共享实践创新平台，形成一体化项目课程体系，推进企业优势资源与教学过程的交融，实现人才培养模式的创新。

3. 安徽工业经济职业技术学院

安徽工业经济职业技术学院的"课证融通"模式，通过与华为科技有限公司合作，将课程体系与企业认证体系融合，构建专业课程教育和职业技能培训适应性教学，推动职业院校教学与实际岗位需求精准对接，通过"岗课赛证"融通培养数字化时代的新型人才，实现人才培养精准化。

4. 江西工业贸易职业技术学院

江西工业贸易职业技术学院坚持将技能大赛和行业认证标准有机地融入人才培养方案，积极探索"岗课赛证"综合育人模式，在教学过程中融入企业的真实案例，不断提升教学质量和水平，努力让更多教师参与大赛、受益于大赛，营造浓厚的竞赛氛围，进一步提升院校教师技能水平和综合能力，培养更多高素质的技术技能人才。

5. 阿拉善职业技术学院

阿拉善职业技术学院通过推行"1+X"证书制度模式，不断促进课证融通人才培养模式，在教学方法上紧紧围绕"教、学、赛、训"等活动，构建教学资源库，采用项目教学、情景教学、案例教学等教学方法,探索协作互助式的教学组织方式,鼓励学生在获取学历证书的同时,努力获取"X"职业技能等级证书,夯实学生就业渠道的基础,促进当地文化经济、产业经济的全面发展。

二、高职院校民族技艺融入"岗课赛证"的内涵与价值

为学习贯彻落实全国职业教育大会精神,深入推进"岗课赛证"融合的实施政策,全国高校都立足学校实际,持续夯实发展基础,提升专业发展水平,拓展学校发展领域,推动职业院校民族技艺专业建设和可持续发展。在现代职业教育体系建设要求下,基于校企合作、赛教结合、课证融通的职业院校类型教育建设,探究民族技艺融入"岗课赛证"的逻辑内涵和影响价值,切实做到学生满足企业需求,实现校企合作的深度融合的目标。同时对学生进行综合能力的训练,提升学生的动手能力和实战能力,落实职业院校开展民族技艺融入"岗课赛证"的践行要求。

首先是基于民族技艺专业推动校企合作深度融合。学校和企业要深度融合,职业院校开设的民族技艺专业要面向企业,需要考虑到实践和就业,校企合作可以提高学生的技能水平和职业素养。在校企联合培养过程中,可以经常性地开展技术比拼、岗位轮训、技能评比,促进职业院校设计与岗位实际更匹配的课程标准及专业竞赛活动[45]。进一步推动校企合作深度融合,能够更好地把握民族技艺人才培养的方向,提高学生的技艺技能和综合素质。职业院校在培养民族技艺人才的同时,也在对社会服务和文化价值进行宣传,地方教育部门也可以通过对职业院校专业设置的宏观调控,从而促进区域经济和产业结构的调整和升级[46]。每个职业院校都有其历史发展和资源优势,学科是专业存在的基础,学校应该扬长避短,根据自身的优势,找到与民族技艺的结合点,加大优势学科的建设力度,以学科的发展促进特色专业的打造,提高专业人才培养质量,提升专业在院校间的竞争力,推动专业在行业内占据领先地位[47]。

其次是提升民族责任感和工匠精神。民族技艺人才的培养,其重点不仅在于技艺技能的水平,还在于传承人的民族责任感和工匠精神。民族责任感对提高民族文化的价值观念、文化素养和文化认同是非常重要的,作为民族技艺专业的传承人,更应有此觉悟,意识到这并不是仅限于实践技能型学习,而是提高我国文化软实力的一部分。民族技艺的传承实质上是对民族文化的认同和崇尚,是对民族文化价值的肯定,每个国人都有义务传承中华民族优秀传统文化,这是义不容辞的责任。

工匠精神的核心追求在于精益求精的严谨工作态度、一丝不苟的钻研精神,以及尽善尽美的服务精神。职业院校作为应用技能型人才培养的摇篮,在人才培养时加入对工匠精神的培养,这既是民族技艺专业的内在要求,也是国家发展的客观需求,只

国家非物质文化遗产粉彩技艺——李文跃大师作品

有具备对技艺的极致追求,才能培育出技能高超、意志坚定和积极创新的应用技能型人才。例如,国家非物质文化遗产粉彩传承人——中国工艺美术大师李文跃,凭借着他对中国陶瓷艺术绘画创作理念与探索的独特感受,创立了颇具个性的"粉墨彩瓷"装饰,奇人匠心的精神令他仍坚守着粉彩瓷创作,并培养了更多有兴趣学习粉彩技艺的学生,将所学倾囊相授。

最后是加强民族技艺"双师型"教师的队伍建设。基于校企合作民族技艺的特殊性,对职业院校民族技艺专业教师提出了更严格的要求,不仅需要教师掌握一定的教学理论知识,还需要对民族技艺技能掌握有心得,因为教师不仅是需要传授科学的理论知识,还需要教授民族技艺专业性的操作。这就要求职业院校必须建立起"双师型"的教师队伍。一方面,教师可以深入民族技艺相关行业的企业实践活动中,以提高自身的技能水平和实践能力。另一方面,学校可以协同行业企业为"双师型"教师的培养提供场地、资源等,或者是聘请相关领域的教授和专家到校进行校本培训,借助各行各业和社会的力量为民族技艺教师的培养共同努力,以提高教师的教学水平和技能水平。总而言之,就是要利用一切资源,加强对教师的职前培养,以及持续的职后培训,打造民族技艺专业化、素质化的"双师型"团队。

第十一章 民族技艺融入职业教育传承的案例研究

第一节 现代学徒制案例
第二节 大师工作室案例
第三节 产教融合案例
第四节 非遗进校园案例
第五节 产学研一体化案例
第六节 "岗课赛证"综合育人案例

第一节　现代学徒制案例

一、云南轻纺职业学院

自 2019 年云南轻纺职业学院隆重举行了"中国工艺美术大师传承创新基地"揭牌仪式以来，时刻不忘"弘扬工匠精神，提升职业素养"，该院积极推动开展相关教学活动。其中艺术与产品设计学院、服装学院依托"中国工艺美术大师传承创新基地"的优势，在 2021 年积极推进大师传承创新基地建设的工作，以适应工艺美术职业教育的新要求，全面落实"提质培优"的要求，课程设置不断改革创新，教学工作强化学生实践学习，不断对"师徒制"教学模式进行创新，积极推进项目教学的实施，将教学活动与思政主题教育、学生活动、社会交流活动相结合，通过开展各类实践技能活动，培养具有创新精神的高素质技能人才，基地创建以来取得了一定成果。

该院为积极推进"师徒制"教学模式，开始进行工作室教学模式的尝试与探索。目前建有服装绘画工作室、样衣制作工作室、赛事工作室、皮具艺术工作室、服饰品设计工作室等，工作室由专业骨干教师负责，各工作室以项目教学为主要教学手段，力争达到提升教育教学质量的目标。

服装设计作品展演活动

服装学院工作室的教学模式，将理论学习与实践教学相结合作为基本准则，在帮助学生提高综合能力的同时，完善实践设计训练，激发学生的兴趣和热情，此外，各工作室坚持以赛事作为提高教学水平与学生专业能力的推手，并且在各种赛事中取得了一系列成绩。

二、苏州工艺美术职业技术学院

依托中国工艺美术大师传承创新基地，该院与工艺美术大师共同开展以传承项目为重点的中华优秀传统文化教育研究，加强工艺美术与现代艺术设计专业建设和理论、技术研究。2021年，该院共立项市厅级及以上课题10余项，其中有国家级课题2项。此外，该院组织教师与工艺美术大师共同开展长三角区域国家级非物质文化遗产代表性项目（传统美术、传统技艺）抢救性记录工作科研项目33项，探索工艺美术传统民族文化传承的新技艺、新方法。

该院探索构建传统工艺现代师徒传承人才培养新模式，聘请具有"绝技绝活"的顾文霞、姚建萍、邹英姿、梁雪芳、杨光宾、刘永贵、鲍志强、马志远、蒋喜、钟锦德等中国工艺美术大师，并建立大师工作室，道技相融，实施"一师一室一品类"的大师工作室制人才培养模式，组建教学团队，以口传心授和院校培养相结合的方法培养传人，使学生既能获得师徒授受的精髓，又能获得现代艺术设计的理念与方法。注重道技相融，在技艺传习中强化文化教育，以活态传承的方式传承手艺、留住技艺，激发创意，培养具有传承与创新能力的"新传人"。

现阶段该院已建成10个大师工作室，对应建立工艺美术专业的相应小专门化方向。以项目制形式，由大师工作室主持或参与产学研拓展区工作。每个大师工作室由大师提供师资（大师或大师的弟子、工作人员）2人，由学院提供师资（专业教师）2人，组成4人的大师工作室教学团队。同时为了传承传统工艺，实现现代师徒传承人才培养目标，校内开始建设苏绣手工艺馆，目前馆内建设有1个专门馆（顾文霞刺绣艺术馆）、3个特色馆（苏州桃花坞年画、贵州雷山苗银苗绣、数字馆）、1个体验馆，开展烧造、锻造、织造、木作、纸作、石（玉）作等六大手工技艺的整理、研究、保护、体验和传播工作，促进手工技艺的传承、创新与发展。该院每年还投入专项收藏经费30余万元，用于刺绣、雕刻等中国工艺美术国家级大师、省级大师及优秀青年学子作品的收藏，不断充实苏作手工艺馆藏藏品。

三、唐山工业职业技术学院

唐山工业职业技术学院工艺美术大师传承创新基地从建设以来，始终立足校企合作，技艺技能传承创新，不断深化现代学徒制教学改革，为唐山陶瓷产业培养了大批优秀人才。为更好满足传承陶瓷技艺、技术创新和学徒的实训实习需求，该院投入资金450余万元，不断完善设备设施，建设了涵盖注浆成型车间、模具车间、烧成车间与公共交流空间等场地。同时，该院与唐山知名陶瓷企业深度合作，建成校内校外实习实训基地16个，增购了新的陶瓷装饰与烧成设备，满足了陶瓷技术及技艺革新、花面创新、新器型研发、新产品推广与人才培养需求。

为进一步健全传承创新基地和大师工作室运行与管理体系，该院开始建立传承现代学徒制的培养模式，制定大师工作室管理制度，保障工作室各项事务顺利开展。同时，参考学院承担的陶瓷文化传承与创新国家资源库建设工作任务书，制订工作实施计划、工作室培训方案和现代学徒制培养方案等，为陶瓷艺术大师在技艺传承、人才培养、教师培训、实习实训基地建设中发挥重要作用提供有力的制度保障。

该院借助校企融合优势，联合企业陶瓷艺术大师与学院专业教授组成的大师工作团队，完成陶瓷技艺传承和创新。一是将自己掌握的绝技绝活传授给青年专业教师，指导他们在从艺路上不断成长，通过"传、帮、带"，完成25名教师的技艺技能培养，为陶瓷传统艺术技艺传承储备可持续发展的专业技术人才。二是面向社会招收学徒，采取工学交替教学模式，通过"大师冠名班"完成对学徒的培养。

现代学徒制工作室教学

四、北京经济管理职业学院

北京经济管理职业学院开设的玉器设计与工艺专业为教育部现代学徒制试点专业,该院特聘全国 12 位中国工艺美术大师或中国玉雕大师,校企共育非遗技艺传承人。该院的专业教师与大师紧密对接,对玉雕人才需求和玉雕职业能力进行深入分析,结合玉雕人才培养特点,专业教师与大师们共研"三阶段、五旋回、宽基础、精技艺"的中国特色学徒制人才培养方案,扩大了学院与工作室的合作,扩展了课堂空间,将现代职业院校与传统师徒技艺传承深度融合,构建理论课堂教学与学徒制工作室教学相结合的教学体系。

该专业依托北京市特色宝玉石鉴定与加工专业建设成果及教学积累,服务于珠宝与艺术设计专业群,面向玉器设计与工艺专业及相关服务群体,构建数字玉雕创新创业实践中心一间,实现了以大师非遗技艺为引领,突出数字化技术、虚实结合的玉雕大师技艺传承实训、玉雕设计创新创业实训、社会技能实训四大功能,形成了充实的实践教学环节与内容。该专业以典型工作任务转化教学内容,以特高建设、资源库建设等成果反哺实训教学,以仿真教学为纽带提升社会服务能力,打造"数字化 + 玉雕传承"的中国特色学徒制人才培养范式。学院与李博生大师工作室的深入合作与传承创新基地的建立,增进了校企双方的联系,有助于高端职业教育模式的创新与改革发展,将职业教育与技能中国、技能社会紧密结合。

玉雕大师李博生作品(1)

第十一章 民族技艺融入职业教育传承的案例研究 351

玉雕大师李博生作品 (2)

第二节 大师工作室案例

一、上海工艺美术职业学院

上海工艺美术职业学院通过整合学院、行业、企业各方资源，组织工艺美术大师充分参与学院专业建设、教学、科研、社会服务、技术创新等工作，充分挖掘、高效利用大师资源，取得了重大进展与工作成果。其中，陈水琴大师荣获首批"大师进校园"优秀大师称号。

1. 引进工艺美术大师，设立大师工作室

该院配备了相关的教学、科研、行政管理团队，设立了由工艺美术大师领衔、行业指导，多方协作、资源共享的特色高水平大师工作室。大师以工作室为基地，进行日常工艺创作与收徒授艺。教学以小班化形式，技艺与文化素养并重，传承传统工艺技艺，培育高水平技艺人才。2021年，该院已引入10名国家级工艺美术大师、9名省级、上海市级工艺美术大师，并均已建成大师工作室。

2. 组成专业带头人团队，指导共建专业课程与教材

由大师与该学院内高水平专业带头人共同组成高水平、高影响力的"双高"专业带头人团队，优势互补、资源共享、通力合作，共同就专业发展、教学改革、人才培养和教学质量提升等进行战略规划和咨询指导。

3. 挖掘整理大师经验，进行科学研究与系统保存

依托学校现有工艺美术研究中心，进行大师生平经历、技艺技法的收集、梳理与总结，以文字、图像、视频等多种形式系统保存大师技艺技法，挖掘工艺美术文化，推动工艺美术创新设计与传承。

4. 利用大师影响力，提升社会服务

该学院组织大师参加工艺美术普及推广活动，提高年轻人对传统工艺文化的兴趣和热爱，提高全民的非遗文化素养。每年集中举办中、小学开放日活动。邀请工艺美术大师进校园开展讲座。同时定期邀请中国工艺美术大师巡回授课，组织形式多样的实践活动，加强对民族工艺美术传承项目的推介和传播。

二、广西工艺美术学校

1. 朱明德大师工作室简介

作为广西工艺美术学校民间传统工艺专业的大师工作室，朱明德工作室运作多年来，形成了以广西工艺美术大师朱明德领衔的人才队伍，他们不断磨砺自身传统技艺，涌现出了以中国工艺美术协会主办的"金凤凰"创新产品设计大赛金奖获得者。

2. 工作室建设成果

近年来，朱明德大师工作室充分发挥领军带动作用，在面向该院的民间传统工艺专业教师开展"师徒结对"的基础上，进一步面向社会有志于民间传统工艺的人士开展"师徒结对"，培养更多民间传统工艺技能人才。

广西工艺美术大师朱明德传授刻瓷技艺

朱明德大师指导青年教师刻瓷

优秀的作品是对技艺最好的传承，也是对工作室能力的最好的检验。朱明德大师工作室持续输出优秀的木雕、刻瓷等工艺品，指导师生获得众多的艺术奖项。工作室一方面不断研究民间传统工艺教育教学的发展规律，以便更好地开展实践技能教学；另一方面，持续撰写木雕、刻瓷等工艺相关学术论文，力争在学术研究中传承文化，留存技艺，努力实现技艺与学术共进，使传统文化薪火相传。

三、湖南工艺美术职业学院

湖南工艺美术职业学院已有合作工艺美术大师、非遗代表性传承人 7 人，其中国家级工艺美术大师 3 人、省级工艺美术大师 1 人。该院采取柔性引进聘任的形式，"一事一议"，根据大师具体职责，按月支付劳务报酬。

该院建有刘爱云、黄永平、李艳、张建华 4 个大师工作室。2019 年底，刘爱云、黄永平大师工作室被教育部认定为国家级技能大师工作室。在中国轻工业联合会组织的"百名大师进校园活动"中，湖南工艺美术职业学院被授予首批"中国工艺美术大师传承创新基地院校"。2021 年 4 月，黄永平、李艳大师领衔主持的工作室立项为湖南省职业教育教师技艺技能传承创新平台。

湖南工艺美术职业学院"百名大师进校园活动"大师工作室建设情况

序号	引入大师姓名	项目类别	大师工作室名称	大师工作室概况
1	刘爱云	湘绣	刘爱云大师工作室	组建了以刘爱云大师为核心，包括清华大学美术学院林乐成教授、湘绣企业家王进斌、湘绣创意设计名师昌妮、刺绣教育专家吕存等 22 位大师、教授和企业骨干为成员的创新团队。工作室含湘绣设计研发中心、刺绣工艺研发室、刺绣工艺实训室、设计基础实训室等 33 个校内项目导向工作室，配置有油墨绣稿喷绘打印机、田岛刺绣机、装裱机等大型实习实训设备
2	黄永平	醴陵釉下五彩瓷	黄永平大师工作室	组建了以黄永平大师为核心，包括全国技术能手、湖南省五一劳动奖章获得者、一级陶瓷烧成工（高级技师）谭子林等 7 名技术骨干为成员的技能大师创新团队。工作室配备了面积 900 多平方米陶艺手工成型室和面积 200 多平方米的陶瓷模型实训室

湖南工艺美术职业学院"百名大师进校园活动"大师工作室建设情况　　续表

序号	引入大师姓名	项目类别	大师工作室名称	大师工作室概况
3	李艳	湘绣	李艳大师工作室	组建了以李艳大师为核心，包括刘艳冰、肖念等5名校内青年骨干教师、毛勇臻等4名校外企业指导教师为成员的创新团队。工作室含绣稿设计室、绣稿喷印室、刺绣工艺室、刺绣装裱室等8个校内项目导向工作室，配备有摄影棚专业器材、各类画具、专业绣稿喷印机设备
4	张建华	南岳竹木雕刻	张建华大师工作室	组建了以张建华大师为核心，包括中国木雕状元徐特艺等8名技术骨干为成员的技能大师创新团队。工作室配备了木雕实训室、浮雕实训室等各类实训室，添置了大型雕刻机、3D打印机等高端实训设备

2021年，4位大师充分参与学生培养，授课近200课时，开发、修订课程标准16门，制订完善专业人才培养方案3份，指导学生作品获国家级、省部级奖项33项、创新创业奖项18项。参与拍摄技法视频60集，面向行业企业、社会人员开展非遗培训、社区教育1 580人次，团队成员获国家级、省部级奖励68项。合作研发出版教材（著作）8本，湖南省地方标准1个。创新研发新工艺3项，湘绣、湘瓷、木雕作品128件，与企业合作开展产品开发项目26项，技术服务咨询83项，指导学生成功孵化创业项目4个。参与学校举办展示展演活动15次，研讨交流8次。该院"大师进校园活动"成效显著，不仅大幅度提升了学校非遗人才培养质量，还有效地促进了非遗传承和保护。

四、江西陶瓷工艺美术职业技术学院

该院美术馆内建立了8个大师工作室，分别由校内外的国家级大师、教授、省级大师、非遗传承人等名家名师作为工作室领办人，以现代教学学徒制模式培养优秀学生，课程新颖、氛围活跃，教学成果突出，突破了原有的在课堂上集体授课教学的模式。2020—2021年培养粉古彩国家非遗特色班学生35人。

江西陶瓷工艺美术职业技术学院与中国工艺美术大师李文跃老师签订了返聘回校的工作协议，每年完成规定的课程教学任务，通过返聘形式引进大师进入校园课堂，亲自给学生授课传艺。

中国工艺美术大师李文跃在课堂与学生交流

中国工艺美术大师李文跃老师在课堂批改学生作业

教学成果学生作品展示

五、芜湖职业技术学院

芜湖职业技术学院为贯彻落实《国家职业教育改革实施方案》，促进地方文化传承发展，创新传统技艺，根据教育部《关于开展中华优秀传统文化传承基地建设的通知》等文件精神，明确推进民族传统文化全方位融入教育教学，充分发挥育人优势，成立"芜湖职业技术学院传统文化传承研究基地"。预计邀请百名大师进校园，2021年已经邀请12位工艺美术大师作为合作大师。

芜湖职业技术学院在校内已经成功建立集铁画产学研基地、铁画技术与艺术研究、铁画作品展示于一体的储金霞铁画大师工作室，占地约1000平方米。建立了铁画校企合作基地，建立了铁画生产、实训室，制定了生产、实训室管理制度。依托大师工作室的示范引领，在大师的指导下，开始建设铁画产学研基地，有序地开展铁画师资队伍培养和铁画制作技能人才的培养工作，并将传统铁画技艺融入现代数字技术、机械设计和3D打印技术中。

铁画大师储金霞在作画

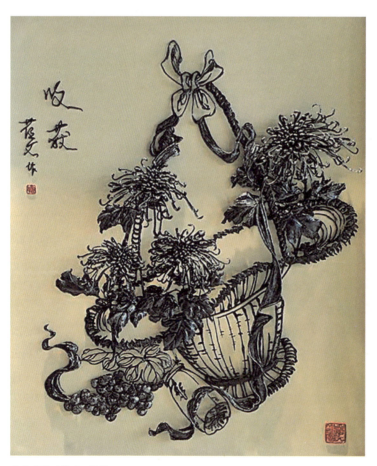

储金霞铁画作品《收获》

第十一章 民族技艺融入职业教育传承的案例研究　359

芜湖职业技术学院艺术传媒学院铁画基地（铁画精品陈列室）

该院围绕着项目建设的目标和内容，项目实施整体上需要经费 500 余万元。2021 年，该院针对铁画基地的建设累计投入 400 余万元，后期资金由芜湖职业技术学院继续投资。大师工作室占有面积近 1000 平方米，具有铁画生产、铁画教育实训、铁画展示、铁画电子营销等多项功能。

第三节 产教融合案例

一、北京电子科技职业学院

2021年10月，在钟连盛大师的带领下，艺术设计学院组织牵头开展国培项目——传统陶艺研修班、金属饰品加工镶嵌技术师资培训班。其中，金属饰品加工镶嵌技术师资培训班的主要培训内容是基础理论、实践技能与分享交流，要求熟悉工艺基础知识、工艺、工具，最终完成珐琅花丝镶嵌戒指的制作。

钟连盛大师将国家非遗项目——景泰蓝工艺带进课堂，在"旅游品设计——景泰蓝工艺"课程的教学中，以现代师徒制传承技艺，向学生传授景泰蓝传统非遗技艺。学生从传统工艺美术历史文化发展、沿革，到临摹传统装饰典型纹样、民族色彩、器型样式，认知中国传统艺术特色和民族精神，了解非遗技艺传承和发展的重要意义。

通过校企合作运行"大师工作室"管理机制，围绕相关设计大赛的项目或企业的真实项目，教师和企业大师共同研讨开发产品。2021年，在大师和各位企业专家的指导下，获批外观专利的有项坠"蓝韵"、胸针"祥云"、茶壶"莲花银花丝"、吊坠"星空银花丝"、"银饰吊坠花丝镶嵌1"、"银饰吊坠花丝镶嵌2"、"人像吊坠花丝镶嵌"、"鞋型胸针花丝镶嵌"、"印花布（石狮）"。还有多名教师专利申请在进程中，截至2022年，已有多名教师申请十余项专利，其中有50%被生产厂家认可，有待二次开发并投入生产。

二、淄博职业学院

为促进工艺美术事业发展，淄博职业学院积极邀请大师参与到人才培养方案制定、专业建设、社团活动等教育教学实践中，深化产教融合教育教学改革。充分发挥中国工艺美术大师传承创新基地的优势和作用，让学生及时了解最前沿的新技术、新工艺、新规范,将中华优秀传统文化融入教育,提升中华优秀传统文化传承创新的发展潜力。

2021年5月,淄博职业学院组织全体师生参加"产教融合,弘扬工匠精神"——大师进校园暨全国陶瓷行业大师经验分享会。激发同学们学习工匠精神、提升专业技能的积极性和主动性,培养学生"锲而不舍、勇于探索"的科学态度。结合专业发展,该院邀请国家级陶瓷艺术大师、工艺美术大师岳孝清、朱辉球,通过作品展览、讲座、绝活现场展演等形式开展大师进校园系列活动,充分发挥工匠(大师)的榜样带动和示范引领作用。在各位大师的帮助下,2021年,该院1名教师获得"山东轻工行业首席技师"、1名教师获得"全国轻工技术能手"、1名教师获得"全国陶瓷行业技术能手"荣誉称号。

为了进一步提高师资水平,该院结合走出去、请进来,通过开展"中国工艺美术大师进校园"活动、联络交流访谈等方式,请大师们传道授艺,此举取得了很好的效果。组织年轻教师杨菁、安文文等参加山东省工艺美术行业高级研修班,两位老师培训期间直接与中国工艺美术大师李游宇进行专业交流,后期,也通过电话、微信请教大师,提升了两位教师的专业技能。

"中国工艺美术大师进校园"活动是落实市委、市政府深化产教融合发展战略,积极服务新旧动能转换、服务区域发展、加强文化名城建设的重要举措,2022年,该院全面提升了育人能力,利用丰富的大师资源和工艺美术品设计专业优势,通过企业、学校、大师、师生的共同努力,形成工艺美术教育的新模式,继续为淄博培养更多优秀的工艺美术人才。

金属饰品加工镶嵌技术师资培训班

第四节 非遗进校园案例

一、广西工艺美术学校

1. "大师进校园"工作开展概况

2021年,该院持续推动中国工艺美术大师传承创新基地院校建设,不断为民族技艺传承创新注入新动能,积极开展"大师进校园"系列活动,邀请侗族服饰制作技艺非遗传承人进校园指导学生学习民族特色技艺。

2. 广西职业教育活动周技艺展示

在广西2021年职业教育活动周中,该院选送师生团队参与了对外开放展区民族文化传承与创新板块的现场展示。展位布置了作品展示和传统技艺现场展示两项内

非遗传承人吴双林进校指导

侗族服饰织锦机进校园

学生现场展示刻瓷技艺

学生现场展示木雕技艺

容,充分展现了该院在民族技艺传承与创新教育上取得的特色成果,受到了广泛关注和好评。

二、广东技术师范大学

广东技术师范大学自2017年以来,高度重视"大师进校园"相关工作的实施与开展,积极梳理工作思路,规划进度并安排实施,通过多种举措大力推进"大师进校园"工作。基于美术学院非遗传承大师工坊平台开展师资队伍建设工作,引进大师进校讲座讲学,通过与工艺美术大师合作授课完善双导师制创新,创业平台课程体系建设,并成功入选第二批"中国工艺美术大师传承创新基地院校"。

非物质文化遗产传承大师工作室

2021年，该院非遗传承大师工坊已建设手拉壶、陶瓷、刺绣、植物染、皮雕、珐琅、琉璃灯工等7间工作坊，其中手拉壶、陶瓷、刺绣、皮雕工作坊系与大师合作共建，其余工作坊均与非遗传承人、行业名匠共建；玉雕工作坊筹建中，预计将与叶福欢大师进行合作共建，雕刻工作坊筹建中，预计将与叶福欢大师（玉雕）、王增丰大师（泥塑）进行合作共建。

三、河南大学

2021年5月，在广东潮州召开的"2021中国工艺美术大师工作会议"中，河南大学美术学院被授予第二批"中国工艺美术大师传承创新基地院校"，获批基地的近一年中，河南大学美术学院以此为契机进一步加强工艺美术人才培养，积极推动中国工艺美术传承创新，以美术学院特色专业为依托，充分、有效利用大师资源，发挥学院文化传承创新的优势与作用，提高专业人才培养水平，确保基地创建工作取得实效。

(1) 与大师共同培养新时代工艺美术人才

河南大学美术学院中国工艺美术大师传承创新基地首位签约大师孔相卿——中国工艺美术大师,结合美术学院课程安排及计划,组织开展了相关专业学生到大师产业基地实地考察学习。同时以孔相卿大师为典范,通过"引大师、设专业、建资源、筑平台"的措施,与大师深度合作,力争将学生培养成新时代工艺美术专业人才,并在后续联系签约了"中国刺绣艺术大师"苗炜、"汴京宋室风筝第六代传人"宋长虹等知名的工艺大师,做到将各类非物质文化遗产的校园传承与美术学院优势学科、特色专业创建工作紧密结合起来。此外,大师通过进校园教学,在传授技艺的同时也能从中找到优秀的传承人才,也为学生们提供今后工作的方向,从而达到互利双赢的效果。

(2) 持续开展工艺类主题活动

近年来,河南大学美术学院与多个基地进行了签约合作,并且保持联系,例如,有钧瓷、汴绣、木版年画等手工艺及其他各具特色的艺术考察基地,定期组织学生进行实地考察学习,带领学生了解学习各类传统工艺品的制作手法及传承文化等,让学生将工艺美术与自己所学的专业融会贯通。

(3) 帮助签约大师提升个人能力

依托河南大学美术学院的原有师资力量,帮助签约的工艺美术大师在绘画、设计的能力上进一步提升,对他们进行线上、线下相结合的短期培训,以使工艺美术大师的个人能力能够与时俱进,使他们在今后来学校培训、交流时,除了传授讲解基本的工艺技术、传统文化以外,还能根据时代的进步、社会的发展对各类具体的工艺美术作品提供更独到的见解,为传承、发展传统工艺美术起到积极作用。

(4) 提升服务地方文化建设新动向,研究校地合作新思路

2022年3月,河南大学中国陶瓷研究院受开封市地方史志研究室的委托,承担《官瓷志》的编纂工作,进一步加强了校地合作、产学研合作和交流,共同推进中华优秀传统文化的传承,形成具有中原特色、中国风格的标志性学术成果,紧密服务于地方和行业的经济发展和文化建设,为河南省高质量发展提供新的理论动力和学术支持。

四、天津中德应用技术大学

中国工艺美术大师杨志忠先生和陈毅谦先生任职于天津泥人张彩塑工作室。他们的作品展现了泥人张彩塑工作室的艺术传承,代表了这个传承中当代的最高水平。他们既是在全国工艺美术领域有影响力的专家,也是天津中德应用技术大学艺术学院特聘专家,多年来致力于中德艺术学院在工艺美术领域的课程建设,并协助建立了全国第一个工艺美术彩塑方向专业。

2021年是庆祝中国共产党建党100周年的重要历史时期,为了弘扬传统文化,让非遗走进校园,2021年6月26日至7月18日在智慧山艺术中心举办"大师进校园——中国工艺美术大师作品邀请展"。中国轻工业联合会中国工艺美术大师工作委员会作为支持单位给予了大力支持,天津中德应用技术大学作为主办单位,学院师生参加了此次展览开幕。同年7月30日至8月8日,中国工艺美术大师杨志忠先生和陈毅谦先生共同成立"彩墨香泥笔未荒——天津泥人张彩塑工作室",并在中国美术馆成功举办作品展,

天津泥人张彩塑工作室作品《李白》

天津泥人张彩塑工作室作品《少年吴愁》

中国轻工业联合会中国工艺美术大师工作委员会作为支持单位给予了大力支持。

五、武汉设计工程学院

2012年,武汉设计工程学院成立工艺美术专业建设小组,进行相关院校及行业调研交流,着手工艺美术专业建设事项;2014年获批成立工艺美术专业。筹建小组花费

工艺美术专业各类非遗传承实验室

近6年时间，调研考察各相关高校、公司、企业，通过交流、考察等方式，认真圆满地完成了本专业筹备工作，制定了较完善并符合学校人才培养目标的工艺美术专业人才培养方案、教学计划、课程大纲、课程体系等。

工艺美术专业建有完善的陶艺馆、大漆工艺实验室、纤维艺术实验室、镶嵌工艺实验室、金属工艺实验室、木工工艺实验室、印染工艺实验室、综合材料绘画工作室、综合材料工艺工作室、多媒体教室、画室、计算机实验室、多媒体影像实验室等实验实训场所，总面积约900平方米，投入资金200余万元。实验课程体系形成"情景式"教学特色，该类型课程比例约占总学时的75%，全方位保障了专业人才的培养，并与多家国内知名企业建立校企合作育人体系，为"工艺美术大师进校园"提供有力的资源保障。

在未来的工作规划中，该院拟建立"非遗传承基地"、打造"工艺美术大师班"，举办"非遗展""公共艺术文化节"等校园品牌活动，引进更多的工艺美术大师进入课堂教学，联合申报国家级、省级教科研项目等。

六、景德镇学院

2021年，景德镇学院"大师进校园"项目组在学校高度重视和广大师生支持下建立了"大师进校园"平台，该平台合作对象主要以本地工艺美术大师为主，全年以"绝活演示""双师课堂"和"主题讲座"等方式开展工作，累计授课近600课时。

在"大师进校园"工作经验的基础上，景德镇学院"大师进校园"项目组以创建"双师课堂"为抓手，先后创建了多个大师工作室，为陶瓷美术和陶瓷设计专业8个班级授课近600课时，受益学生和市民1500余人。景德镇学院"大师进校园"项目组先后组织工艺美术大师举办"景德镇御窑厂申遗的目标与路径""资源枯竭背景下陶瓷工业城市转型发展的探索实践""景德镇先进陶瓷打造国际品牌的路径选择"等主题讲座。2021年中国景德镇国际陶瓷博览会期间，景德镇学院"大师进校园"项目组签约大师先后在本校陶瓷美术与设计艺术学院和中国陶艺中心（全国青少年陶艺培训中心）为学生及市民表演拉坯、瓷雕和瓷上彩绘等非遗技艺绝活18课时，受益学生和市民1000余人。

第五节　产学研一体化案例

一、广东轻工职业技术学院

1. 主要工作目标

第一，围绕着工艺美术文化展开，完成"美育+匠心"课程体系的建设。

第二，积极打造"广轻模式"高等职业教育品牌，推进高职新工科教育新模式改革。

2. 产学研开展的工作

（1）整合资源，跨界合作

为充分发挥广州工艺美术行业协会与广东轻工职业技术学院艺术设计学院双方在政、商、产、学、研、人才、技术、项目和信息整合上的优势，关注企业需求、凝聚双方优势、整合资源、联合跨界行业伙伴（政府、商界、院校、媒体、品牌、财税、金融、法律、知识产权等）为企业提供一站式服务的战略原则，用共建、共享、共赢模式，自愿结为战略合作伙伴关系，搭建多元化、多层次、多服务的合作平台，共同打造创新理念和服务体系，以加大广东创新能力与人才培养力度，服务广东产业转型升级，立足广东、放眼全球为目标。

（2）共同合作，共建共赢

为进一步助推传统工艺振兴、乡村振兴和粤港澳大湾区建设，弘扬工匠精神，2021年5月，广东轻工职业技术学院艺术设计学院与佛山新合民间工艺美术研究有限公司建立深度的校企合作关系，聘请该公司的佛山剪纸市级非遗传承人、佛山彩灯市级非遗传承人为学校外聘教师，并将非遗项目引入工学商一体化项目制课程教学。

（3）拜访大师、寻求合作机遇

2021年年底，学院教师前往潮州进行调研，拜访工艺美术大师，洽谈传承与创

广东轻工职业技术学院艺术设计学院非遗课堂

中国工艺美术大师传承创新基地(大师+名师+名匠工作室)

新的合作。本次共拜访了手拉壶传承人,国家工艺美术谢华大师,潮绣大师佘燕璇,麦秆画工艺大师方志伟,枫溪陶瓷代表大师吴维潮,木雕大师李中庆,大吴泥塑第25代传承人吴维清等多位国家级工艺美术大师,感受工匠精神的精髓,为学院协同开展非遗项目的文创设计奠定了基础。

通过继续做好中国工艺美术大师进校园的长期规划,将"中国工艺美术大师传承创新基地"项目建设得更好。让更多的人了解我国工艺美术,继承与创新民族文化。

二、北京经济管理职业学院

自 2019 年该院被评为首批"中国工艺美术大师传承创新基地院校"以来，持续进行大师非遗传承基地建设，依托中国轻工业联合会授予的平台，引进多位中国工艺美术大师。该学院在玉器设计与工艺、工艺美术品设计等专业群建设中，以培养大师接班人和非遗技艺传承人为己任，积极与北京东方艺珍花丝镶嵌厂和大师工作室深入合作，在校企"双主体"育人、人才培养体系建设、师资队伍建设和非遗技艺产业学院建设等方面孕育了一系列丰硕成果。

该学院围绕行业技术创新关键问题开展校企协同创新项目，推动非遗技艺创新研究成果的转化和应用。校企联合共同开展技术攻关、创新研发和项目转化等工作，共同完成教学科研任务，对产出的工艺创意成果知识共享，提升学院、企业和行业的综合发展能力，同时持续推动产教融合，不断将实践研究成果融入教学过程，促进科研与人才培养融合互动，发挥产学研合作示范引领作用。

三、广州番禺职业技术学院

广州番禺职业技术学院基于专业实训室平台建设，与广轻控股集团、广东省工艺美术研究所、广东省传统漆艺工作站、省市博物馆等深入校企、校馆合作，不断探索对传统漆艺进行技术改造和技术创新，解决生产技术难题，在传承传统手工艺的基础上，与企业合作研发现代漆艺产品，用现代设计思维理念、科技手段，研发与当下衣食住行用相关联的、既有社会效益又有经济价值的产品，探索漆艺的现代转型。根据学院特色和优势，依托学院平台，协助学院进行国培、省培等其他对外的培训任务，开展社会服务。

为弘扬和传承岭南传统漆艺文化，更好地落实促进学院"双高"建设任务，发挥"行业、企业、学校"三位一体联动的优势，广州番禺职业技术学院与广州工艺美术行业协会及广式硬木家具研究院下属企业达成共识，共建"髹漆研

传统漆艺展现场作品

发中心",并举行挂牌仪式。该院已与广州工艺美术行业协会、广州市松园广作家具博物馆、广州孙中山大元帅府纪念馆等企事业单位签订了合作协议,并针对"广式硬木家具髹漆工艺标准"的申报和立项开展相关的研究活动。

学院的学生就业质量高,企业认可度高,有 300 余位艺术设计类专业毕业生进入腾讯、格力、百丽、李宁、奥飞等上市企业,其中 200 余位学生已是企业的核心或主力设计师,有效地带动了广东多家企业的发展。

广式硬木家具髹漆工艺

四、陕西财经职业技术学院

陕西财经职业技术学院创建于 1960 年,其前身为陕西省财政学校。2001 年 9 月,独立升格改制为陕西财经职业技术学院,是教育部人才培养工作水平评估优秀院校,是省级示范性高等职业院校,陕西省教育系统关心下一代工作委员会授予"工匠进校园"活动先进集体,是陕西省非物质文化遗产产业促进会产学研基地。

2019 年 12 月 11 日,该院设立的陕西省非物质文化遗产产学研基地在人文艺术学院贺兴文大师工作室。在大师的带领下,双方逐渐加强合作融合,在共建"非遗大师团队"

"非遗+文化旅游高质量发展社会培训"等方面形成战略合作计划,将依托该院优势专业,以"产、学、研、教"深度融合为引导,为非物质文化遗产在促进中华传统文化等方面做出贡献。

贺兴文大师制作麦秆画

贺兴文大师作品——《渔樵耕读》

第六节 "岗课赛证"综合育人案例

"岗课赛证"是指将职业岗位、专业课程、技能竞赛和职业资格证书四维融合、多方协同的职业教育综合育人模式，于2021年职业教育大会上首次提出。在此之前，随着产教融合的深入发展，以岗定课、以赛促教、以证提能，在职业教育中已有广泛而深入的探索。2019年"1+X"证书制度的提出，为"岗课赛证"综合育人模式奠定了坚实的基础。

一、江西陶瓷工艺美术职业技术学院

为响应和贯彻党中央2035文化强国战略和"十四五"规划精神，进一步落实国务院《关于推动现代职业教育高质量发展的意见》和《工业和信息化部工关于工艺美术行业发展的指导意见》，江西陶瓷工艺美术职业技术学院积极响应和贯彻落实国家相关文件精神，围绕"岗课赛证"进行教学改革。在陶瓷产品设计和文创产品设计相关课程中，根据岗位职责、技能大赛和"1+X产品创意设计师"资格证书考核能力要求，重构模块化课程内容。在文物修复与保护相关课程中对接陶瓷文物修复师国家职业技能标准重构进阶式课程体系，通过与景德镇御窑博物院等地域文物保护单位深入校企合作，按照文物修复工作流程关键岗位能力要求和陶瓷文物修复师、工艺美术师、陶瓷技能大师等资格证书考评标准，引入新技术、新工艺、新技能促进传统专业数字化转型升级。相关研究成果获2023年全国职业院校教学能力比赛二等奖、江西省教学能力比赛一等奖，2022届国家级教学成果奖一等奖和2018届国家级教学成果奖二等奖等荣誉。

第十一章 民族技艺融入职业教育传承的案例研究 375

文物修复与保护专业"岗课赛证"教学场景

学院借助地域陶瓷文化优势和行业认可度,在"1+X"证书制度推进工作中积极发挥引领示范作用,组织牵头制定行业考评标准,被评为"江西省1+X联盟牵头学校"。依托其牵头组建的全国陶瓷行业职业教育集团平台,组织政行企校多方协同参与的陶瓷行业职业技能等级的认定、行业技能大赛的举办、行业标准的制定等工作,深入践行"岗课赛证"综合育人模式。

学院牵头制定陶瓷行业技能大师工作室标准

学院举办文创产品设计职业技能大赛

二、长江艺术工程职业学院

  荆州是楚文化的发祥之地，非物质文化遗产资源丰厚，拥有国家级非物质文化遗产项目 11 个、湖北非遗项目 45 个、荆州非遗项目 108 个。长江艺术工程职业学院立足地域非遗文化资源优势和非遗文化传承、保护与创新中凸显的传承人培养难的现实性问题，开展了"岗课赛证"综合育人模式的探索。学院创建非遗传承学院、非遗博物馆、传统工艺工作站、传习基地等进行荆楚非遗文化传承人才培养，传承过程积极主动对接非遗产业人才需求，创办非遗相关专业，建设荆楚非遗文化传承与创新专业集群。搭建"体验馆＋传承院＋文创园"非遗工匠小镇育人平台，以课程改革为核心，引入文物修复师、漆艺师等非遗职业岗位标准，构建"通识教育＋专业技能＋能力拓展"模块化、递进式课程体系。

  学院以服务地域产业发展为导向，集地域文化资源和学院专业特色创办五个非遗相关专业，探索纵向进阶与横向渗透的培养路径。根据传统产业的现代化转型岗位人才需求，申报文物修复师、漆艺师职业2个工种列入国家职业分类大典，按岗位能力要求制定不同等级资格证书考评内容和标准。此外还研制《生漆髹饰工艺术语》国家职业标准1个，非遗工艺和竞赛标准18个、非遗数据库1个，在教学中实现了"岗课赛证"的深度融合。相关研究成果荣获2022年国家级职业教育教学成果二等奖。

荆楚非物质文化遗产葫芦印刻工坊

《工艺技法（漆艺）》作品制作

三、柳州市第二职业技术学校

广西侗族文化是我国东南沿海地区悠久的少数民族文化之一，侗族大歌、侗族刺绣、侗族打油茶、侗族百家宴、三江农民画……这些反映侗族生活方式和生产劳作的技艺，具有鲜明的地域性、民族性特征，是我国宝贵的非物质文化遗产重要组成部分。柳州市第二职业技术学校以服务区域经济发展、保护和传承侗族非遗文化为己任，充分发挥学校专业特色优势，促进传统产业转型发展中现代非遗传承人的培养。

柳州市第二职业技术学校的"岗课赛证"综合育人模式主要体现在以下几方面：一是立足区域经济社会发展中产业转型和现代传承人岗位能力要求，调研分析非遗传承难题，改革相关非遗专业人才培养模式，使人才培养匹配产业岗位需求。二是通过侗族非遗技艺＋相关专业教学融合，开发侗族文化特色课程及教学资源。重构课程体系，实现非遗产品的现代化转化和"双师型"教师队伍建设。三是以赛促教，在全国性非遗类比赛中获奖25项，师生设计的系列民族服饰在新西兰、澳大利亚、中国（NAC）国际时尚文化周展演，获"最具文化影响力品牌奖""最具民族魅力品牌奖""最佳民族服饰创新设计奖"等6项荣誉，极大地提升了社会影响力。四是建立"三进阶"政校企行协同的非遗传承机制，以非遗资源产业化为载体，畅通非遗"作品→产品→商品"三进阶的转化路径。人才培养课程体系融入非遗产业化岗位要求，侗族非遗音乐、舞蹈、

侗族非遗歌舞表演

服饰、传统工艺等职业资格证考评以及侗族非遗文化传承人能力要求,激发非遗创新动力和产业化发展。五是深化校企合作,将非遗龙头企业引入校园,企业专家与学校名师互聘,共建产业学院,将非遗与时尚、技艺与文化、项目与成果相融合,提升创新创业教育质量。通过建立政校企行协同参与非遗传承的机制,解决"侗寨五娘"非遗现代传承机制不完善、发展动力不足、传播力弱的问题。相关研究成果获得了2022年职业教育国家级教学成果奖二等奖。

侗族非遗文化元素再创新设计服装作品

结　语

对民族技艺与职业教育融合发展的研究，让我们明确看到了国家对提高文化自信、弘扬中华优秀传统文化、建设社会主义文化强国的信心与决心，也清楚地认识到中华民族深厚的文化底蕴，在全球化、信息化时代背景下具有无可比拟的国际竞争力。目前我国各民族、各地域仍存在经济发展不均衡的现象，特别是一些民族地区虽拥有璀璨的民族技艺文化，但由于民族技艺传承观念落后，职业教育和培训体系不够完善，地域内缺乏配套的产业和就业岗位，还没有实现民族技艺传承与保护的现代化转型。加快发展职业教育与民族技艺的融合发展，对于有效解决教育发展不均衡、不充分的问题，对于促进民族技艺传统产业转型，同步建成小康社会，以及培养更多现代化大国工匠和能工巧匠，具有深远的意义。

本书在编写和研究过程中，特别是在国内外民族技艺发展与对比研究中，清楚地认识到我国传统的陶瓷、丝绸、漆器等民族技艺，在16—18世纪对国外民族技艺与审美范式产生的深远影响，这对于提高我国民族文化自信和中华民族在世界文化中的国际地位及国际影响力具有重要的意义。同样，国外众多知名的民族技艺文化品牌，如德国的迈森陶瓷、荷兰的代尔夫特蓝陶等，在民族技艺如何与现代职业教育融合创新发展，以及与国际职业教育接轨方面，为我国民族技艺的发展提供了新的建设思路。为了确保本书的顺利编写完成，本人积极带领编写团队开展了深入的民族技艺与职业教育协同发展的相关理论研究和实践研究。由于民族技艺传承具有复杂化、多元化的特点，需要具备跨界和跨学科的研究思路，因此本书编写团队多以交叉学科背景的青年教师为主，书中难免存在一些研究得不够深入和系统之处，还恳请各位读者海涵。

2023年12月

参 考 文 献

[1] 邓子鹃."传统"与"现代":基于文献综述视角的师徒制传承与创新[J].武汉职业技术学院学报,2023,22(5):29-35.

[2] 周玉,廖小琴.中华文化认同的内涵、结构与实现路径——兼谈铸牢中华民族共同体意识[J].北方民族大学学报,2023(4):55-63.

[3] 贾丽媛.中西融合视域下珐琅彩的嬗变——以清代乾隆时期的珐琅彩瓷为例[J].陶瓷,2022(1):117-119.

[4] 李娜.中国民间美术的艺术造型及传承状况研究[D].北京:中国地质大学,2007.

[5] 中共中央国务院.中共中央国务院印发《关于进一步加强非物质文化遗产保护工作的意见》[EB/OL].(2021-08-12)[2023-07-10].https://www.gov.cn/zhengce/2021/08/12/content_5630974.htm

[6] 邹少强.中华优秀传统文化在新时代的传承与发展研究——以中国传统节日民俗文化为例[J].文化产业,2023(6):74-76.

[7] 岛村恭则,周萌.现代民俗学[J].民间文化论坛,2024(2):90-108.

[8] 马培红.国家级非物质文化遗产中的传统戏剧分类研究[J].戏剧文学,2017(7):75-82.

[9] 黑生林.从民间技艺到文化自觉:新中国成立以来民族民间体育发展历程[J].北方民族大学学报,2021(6):81-88.

[10] 白如雪.中国少数民族传统民间音乐技艺的保护与传扬[J].音乐创作,2018(11):170-171.

[11] 金科,康益."重构与唤醒"传统手工艺的时代表达[J].中国美术研究,2023(3):206-210.

[12] 孙丰蕊.民族传统技艺传播与传承的职教路径:基于对2019中国—东盟职教联展暨论坛的观察与思考[J].职业技术教育,2020,4(30):55-61.

[13] 唐凯麟.传统文化的概念、要素、功能及与社会主义核心价值观的关系[J].道德与文明,2014(4):6-7.

[14] 吴文浩,王永桂.文化资本视角下民族传统手工技艺生产性保护[J].贵州民族研究,2015,36(7):37-40.

[15] 刘婷,刘欣."一带一路"倡议下传统技艺的发展现状探究——以"顺德香云纱染整技艺"为例[J].现代交际,2018(22):72-74.

[16] 段卫斌.解构与重塑——工匠精神在设计教育中的价值认知与实践研究[D].杭州:中国美术学院,2019.

[17] 胡继艳.基于文化生态视角的传统手工艺传承研究[J].云南民族大学学报(哲学社会科学版),2018,35(6):43-50.

[18] 陈良等.职业院校室内设计专业推行校企联合培养的现代学徒制探索[J].高教论坛,2015(2):

120-121，129.

[19] 赵鹏燕.现代学徒制传承少数民族非遗技艺的理论与价值体系研究 [J].文化遗产，2023(2)：35-42.

[20] 王军.地方优秀文化在高校德育教育中的运用探索——以扬州为例 [J].产业与科技论坛，2017，16(10)：195-196.

[21] 保承军.对职业教育在发展传统工艺美术中重要作用的认识 [J].社科纵横，2014，29(5)：162-164.

[22] 於爱民.高职院校学生传承优秀传统文化方法与途径研究 [J].中国多媒体与网络教学学报（中旬刊），2018(12)：23-24.

[23] 韦恋娟.非物质文化遗产在高职院校中的传承研究 [J].广西政法管理干部学院学报，2018，33(4)：127-129.

[24] 袁晓华，张淼等.新世纪我国职业教育产教融合研究文献综述 [J].北京经济管理职业学院学报，2022，37(1)：66-71.

[25] 岳洪，张伟等.中华优秀传统文化融入高等职业教育的现实困境及其实践路径 [J].黑龙江高教研究，2022，40(12)：138-143.

[26] 李政.职业教育现代学徒制的价值审视——基于技术技能人才知识结构变迁的分析 [J].华东师范大学学报（教育科学版），2017，35(1)54-62，120.

[27] 张伟辉.基于现代学徒制的校企合作模式的探索与研究 [J].辽宁科学学报，2022，24(10)：97-100

[28] 秦海宁.少数民族地区"非遗"传承创新人才"产教协同"育人模式构建研究 [J].广西教育，2021(18)：9-10，30.

[29] 武卫红等.基于技艺技能传承创新平台的高职院校人才培养路径探析 [J].卫生职业教育，2022，40(22)：7-9.

[30] 孙佳鹏等.职业院校传统手工艺人才多样化培养的逻辑起点、模式构建与推进策略 [J].教育与职业，2023(7)：44-49.

[31] 咸阳职业技术学院民族学院民族文化艺术学院 [EB/OL]. [2023-08-09]. https：//www.xianyangzhiyuan.cn/department/mzwhysxy.htm

[32] 张进财.职业教育的高质量发展刻不容缓 [EB/OL]. [2023-08-10]. https：//learning.sohu.com/a/568719212_123427

[33] 职业教育"三教"改革是指什么？ [EB/OL]. [2023-08-15]. https：//www.zxml.cn/news/detail/44612.html

[34] 教育部发展改革委财政部人力资源社会保障部关于印发《深化新时代职业教育"双师型"教师队伍建设改革实施方案》的通知 [EB/OL]. [2023-08-21]. https：//www.gov.cn/gongbao/content/

2020/content_5469720.htm

[35] 马云, 张蕾. 非物质文化遗产数字化产品创新设计实践山[J]. 轻纺工业与技术, 2023, 52(5): 126-128.

[36] 宁钰茹. 文化振兴下民族技艺融入民族地区职业学校专业建设的个案研究[D]. 重庆: 西南大学, 2020.

[37] 李宣廷, 陈思, 王英伟, 等. 中国特色工匠精神的理论内核、价值意蕴及其实践要求[J]. 科学技术哲学研究, 2024, 41(1): 118-124.

[38] 国家发展改革委等部门关于印发《职业教育产教融合赋能提升行动实施方案（2023—2025年）》[EB/OL].https://www.gov.cn/zhengce/zhengceku/202306/content_6886061.htm

[39] 郑杰文. 研学旅行师资培养：价值、困境与破解[J]. 科教文汇, 2024(2): 162-165.

[40] 范一尹, 程鹏. 产教融合下传统技艺类非遗可持续性发展模式研究[J]. 大观（论坛）, 2022(6): 104-106.

[41] 韩彩霞, 李孔珍. 中国式现代化视域下职业教育强国建设：价值、框架与路径[J]. 教育学术月刊, 2023(8): 4-10.

[42] 李响初. 国外职业教育产教融合人才培养模式比较研究[J]. 继续教育研究, 2021(6): 87-90.

[43] 陈冠融. 基于校企合作的民族技艺人才培养模式研究：以张艺谋漓江艺术学校为例[D]. 桂林: 广西师范大学, 2020(7): 1-98.

[44] 万木君, 雷英. "岗课赛证融通"人才培养模式实践路径探究：以高职新工科专业为例[J]. 科教导刊, 2022(36): 48-50.

[45] 梁爽. 创新创业竞赛与高职艺术设计类人才职业教育的思考与实践[J]. 创新创业理论研究与实践, 2022, 5(8): 193-195.

[46] 钱娴. "1+X"证书制度背景下高职院校书证融通面临的现实困境和突破路径研究[J]. 成人教育, 2023, 43(6): 76-80.

[47] 李艳. 高职院校课程标准建设的策略与路径探究[J]. 重庆电子工程职业学院学报, 2020(5): 5-8.